Réforme de l'école
ou réformes à l'école ?

Collection « Études africaines »
dirigée par Denis Pryen et son équipe

Forte de plus de mille titres publiés à ce jour, la collection « Études africaines » fait peau neuve. Elle présentera toujours les essais généraux qui ont fait son succès, mais se déclinera désormais également par séries thématiques : droit, économie, politique, sociologie, etc.

Dernières parutions

Maurel Sosthène ONOMO ETABA, *Coopération internationale et terrorisme en Afrique, L'expérience africaine du droit de poursuite terrestre*, 2019.

Jean OTEMIKONGO MANDEFU YAHISULE, *La gouvernance universitaire au Congo-Kinshasa*, 2019.

Emmanuel KASONGO MUNGONGO, *La gouvernance des entités territoriales décentralisées, Défis et enjeux de la gestion des finances publiques communales à Kinshasa*, 2019.

Paul AKOGNI, Arthur VIDO et Didier Marcel HOUÉNOUDÉ (dir.), *Le patrimoine historique au service du développement du Bénin*, 2019.

Marie Rose BANGOURA, *Gestion des déchets solides ménagers et ségrégation socio-spatiale dans la ville de Conakry*, 2019.

Ayrton AUBRY, *Le G5 Sahel, Le Nouveau Régionalisme Sécuritaire en Afrique du Nord-Ouest*, 2019.

Jules Maps BAGALWA MAPATANO (dir.), *La décentralisation en Afrique au début du XXIe siècle, Réflexions à partir de l'expérience congolaise récente*, 2019.

Pascasie MINANI PASSY, *Burundi : Les relations interethniques et intra-ethniques. Et la réconciliation ?*, 2019.

Yaovi AKAKPO, *Le technocolonialisme, Agir sous une tension essentielle*, 2019.

Célestin TAGOU, *Démocratie rotative et élections présidentielles en Afrique, Transcendance et transformation politique des conflits ethnopolitiques dans les sociétés plurielles*, 2018.

Cheikh FAM

Réforme de l'école ou réformes à l'école ?

Le curriculum de l'éducation de base au Sénégal : un diagnostic

© L'Harmattan, 2019
5-7, rue de l'École-Polytechnique, 75005 Paris

http://www.editions-harmattan.fr

ISBN : 978-2-343-16599-8
EAN : 9782343165998

DEDICACE

*Comme pour le premier
et assurément pour tous les autres qui suivront,
je dédie ce livre à ma très chère Mère.*

REMERCIEMENTS

Je remercie les enseignants, les élèves, les inspecteurs et les parents d'élèves qui ont bien voulu participer à ce travail, ainsi que les chercheurs et personnes ressources qui m'ont aidé à le mener à son terme, et tout particulièrement :

Monsieur Aly TANDIAN, Maître de Conférences et Directeur du Laboratoire Genre, Environnement, Religions, Migrations (GERM) et Faits de Sociétés, pour la générosité dans la direction de ce travail. .

Monsieur El Hadj Amadou Basse CISSE, Instituteur Principal de Classe Exceptionnelle (IPCE), ancien directeur de l'école de Richard-Toll 2, pour le soutien et la compréhension.

Mon cher frère, M. Aly Ngouille SARR, chef de l'Agence Richard-Toll de la Banque de l'Habitat du Sénégal (BHS), dont le soutien a été déterminant dans la réalisation du projet d'édition.

Madame FAM, née Tacko TOURE, pour tous les soins et encouragements.

LISTE DES ABREVIATIONS, SIGLES ET ACRONYMES

ACDI	Agence Canadienne pour le Développement International
AIF	Agence Intergouvernementale de la Francophonie
APE	Association de Parents d'Elèves
BEPC	Brevet d'Etudes du Premier Cycle
BFEM	Brevet de Fin d'Etudes Moyennes
CAQ	Contrat d'Amélioration de la Qualité
CAP	Certificat d'Aptitude Pédagogique
CB	Compétence de Base
CEB	Curriculum de l'Education de Base
CE 1 ou 2	Cours Elémentaire 1ère ou 2ème année
CEAP	Certificat Elémentaire d'Aptitude Pédagogique
CEM	Collège d'Enseignement Moyen
CFEE	Certificat de Fin d'Etudes Elémentaires
CGE	Conseils de Gestion d'Etablissement
CI	Cours d'Initiation
CIEP	Centre international d'étude pédagogique
CLEF	Comité Local d'Education et de Formation
CM 1 ou 2	Cours Moyen 1ère ou 2ème année
CNPC	Comité National de Pilotage du Curriculum
CONFEMEN	Conférence des Ministres de l'Education des Pays ayant le Français en partage
CP	Cours Préparatoire
CVC	Compétences de Vie Courante
DFEM	Diplôme de Fin d'Etudes Moyennes
DPRE	Direction de la Planification et de la Réforme de l'Education
ECB	École Communautaire de Base
EFI	Ecole de Formation des Instituteurs
EGEF	États Généraux de l'Education et de la Formation
EPT	Éducation Pour Tous
EPTQ	Éducation Pour Tous et Qualité
EPU	Education Primaire Universelle
FAE	Fédération Autonome de l'Enseignement (Québec).
G. 40	Groupe des 40 rédacteurs du curriculum
IA	Inspections d'Académie

IDE	Indice de Développement de l'EPT	
IEF	Inspection de l'Education et de la Formation	
ISNUA	Initiative Spéciale des Nations Unies pour l'Afrique	
LHP	Livret Horaire Programme	
LPGSE	Lettre de Politique Générale du Secteur de l'Education	
MEN	Ministère de l'Éducation Nationale	
MLA	Monitoring Learning Achievement	
OIF	Organisation Internationale de la Francophonie	
OMD	Objectifs du Millénaire pour le Développement	
PACEB	Projet d'Appui au Curriculum de l'Education de Base	
PAMISEC	Projet d'Appui à la Mise à l'Essai du Curriculum	
PAN/EPT	Plan d'Action National de l'Education Pour Tous	
PAQUET	Projet d'Appui à la Qualité, à l'Equité et à la Transparence	
PARRER	Partenariat pour le retrait et la réinsertion des enfants de la rue	
PASEC	Programme d'Analyse des Systèmes Éducatifs de la CONFEMEN	
PDEF	Programme Décennal pour l'Education et la Formation	
PISA	Programme International pour le Suivi des Acquis des élèves	
PAV	Plan d'Action Volontariste	
PLD	Plan Local de Développement	
PREMST	Programme de Renforcement des Mathématiques, des Sciences et de la Technologie	
PTA	Plan de Travail Annuel	
PTF	Partenaires Techniques et Financiers	
SNERS	Système National d'Evaluation des Rendements Scolaires	
SPU	Scolarisation Primaire Universelle	
STP	Secrétariat Technique Permanent	
TA	Taux d'Achèvement	
TBS	Taux Brut de Scolarisation	
TIC	Technologies de l'Information et de la Communication	
UCAD	Université Cheikh Anta Diop de Dakar	
UGB	Université Gaston Berger de Saint-Louis	
UNESCO	Organisation des Nations Unies pour l'Education, la Science et la Culture	
UNICEF	Fonds des Nations Unies pour l'Enfance	

INTRODUCTION

A chaque étape de développement d'un pays, eu égard aux changements spécifiques de l'époque considérée, se pose la question de la satisfaction des besoins éducatifs fondamentaux. L'éducation et la formation de l'homme sont à cet effet considérées comme des préoccupations de haute importance. A en croire Ph. COOMBS,

> « Autant un adulte ne peut s'obstiner à porter les vêtements de son enfance, autant un système éducatif ne peut se replier sur lui-même alors que tout se transforme autour de lui » (Ph. COOMBS, « La crise mondiale de l'éducation », 1989).

Depuis maintenant plus d'une dizaine d'années, l'Afrique subsaharienne francophone est le théâtre de nombreuses réformes pédagogiques. Dans la plupart des pays, avec quelques variantes notées ici ou là, il s'est globalement agi de réécrire les programmes de l'école primaire, parfois ceux du moyen-secondaire ; de renouveler les collections de manuels et de former les enseignants en espérant une évolution des contenus d'apprentissage, un changement dans les pratiques de classe et une meilleure efficacité des enseignements-apprentissages.

C'est dans cet esprit qu'au Sénégal, de l'indépendance à nos jours, trois principales portes d'entrée (par les contenus, par les objectifs et par les compétences) ont été successivement utilisées dans la planification de l'enseignement élémentaire. Cette dynamique de réforme du système éducatif fait suite aux nombreuses innovations sectorielles menées sans résultats satisfaisants par rapport aux attentes aussi bien des décideurs politiques que des populations.

L'analyse de l'éducation ici proposée, s'inscrit dans la réflexion générale sur la vie d'une société, la réalisation de ses aspirations et le renforcement de ses capacités à faire face aux difficultés de tous ordres dans la formation de l'homme.

En ce qui concerne l'Afrique en général et le Sénégal en particulier, ces difficultés sont surtout liées à une démographie galopante et à une insuffisance des ressources économiques et financières. Toutes choses qui limitent l'ambition des planificateurs d'offrir une éducation de qualité à toutes les tranches d'âge concernées et exacerbent les disparités notées entre zones géographiques ou entre sexes, par exemple.

En dépit des efforts des gouvernements et des sacrifices des ménages, le système éducatif sénégalais reste peu performant. Les taux d'abandon restent imparfaitement déterminés et l'offre d'enseignement technique et professionnel est insuffisante. Sur le terrain, enseignants et parents d'élèves sont unanimes à reconnaitre le niveau faible des élèves surtout dans les disciplines fondamentales comme la lecture et les mathématiques. Les différents projets et programmes proposés dans la première décennie de 2000 pour relever le niveau de maîtrise de ces dernières disciplines souffrent d'absence d'application effective, de suivi et d'évaluation avant de finir dans les oubliettes des bonnes intentions. En témoigne le triste sort du PREMST (Programme de Renforcement de l'Enseignement des Mathématiques, des Sciences et de la Technologie) qui, avec le PAM (Programme d'Amélioration des Mathématiques) et le PALM (Programme d'Amélioration de la Lecture et des Mathématiques), n'est pas allé plus loin que le stade d'expérimentation pilote. De même, la contextualisation des situations d'enseignement et d'apprentissage, préconisée dans ces programmes, est plus de l'ordre de la prescription que du réel. Les préoccupations qui ont légitimé la notion d'école-milieu que ces programmes ont cherché à concrétiser, sont plus actuelles et plus urgentes que jamais.

Pour tenter de résoudre ces problèmes d'organisation et de fonctionnement de l'école, en accord avec les partenaires en éducation, les gouvernements décident d'améliorer les contenus et les stratégies d'enseignement dans l'éducation de base. Dans les pays en voie de développement, le concept de curriculum peut comporter des caractéristiques locales en rapport avec la religion, la tradition, la géographie et la gestion de l'espace et du temps. Pour illustrer le genre de réflexion, d'initiatives et de collaboration qui s'impose aux concepteurs de programmes et de stratégies, aux décideurs politiques et de la société civile, nous nous intéressons aux concepts, aux compétences et aux conséquences de l'application généralisée du curriculum. Ce dernier se veut un instrument de guidance du changement en éducation et qui évoque les constituants d'un plan d'action, d'une « feuille de route » allant de la conception du changement à la préparation des phases d'expérimentation et de validation qui marquent le terme du projet. Tout en étant conscient de l'importance des infrastructures (bâtiments et commodité des classes), des conditions de vie et de travail des enseignants et des élèves, des facteurs qui sont à la base des contre-performances ci-dessus mentionnées, nous consacrons cette recherche aux éléments substantiels et fonctionnels, programmatiques et stratégiques, aux acquisitions transférables susceptibles de fonder ou d'accompagner une pédagogie intégrative focalisée sur des compétences de base.

La réflexion en pédagogie doit pousser à l'appropriation de l'outillage conceptuel universel permettant de faire le choix des déterminants, des paradigmes et des variables pertinentes pouvant mettre l'école sénégalaise en harmonie avec le reste du monde tout en préservant sa spécificité quant au type d'homme à former et aux défis à relever. Cette démarche devra être sous-tendue par une philosophie éducative qui interdira d'être de passifs consommateurs d'apports extérieurs. Cette philosophie oblige d'être ouverts à ces apports et d'être capables, dans les structures d'échanges, d'insister sur les stratégies d'adaptation en ne perdant jamais de vue qu'au Sénégal - comme partout ailleurs du reste- aucune innovation ne peut avoir des chances de réussir et de durer si elle ne correspond pas aux besoins des principaux bénéficiaires de l'école que sont les parents et les élèves.

La justification par les autorités de la création d'écoles et la compréhension de la réticence des ménages à envoyer leurs enfants à l'école voire à lui préférer d'autres cadres de socialisation (école coranique ou daara, école arabe, atelier d'apprentissage de métiers manuels, école de football...) sont tributaires de l'offre corrélée à la demande d'une éducation de qualité adaptée aux réalités endogènes. S'agissant de la demande d'éducation, les attitudes de méfiance voire de refus de l'école sont souvent imputables à des croyances et traditions notamment en ce qui concerne la scolarisation des filles, mais aussi et surtout au doute légitime sur l'efficacité de l'école à promouvoir le développement individuel à une époque où les diplômés de l'école n'hésitent pas à prendre les pirogues ou à braver le désert pour « Barça ou Barsax »[1].

Une analyse de l'opinion des communautés au sujet de leur conception de la relation école-milieu, si elle est rapportée à l'efficacité du système éducatif en place, peut faciliter la recherche des modalités de l'éducation qui convienne à chaque classe d'âge, à chaque région, à chaque département, à chaque ville ou village en prenant en compte les niveaux d'alphabétisation des adultes et les tendances culturelles prévalentes (religions, activités économiques, voies et moyens de communication).

La recherche peut ainsi contribuer à lever les obstacles qui retardent la décision des parents à envoyer leurs enfants à l'école. Et, ce faisant, elle peut permettre d'instaurer le dialogue entre les différents acteurs. Elle peut s'investir sur le terrain de la conceptualisation des curricula, de l'architecture des programmes qui ont souvent besoin d'être ajustés, pour plus d'efficacité, à l'évolution des savoirs, des techniques et du marché du travail. Dès lors, les cloisons entre le politique, l'économique, le social deviennent de moins en moins étanches.

---

[1] Expression signifiant littéralement « destination Barcelone ou l'Au-delà, la tombe », utilisée par les migrants sénégalais à l'assaut des océans ou du désert pour un supposé eldorado européen.

La recherche en éducation, comme les autres préoccupations de l'homme, doit se fixer des objectifs d'approfondissement des connaissances, d'applicabilité des programmes et des stratégies de formation, de productivité et de baisse de l'échec scolaire. Elle peut être une source sécurisante pour envisager des renouvellements, des innovations et des refondations dans les politiques éducatives.

Au regard des bons et mauvais résultats en aval des expérimentations, la recherche permet de recommander la poursuite sans changement d'une réforme, son amélioration ou son abandon. En tant qu'instance de mise en œuvre des réformes, l'école occupe une place prépondérante dans la prise en compte de telles recommandations. A partir de l'analyse des pratiques pédagogiques, il sera possible de se prononcer plus objectivement sur la pertinence de la relation école-milieu (x), dans la recherche de réponses appropriées aux préoccupations de toutes les classes d'âge.

Dans le monde actuel, l'homme a besoin, pour cerner la réalité de sa diversité et de sa complexité, d'une intelligence à la fois discursive et inventive ; d'une éducation qui intègre dans ses contenus le formel, le temporel et le spirituel ; d'une éducation qui innove, chaque fois que de besoin, dans sa méthodologie, ses principes, ses procédures de réinvestissement des acquis scolaires dans la vie courante.

Parmi les finalités de l'Education nationale, il faut, outre la possession de diplômes qui ne témoignent que d'un volet de la culture, introduire une orientation des formations pratiques en rapport avec les activités de survie de populations de plus en plus exigeantes en termes d'employabilité des sortants de l'école. Cette dernière ne pourra pas prendre seule en charge la multiplicité des missions que la famille et la société veulent lui confier. Elle doit partager ses missions avec tous les acteurs impliqués dans le changement. Ce qui ne diminue en rien l'importance de son rôle. Il s'agira pour elle d'éduquer et d'instruire, de former des hommes et des femmes capables de travailler au développement de leur pays.

A travers le CEB, il s'agit concrètement de redéfinir les modalités de planification, d'organisation et de mise en œuvre des enseignements-apprentissages en étroite liaison avec l'option d'éducation et de formation d'un citoyen averti, responsable, respectueux de la nation et capable de participer au développement de son pays.

En expérimentation dans l'enseignement élémentaire sénégalais depuis 1996, à travers le Livret Horaires Programmes (LHP), le curriculum se fixe le défi de bousculer les routines établies, de rendre plus ou moins obsolètes certaines constructions théoriques (behaviorisme et « magistrocentrisme »), tout en invitant à construire activement les conditions d'un accès durable à une pédagogie moderne : la pédagogie de l'intégration. Celle-ci permettrait, de manière intériorisée, de mobiliser et d'intégrer un ensemble de ressources en vue de résoudre des situations problèmes d'apprentissage ou de vie courante.

De 1996 à 2013, le curriculum a réussi à trouver sa place dans le dispositif programmatique de l'éducation de base au Sénégal. Comment ce programme est-il pris en charge par les enseignants ? A-t-il favorisé la modification des pratiques de classes ? Permet-il de mieux apprendre ? Pour quels résultats ? Qu'en pense la communauté éducative ?

Les réponses à de telles questions auront sans doute en commun de poser la question de l'efficacité des changements attendus de la réforme curriculaire dont nous nous proposons, dans cette étude, de mesurer l'incidence de l'application généralisée sur les performances des apprenants et des enseignants dans la commune de Richard-Toll, entre 2005, année de la relance de la mise à l'essai de la réforme et 2013, deuxième année de la généralisation.

Pour ce faire, nous tenterons, plus spécifiquement, de passer en revue les faiblesses des réformes précédentes ; d'analyser l'évolution du taux d'achèvement (TA) à travers l'analyse des taux de redoublement et d'abandon) ; de déterminer le niveau de maîtrise des apprenants dans les disciplines du français et des mathématiques à travers les évaluations standardisées ; d'interpréter l'évolution des résultats obtenus aux examens de fin d'année (CFEE et Entrée en 6ème) et d'apprécier le degré d'appropriation du curriculum par les enseignants ainsi que les opinions de représentants de structures partenaires de l'école.

Par souci de méthode et de rigueur, nous structurons notre étude en trois parties. Dans la première partie nous évoquerons le contexte sociohistorique d'émergence du curriculum de l'éducation de base et l'analyse critique des principales lectures et travaux sur le sujet.

Une deuxième partie sera consacrée à la problématique et au cadre méthodologique où nous poserons la situation du problème avant de dégager la méthodologie sur laquelle se fondera notre travail de recherche. Cette partie insistera sur l'échantillonnage, le dispositif de recueil de données et le procédé d'analyse des résultats et de vérification de l'hypothèse.

La dernière partie de ce travail portera sur la présentation et l'analyse des résultats, sur les conclusions de la recherche et sur les ouvertures qu'elle suggère.

PREMIÈRE PARTIE

CONTEXTE SOCIOHISTORIQUE ET CADRE THÉORIQUE

CHAPITRE I

Contexte socio-historique

I.1. Contexte d'emergence du Curriculum de l'Education de Base (CEB)

Pour donner sens à l'affirmation selon laquelle une institution ne survit qu'en s'adaptant, le Sénégal s'est engagé, depuis plus d'une décennie, dans une dynamique de réforme de son système éducatif. Et, comme déjà posé en introduction, l'élaboration du curriculum de l'éducation de base - qui constitue le poumon de la refondation de l'école - est consécutive à certains événements majeurs aux niveaux international, continental, national et local.

I.1.1. Au plan international

La décennie 1990 a été celle où de multiples engagements, en faveur d'un enseignement de base de qualité pour chaque enfant, ont été pris pour faire bénéficier à tous des avantages de la scolarisation.

Diverses rencontres et initiatives – qui feront date - permettront de poser les bases d'une éducation pour tous, à partir du constat de la faiblesse du taux brut de scolarisation dans la plupart des pays en voie de développement.

En mars 1990 à Jomtien (Thaïlande), le cadre d'action de la conférence mondiale sur l'éducation initie le programme « Education Pour Tous » (EPT) afin de répondre aux besoins éducatifs fondamentaux de milliers de jeunes dans les pays en développement pour faciliter leur développement socioéconomique et celui de leur pays. La rencontre de Jomtien prône une éducation de base pour tous à l'horizon 2000.

A Salamanque, en 1991, la question de la satisfaction des besoins éducatifs spéciaux (Accès et Qualité) est posée. Parallèlement, l'initiative PPTE (Pays Pauvres Très Endettés), lancée en 1996 et renforcée en septembre 1999 à Cologne, en lien avec la logique du consensus de Monterrey, propose des remises de dettes multilatérales et bilatérales sous condition que les fonds économisés soient investis dans les secteurs sociaux de base dont l'éducation primaire. L'élection à cette initiative s'effectue sur la base d'une validation des institutions de Bretton-Woods d'un document cadre (Cadre Stratégique de Lutte contre la Pauvreté, CSLP) fixant les stratégies macroéconomiques et des secteurs sociaux (éducation, santé, développement rural) du gouvernement. L'éligibilité à ces deux initiatives suppose l'élaboration de documents de stratégies sectorielles comportant un cadre bien défini avec des objectifs clairs et précis.

L'Initiative spéciale des Nations Unies pour l'Afrique (1996) s'oriente vers l'identification de thèmes prioritaires, dont l'éducation de base, pour une mobilisation accrue et concertée des agences multilatérales et de la communauté internationale. Cette initiative a permis à pas mal de pays de préparer des programmes décennaux de développement de l'éducation de base.

En avril 2000, le forum de Dakar fait le point de l'état de l'éducation de base dans chaque pays et montre que les progrès accomplis au cours de la décennie écoulée étaient en deçà des objectifs. Les engagements pris à Jomtien ont donc été renouvelés et, pour la première fois, tous les partenaires au développement s'engagent à ce qu'« aucun pays présentant un plan crédible en faveur de l'éducation de base ne verrait ses efforts contrariés par manque de ressources ».

Le Forum de Dakar fait le bilan de la recommandation de Jomtien au niveau national, africain et mondial. Ce bilan a été mitigé pour l'Afrique car, à cette date, peu de pays étaient parvenus à réaliser la scolarisation universelle. C'est pourquoi des engagements ont encore été pris par les Etats instamment invités à formuler un plan d'action national d'éducation de qualité pour tous, qui prendrait en compte les objectifs suivants, contenus dans le cadre d'action de Dakar :

1- Développer et améliorer, sous tous leurs aspects, la protection et l'éducation de la petite enfance et notamment des enfants les plus vulnérables ;

2- Faire en sorte qu'à l'horizon 2015, tous les enfants notamment les filles, les enfants en difficulté et ceux appartenant à des minorités ethniques aient la possibilité d'accéder à un enseignement primaire obligatoire gratuit de qualité et de le suivre jusqu'à son terme ;

3- Répondre aux besoins éducatifs de tous les jeunes et de tous les adultes en assurant un accès équitable à des programmes adéquats ayant pour objet l'acquisition de connaissances ainsi que de compétences nécessaires dans la vie courante ;

4- Améliorer de 50%, à l'horizon 2015, les niveaux d'alphabétisation des adultes notamment des femmes et assurer à tous les adultes un accès équitable aux programmes d'éducation de base et d'éducation permanente.

1. Priorités et objectifs du secteur éducatif au Sénégal (PAN/EPT)

Bien qu'ayant connu des améliorations quantitatives remarquables au cours des dernières années, le système éducatif sénégalais souffre d'un déficit notoire de qualité. De plus, il subsiste en son sein des disparités défavorables à l'équité. Il s'agit de disparités d'accès et de scolarisation entre les régions et entre les zones urbaines et rurales d'une part et, d'autre part, de disparités de maintien dans le système entre les filles et les garçons. Aussi, le chemin à parcourir pour atteindre les principaux objectifs de l'EPT est-il encore long.

Pour atteindre ces objectifs d'ici 2015, les priorités suivantes ont été définies pour le secteur de l'éducation :
- Améliorer l'équité, l'accès et le maintien des enfants dans les différents niveaux d'éducation et en particulier dans l'éducation de base, notamment les filles, les enfants en difficulté, vulnérables et défavorisés ;
- Améliorer, sous tous ses aspects, la qualité de l'éducation, l'efficacité interne et les conditions d'accueil à tous les niveaux ;
- Améliorer la pertinence des contenus, et les adapter aux besoins nationaux et internationaux des apprenants et au programme national de développement ;
- Améliorer la gestion du système ;
- Promouvoir, à tous les niveaux, l'éducation à la culture de la paix, à la protection de l'environnement, à la démocratie et à la citoyenneté ;
- Promouvoir l'éducation sanitaire en accordant une forte priorité à la lutte contre les IST/VIH/SIDA.

En septembre 2000, à New York, les OMD concernant tous les aspects de la vie économique et sociale, sont définis pour s'attaquer à la grande pauvreté présente dans bien des régions du monde. Ces objectifs reprennent deux des six (6) objectifs de Dakar :
Objectif de scolarisation primaire universelle à l'horizon 2015 ;
Objectif de suppression des inégalités selon le genre à l'horizon 2005.

2. Les huit (8) objectifs du millénaire pour le développement
- Objectif 1 : Réduire l'extrême pauvreté et la faim ;
- Objectif 2 : Assurer l'éducation primaire pour tous ;
- Objectif 3 : Promouvoir l'égalité des sexes et l'autonomisation des femmes ;
- Objectif 4 : Réduire la mortalité infantile ;
- Objectif 5 : Améliorer la santé maternelle ;
- Objectif 6 : Combattre le VIH/SIDA, le paludisme et d'autres maladies ;
- Objectif 7 : Assurer un environnement durable ;

- Objectif 8 : Mettre en place un partenariat mondial pour le développement.

L'enquête PISA-2000 de l'OCDE pose la question de la pertinence des savoirs enseignés au regard du faible niveau des acquis des élèves. En réaction à cette situation, des programmes de l'UNESCO cherchent à améliorer la qualité de l'éducation et à garantir son accès de façon à obtenir, pour tous, des résultats d'apprentissage reconnus et quantifiables, notamment en ce qui concerne la lecture, l'écriture, le calcul et les compétences pratiques indispensables à la vie courante.

Le plan d'action de la Banque Mondiale adopté en avril 2002 se propose d'accélérer les progrès vers l'éducation pour tous. Il s'appuie sur une étude de la situation de 155 pays en développement pour identifier les « bonnes pratiques » et les pays qui n'atteindraient pas l'objectif en 2015 si la tendance n'était pas changée. Ce document est à l'origine de l'initiative « fast-track » qui a consisté à soutenir une dizaine de pays dont le Sénégal, choisi pour montrer la voie. Lancée en 2002, l'initiative « fast track » est la première tentative des bailleurs de fonds de concrétiser les engagements précités. Elle met l'accent sur l'objectif de scolarisation primaire universelle (objectif commun de Dakar et du Millénaire) et s'inscrit dans le cadre de la lutte contre la pauvreté.

I.1.2. Au plan continental

Au plan continental, l'Afrique qui a besoin de se développer, a bien retenu la leçon. En effet, s'inspirant de l'exemple de Jomtien, les Etats d'Afriques francophones s'engagent résolument à porter remèdes aux maux qui secouent leurs systèmes éducatifs.

C'est ainsi que se tiendra à Dakar, du 8 au 11 juillet 1991, la 6ème Conférence des Ministres de l'Education des Etats de l'Afrique Francophone (MINEDAF, 6). Cette rencontre constitue un moment décisif de réflexion sur les besoins éducatifs réels à satisfaire, mais aussi de concrétisation des conclusions de Jomtien.

Lors de son sommet de Yaoundé au Cameroun, en 1996, la CONFEMEN définit la réforme curriculaire comme essentielle dans le développement de l'éducation de base dans les pays membres. Sur son mandat, l'AIF, aujourd'hui OIF, entreprit d'appuyer des travaux en ce sens en employant l'APC dans 23 pays francophones.

Dans les pays africains concernés, ce mouvement de réformes se produit à une époque de mutations radicales de l'école. Les mutations sont d'abord quantitatives : en route vers la scolarité primaire universelle, l'Afrique est le continent dans lequel l'augmentation des taux d'accès et d'achèvement atteint un niveau sans précédent.

Elles sont également politiques : l'éducation fait le plus souvent l'objet d'analyses sectorielles exhaustives qui permettent la mise au point de plans à long terme préservant la soutenabilité d'une telle croissance.

Ces mutations radicales s'accompagnent de doutes sur la qualité de l'enseignement souvent décriée, sur la capacité de l'école à intéresser toutes les couches sociales et sur les espoirs qu'on peut fonder dans son expansion.

I.1.3. Au niveau national

Comme nous pouvons le constater à travers le rappel historique ci-avant (section 1.1), depuis son accession à l'indépendance, le système éducatif sénégalais est le théâtre de perturbations et de crises qui, aujourd'hui encore, le marquent et même semblent le caractériser. La plupart des réformes initiées au Sénégal sont dès lors perçues comme des réponses susceptibles de remettre, à chaque fois, le système sur le bon chemin. La réforme du curriculum procède aussi de cette volonté de mettre fin à l'instabilité de notre système éducatif.

Les nombreuses réformes laissent penser que les autorités en charge de l'Education nationale recherchent sans cesse des voies et des moyens pour un système éducatif plus amélioré et plus en phase avec l'époque considérée. Cependant, ces réformes ont en commun d'être le plus souvent impulsées de l'extérieur sans prendre en compte les réalités endogènes. C'est ce à quoi plusieurs auteurs attribuent leur échec. De plus, il y a lieu de préciser que la réforme curriculaire se déploie dans un climat de tension marqué par des grèves récurrentes. Depuis 1968 en effet, l'école publique sénégalaise peine à assurer une année scolaire sans perturbations liées à des grèves d'au moins un ou deux mois, des élèves ou des enseignants, ou des deux à la fois. Ces dernières années, il est arrivé que des examens du baccalauréat et du BEFM soient organisés pendant les vacances scolaires à cause d'une grève de plusieurs mois. . Le contexte dans lequel a été envisagée l'implantation de la réforme du curriculum de l'éducation de base a manifestement été un contexte précaire. Aujourd'hui encore, plusieurs années après son expérimentation, le curriculum de l'éducation de base ne semble pas tant avoir apporté la sérénité dans l'espace scolaire.

De 2000 à 2013, le Sénégal a toujours fait de l'éducation et de la formation, une de ses priorités comme l'atteste différents documents stratégiques à savoir le Document Stratégiques de Réduction de la Pauvreté (DSRP I, II et III), le Document de Politique Economique Sociale (DPES), la Stratégie Nationale de Développement Economique et Social (SNDES) et les différentes lettres de politique générale de l'éducation et de la formation.

Des progrès encourageants ont été réalisés ces dernières années dans l'élargissement de l'accès aux services d'éducation. Toutefois, des écarts importants ont été notés dans l'atteinte de l'objectif d'une éducation de qualité pour tous ; c'est pourquoi le PAQUET-EF en a fait sa première priorité.

L'accès à l'école s'est amélioré à tous les niveaux, même s'il existe encore une certaine incertitude quant au pourcentage d'enfants d'âge scolaire qui ne sont pas scolarisés. Quant à l'indice de parité entre les sexes à l'école primaire, il était de l'ordre de1 en 2012 en faveur des filles, contre 0,97 en 2005.

Au niveau du primaire, le TBS se situe à 94,1% en 2012. Le taux de passage du primaire au secondaire s'est amélioré, de sorte que le taux brut de scolarisation (TBS) dans le secondaire est passé de 33% en 2006 à 56,4% en 2012.

Les disparités régionales en matière d'accès et la faible qualité générale des services sociaux de base restent un sujet de préoccupation.

Le budget du secteur de l'éducation et de la formation en 2012 est estimé à 478 275 280 646 dont 420 537 193 812 sur ressources internes. L'Etat, avec plus 80% du financement, reste le plus grand contributeur du secteur.

L'enseignement élémentaire, avec 43,47% du financement, reste la première destination des ressources allouées au secteur suivi du moyen secondaire général avec 26,91%, du supérieur 21,71%, de l'enseignement technique et de la formation professionnelle 5,68%, de la gestion administrative 1,54%, du non formel 0,37% et de la petite enfance 0,32% (Rapports nationaux du MENS, 2005-2012).

La résolution de MINEDAF 6 recoupe le projet éducatif global que le Sénégal avait élaboré 10 ans plutôt, lors des assises de 1981 sur les Etats Généraux de l'Education et de la Formation (EGEF), auxquelles tous les partenaires du corps social prirent part. A cette occasion, les participants ont exprimé la volonté de faire de l'école une unité d'impulsion du développement et de donner à l'homme à former une capacité à résoudre les problèmes de tous ordres, de promouvoir les valeurs citoyennes, les langues nationales et la diversité culturelle.

La Commission Nationale de Réforme de l'Education et de la Formation (CNREF) née au lendemain des EGEF, jette les bases d'une école nouvelle. Sans doute, ces deux cadres portent-ils les éléments fécondants de la réforme du curriculum de l'éducation de base que les événements suivants ont contribué à faire naître :

Le colloque de Kolda (1993) qui a produit le plan d'actions de l'enseignement non formel au Sénégal et a permis la mise en place d'un cadre consensuel pour la réalisation de programmes d'alphabétisation pour les jeunes, les adultes et particulièrement les femmes.

Le colloque de Saint-Louis (1995) qui dégage les grandes orientations et les stratégies visant le renforcement de l'accès à l'éducation, la réalisation de la gestion concertée du secteur, l'harmonisation des interventions, l'étude et l'approfondissement des modèles alternatifs pour l'éducation de base.

Les séminaires de Bambey et de Gorée sont l'occasion de la mise en place de commissions thématiques (Accès, Qualité, Gestion). Ainsi, pour chaque thématique, un diagnostic est fait et un plan d'actions est dressé.

La session d'évaluation des E.G.E.F. (1996) sera le prélude à la phase test de ce qu'il conviendra d'appeler plus tard « curriculum de l'éducation de base ».

Divers autres moments de réflexions et d'échanges, élargissant le champ des activités et les stratégies de mise en œuvre pour réaliser l'éducation de base pour tous, s'inscrivent dans la perspective des recommandations du Cadre d'Action de Dakar. Parmi les plus déterminants, il convient de retenir :

- Les Assises nationales sur la Formation professionnelle

Au mois d'avril 2001, se sont tenues les premières assises nationales sur l'Enseignement Technique et la Formation Professionnelle (ETFP) qui ont regroupé près de quatre cents participants provenant de l'administration publique, du privé et des partenaires au développement. Ces assises ont jeté les bases d'une nouvelle politique fondée sur une vision partagée en matière d'ETFP. Cette nouvelle politique traduirait la volonté du Chef de l'Etat de valoriser les ressources humaines et de faire de l'ETFP un instrument permettant d'assurer la compétitivité de la production nationale et la performance de l'économie dans le contexte de la mondialisation. Les recommandations formulées à l'issue de ces assises ont servi de base à l'élaboration du document de politique sous-sectoriel de l'ETFP en complément au PDEF.

- Les changements institutionnels dans la gestion du secteur de l'éducation et de la formation

Les initiatives récentes développées par le gouvernement de la première alternance dans les domaines de la protection de la Petite enfance, de l'éradication de l'analphabétisme et du développement de la formation professionnelle constituent autant de mesures d'amplification et d'accélération des actions, mais aussi de rééquilibrage entre les différents sous-secteurs. Ces initiatives sont tout à fait en phase avec les objectifs fixés dans le Cadre d'Action de Dakar, notamment en ce qui concerne la réduction drastique du taux d'analphabétisme, le développement intégré de la Petite enfance et la satisfaction des besoins fondamentaux des jeunes et des adultes à travers la fourniture de compétences utiles à la vie courante.

Afin de marquer l'engagement dans la résolution de ces problèmes, deux nouveaux départements ministériels de plein exercice ont été érigés pour prendre en charge, d'une part, le développement de la Petite enfance et, d'autre part, l'alphabétisation et les langues nationales, l'enseignement technique et la formation professionnelle. Cet éclatement de la gestion du secteur a entraîné la multiplication des centres de décision et par conséquent la nécessité de mettre en place un dispositif de pilotage et des organes de gestion chargés de coordonner les initiatives éparses prises çà et là.

- La mise en place de nouveaux cadres d'action pour le développement économique et la réduction de la pauvreté

D'autres documents ont été élaborés, formant avec le Programme Décennal de l'Education et de la Formation (PDEF) un cadre stratégique pour la réduction de la pauvreté. Ils définissent les grandes orientations en matière de développement durable.

Le Document de Stratégie de Réduction de la Pauvreté (DSRP) postule la réduction de moitié de la pauvreté à l'horizon 2015. En 2000, le Sénégal a ainsi initié un processus participatif de préparation d'une stratégie de réduction de la pauvreté fondée sur une croissance redistributive et la satisfaction des besoins de base des populations pauvres. Cette stratégie compte mettre en perspective des mesures d'ordre macroéconomique aptes à renverser la tendance à la paupérisation et surtout à décliner l'orientation stratégique visant à renforcer la prise en charge des groupes vulnérables en améliorant leur capacité productive et en réduisant les disparités de genre. Il s'agit également de généraliser l'accès aux services sociaux essentiels en accélérant la mise en place des infrastructures de base pour renforcer le capital humain à l'horizon 2015. C'est à ce titre que le PDEF constitue un instrument de mise en œuvre de la Stratégie de Réduction de la Pauvreté en élargissant l'accès aux services éducatifs de base particulièrement aux groupes les plus vulnérables.

Par ailleurs, le PDEF intègre harmonieusement les orientations stratégiques identifiées dans le cadre des travaux préparatoires du Xème Plan de Développement Economique et Social (PDES, 2002-2007), lequel se propose, en plus des objectifs du DSRP, de renforcer le développement local par l'approfondissement de la décentralisation et de la bonne gouvernance.

Au fil des années, l'efficacité du système éducatif sera l'objet de beaucoup d'études à l'échelle nationale. En attestent les travaux du Système National d'Evaluation du Rendement Scolaire (SNERS) et l'analyse des résultats de l'entrée en sixième et du Certificat de Fin d'Etudes Elémentaires (CFEE).

Dans la continuité des politiques de réforme, le gouvernement du Sénégal, dans le cadre du 11ème Plan d'Orientation pour le Développement Economique et Social (PODES), inscrit l'éducation et la formation comme une priorité à laquelle sont consacrés un peu plus de 40% du budget national. Les options générales issues des réflexions au plan international, continental et national, ont été rappelées par la Lettre de Politique Générale du Secteur de l'Education (LPGSE). C'est la fusion de ces documents qui a permis au

Sénégal, qui disposait déjà d'un Programme Décennal de l'Education et de la Formation (PDEF), de revisiter celui-ci pour son amélioration au regard des exigences du moment.

1. Le Programme décennal de l'Education et de la formation (PDEF)

Dans la continuité de la réforme de l'Education nationale, le gouvernement du Sénégal a formulé une nouvelle "Lettre de Politique Générale du secteur Education/Formation" pour la période 2000-2017, qui précise les options politiques de développement retenues pour les sous-secteurs formel et non formel, ainsi que les stratégies de leur mise en œuvre.

La politique éducative est désormais centrée, en priorité, sur le renforcement de l'Education de base et de l'enseignement technique et de la formation professionnelle. Dans ce cadre, l'universalisation de la scolarisation à l'élémentaire à l'horizon 2010 constitue l'objectif primordial du Gouvernement.

Au demeurant, cette politique éducative est mise en œuvre à travers le Programme décennal de l'Education et de la Formation entrepris dans le cadre de l'Initiative Spéciale des Nations Unies pour l'Afrique. Ce programme définit les grands axes autour desquels l'Etat du Sénégal entend, avec ses partenaires techniques, financiers et sociaux, donner une impulsion décisive au développement quantitatif et qualitatif du système éducatif pour la période 2000-2010. Par ailleurs, l'Etat et ses partenaires financiers se sont mis d'accord pour engager, dans l'avenir, toutes les ressources financières du secteur dans le PDEF qui constitue ainsi l'instrument de réalisation de la politique éducative du Sénégal.

Le système éducatif entre ainsi dans une phase de réforme relative au mode de gestion du secteur, en passant d'une logique de projet à une logique de programme, d'une approche par sous-secteur à une approche systémique qui articule les différents sous-secteurs de l'éducation en mieux gérant les flux d'élèves d'un cycle à un autre. Cette réforme dans la gestion du système éducatif a d'ailleurs été approfondie en raison de la décentralisation.

1.1. Le transfert de compétences en matière de planification et de gestion du système éducatif aux collectivités locales

Le processus de décentralisation initié en 1972 s'est consolidé en 1996 avec l'érection des régions en collectivités locales dotées de la personnalité morale et de l'autonomie financière au même titre que les communes et les communautés rurales. L'Etat leur a transféré, à cet effet, neuf domaines de compétences. Concernant l'Education, les pouvoirs de décision des élus locaux ont ainsi été renforcés : la région reçoit la compétence générale de planification du développement de l'éducation à l'échelon local.

La commune et la communauté rurale reçoivent des compétences en matière de gestion des services éducatifs de l'éducation de base et de la promotion des langues nationales.

A travers l'élaboration des différents instruments de planification, tels que les Plans Régionaux de Développement Intégré (PRDI), les Plans d'Investissement Communaux (PIC) et les Plans Locaux de Développement (PLD), les élus locaux disposent désormais de moyens appropriés pour envisager des perspectives endogènes de développement en y intégrant les préoccupations en matière d'éducation.

C'est ainsi que seront préparés, dans le cadre d'un partenariat regroupant les collectivités locales, les autorités scolaires déconcentrées, le secteur privé et la société civile, les plans régionaux, départementaux et locaux de développement de l'Education qui feront partie intégrante des instruments de planification des collectivités décentralisées.

Tout compte fait, le PDEF est le fruit d'une adaptation aux mutations intervenues dans l'environnement externe et interne du système éducatif. Il s'est ouvert aux différents défis que sont l'élimination de la pauvreté et du VIH-SIDA, le renforcement de la paix et de la démocratie, le développement du capital humain de façon générale pour faire du Sénégal un pays émergent aux plans industriel, technologique et démocratique, et permettre, ainsi, à sa jeunesse d'entrer confortablement dans le prochain millénaire dont les débuts sont marqués par une dynamique accélérée de mondialisation.

S'appuyant sur des principes directeurs axés sur l'accès, la qualité et la gestion de l'éducation, des stratégies ont été identifiées pour guider la mise en œuvre du PDEF. On peut noter, dans le cadre de ce travail, l'amélioration des programmes d'enseignement par le développement d'un nouveau Curriculum de l'Education de Base (CEB) : élaboration, mise à l'essai, implantation et généralisation.

1.2. Contexte national de justification de la réforme curriculaire

La révision des programmes du cycle fondamental supérieur dans l'optique d'un curriculum adapté, mettant l'accent sur le caractère préprofessionnel des enseignements, est aussi envisagée. On note également la réforme des curricula des lycées dans le cadre de la dynamique de diversification des filières ; la redynamisation des structures nationales d'édition et le développement d'une politique documentaire par la mise en place de bibliothèques dans les établissements.

Il sera donc question d'accroître la qualité de l'offre éducative et la pertinence des enseignements-apprentissages.

Une description de la situation à l'élémentaire révèle alors un programme avec une entrée par les contenus coexistant avec d'autres programmes dits pilotes qui préconisent entre autres l'entrée par les objectifs sans oublier les initiatives isolées mettant en avant les compétences. Le mode d'évaluation restant pratiquement inchangé, il s'en suit une inadéquation biaisant les performances scolaires. En outre, les apprentissages liés à la vie active sont relégués au second plan s'ils ne sont pas totalement ignorés. Ceci rend d'autant plus difficile l'intégration de l'apprenant à son milieu, limitant ainsi son rôle comme agent de développement.

Le développement du nouveau curriculum est dès lors entrepris afin d'accroître la pertinence, la fiabilité et l'intégration des apprentissages en donnant du sens à l'éducation et en prenant en charge les valeurs auxquelles se réfère la société sénégalaise ainsi que la résolution des problèmes de développement.

Le curriculum s'avère un instrument stratégique essentiel d'amélioration de la qualité de l'enseignement et de promotion de l'éducation de base
Pour sa réalisation il importera au préalable de
- Renforcer les compétences pédagogiques et didactiques des enseignants par la formation initiale et la formation continuée ;
- Améliorer les conditions d'études des apprenants et de travail des maîtres ;
- Créer un environnement institutionnel (textes législatifs et réglementaires) et physique (espace et temps scolaire, infrastructures, cadre scolaire…) favorable au développement du curriculum ;
- Développer des capacités managériales des gestionnaires de structures éducatives ;
- Promouvoir des échanges et la recherche-action en matière de développement curriculaire ;
- Appuyer la recherche et la production nationales sur l'élaboration des curricula ;
- Participer à des rencontres sur des thèmes relatifs aux curricula ;
- Prendre en charge des voyages d'études pour les acteurs dans des pays ayant des expériences intéressantes en la matière.

Son développement se déroulera selon un dispositif supposé expérimental non linéaire, moins coûteux et accompagné scientifiquement et techniquement. Le processus devra comprendre :
- la réécriture et la validation technico-scientifique, sociale et politique des contenus du livret de compétences ;
- la prise en charge des différentes langues (français, langues nationales, langue arabe…) soit comme objet ou médium d'enseignement ;
- la définition des compétences et domaines de formation à installer chez les apprenants de l'Education de Base tenant compte des réalités nationales et internationales ainsi que des acquis des différentes innovations pédagogiques
- la mise en place d'un système de planification des apprentissages permettant de déterminer un profil au terme de chaque étape et dans

chaque domaine de formation, le profil de la dernière étape constituant le profil de sortie du niveau de formation considéré.
- le développement de procédures et la construction d'instruments d'évaluation des apprentissages basés sur les compétences ;
- l'élaboration, l'édition, la diffusion et l'utilisation de matériels pédagogiques et de supports didactiques appropriés (guide méthodologique pour le maître, support et matériel didactique, dispositif d'évaluation des apprentissages, notamment la définition de modalités d'évaluation certificative appropriée) ;
- la promotion d'un environnement favorable (réaménagement du temps scolaire, réadaptation du référentiel de formation, nouveau mode de gestion et de pilotage de l'école ;
- le développement d'approches de pédagogie active, intégrative et interactive) ;
- le réinvestissement des produits de recherche et d'échange dans la construction de curricula :
- l'élaboration d'outils de collecte et de traitement d'informations sur la qualité des apprentissages. Tout au long de la construction progressive du curriculum, se développe un processus d'évaluation permettant une prise d'information, une capitalisation / régulation et des prises de décision ;
- la prise en charge effective du curriculum dans les PRDE et PDDE et PE dans une perspective de transfert et d'appropriation en fonction des spécificités locales.

La responsabilité de la mise en œuvre sera confiée à un Comité National de Pilotage du Curriculum (CNPC) sera mis en place au niveau central. Placé sous la responsabilité de la Direction de la Planification de l'Education du ministère de l'Education nationale, chargée de la coordination du PDEF, le CNPC sera composé en outre de laDEE, de la DEMSG, de la DAEB, de la DPLN, de la DAGE, de la DPE, de la DEPS, de la DFP, de la DEST, des représentants des structures déconcentrées, de l'INEADE, de la FASTEF, du Service des Examens et Concours, d'autres structures et personnes ressources ainsi que des partenaires techniques et financiers.

Un Secrétariat Technique Permanent exécute les décisions du CNPC, assure la coordination de l'équipe technique et la documentation nécessaire.

L'équipe technique est composée de sous-groupes : Petite Enfance, Enseignement élémentaire, Non formel. Ces sous-groupes sont chargés d'assurer la planification, la gestion, le suivi et l'évaluation des actions définies par le CNPC.

Des antennes régionales et départementales placées sous l'autorité respective des I.A. et des IEF sont chargées de la mise en œuvre des opérations nécessaires au développement du curriculum (organisation et animation de sessions de formation, application des actions définies par le niveau central, suivi et coordination des activités du terrain, collectes d'informations liées à la mise à l'essai, évaluations, capitalisation/ régulation...).

Les équipes pédagogiques des écoles seront associées à la construction des documents de base. Elles constituent en outre les acteurs de l'implantation du curriculum dans les écoles et de sa vulgarisation dans l'environnement. La réussite de l'expérimentation du curriculum dépend en grande partie de leur fonctionnalité et de leur opérationnalité. A ce titre elles doivent recevoir tous les appuis techniques, matériels et financiers par le biais du projet d'école.

En 2013, le Sénégal exécute la quatrième phase du PDEF qui s'étend de 2011 à 2025 sous l'appellation de Programme d'amélioration de la Qualité, de l'Equité et de la Transparence du secteur de l'Education et de la Formation (PAQUET-EF), nouveau cadre d'opérationnalisation des politiques éducatives pour la période 2012-2025. Les trois premières phases du PDEF se sont déroulées de 2000 à 2011 et ont déjà permis d'atteindre la parité filles/garçons à l'élémentaire. Selon le rapport général (Ministère de l'Education, 2012), dans le cycle élémentaire, le taux brut de scolarisation (TBS) est de 94,1% au CI. Par contre, un gap significatif a été noté dans l'accès du CP au CM2. Du CI au CP, le taux de déperdition scolaire est de 15%. Et, d'après le rapport, en suivant le rythme actuel, sur 100 élèves admis au CI, 60 seulement arriveront au CM2. Dans l'enseignement moyen, la tendance est à la baisse sur certains indicateurs : « La transition de l'élémentaire au cycle moyen est de 88% en 2012, contre 90,5% en 2011 ». Et pour le taux brut d'admission en classe supérieure, « elle est de 55% en 6ème et 41% en classe de 3ème.

Globalement, il ressort du rapport que le PDEF comporte des limites dans la gouvernance du système, comme l'a relevé le ministre de l'Éducation nationale, Serigne Mbaye THIAM à l'occasion du lancement de la revue annuelle du programme sectoriel de l'éducation et de la formation. Au niveau de l'enseignement élémentaire, il est noté « une insuffisance de l'encadrement des maîtres » (543 inspecteurs pour 45 700 maîtres), une insuffisance de supports pédagogiques et du quantum horaire et une « précarité de l'environnement des apprentissages dans beaucoup d'écoles ».

Au moyen-secondaire, les faiblesses enregistrées résultent d'un déficit dans la dotation des élèves en manuels scolaires, d'un manque d'encadrement des professeurs par les inspecteurs, d'une insuffisance des ressources allouées au sous-secteur de l'enseignement secondaire et de l'engagement des collectivités locales.

Aussi, le nouveau programme PAQUET-EF se veut-il une réponse à l'ensemble des problèmes relevés à l'occasion de l'évaluation du PDEF. « Le nouveau programme va se focaliser sur l'amélioration de la qualité, de l'équité et de la transparence dans la gouvernance du système. C'est en tirant les leçons du programme sectoriel, que ce programme (PAQUET-EF) a été bâti », a déclaré Serigne Mbaye Thiam. Il a souligné que « la méthodologie d'élaboration a été inclusive et participative avec les élus locaux, les associations de parents d'élèves, les partenaires techniques et financiers ». Pour la première phase 2013-2015, le PAQUET-EF a bénéficié d'un financement de 2 000 milliards, fait savoir le ministre.

A travers le PAQUET-EF, la vision du gouvernement du Sénégal en matière d'éducation et de formation est la suivante :

> « Un système d'Éducation et de Formation équitable, efficace, efficient, conforme aux exigences du développement économique et social, plus engagé dans la prise en charge des exclus, et fondé sur une gouvernance inclusive, une responsabilisation plus accrue des Collectivités locales et des acteurs à la base ».

Dans un article *« L'école et la nation au Sénégal de 1960 à nos jours. L'histoire d'un malentendu. »,* Amadou FALL[2] explique qu'en Afrique, plus de cinquante ans après l'indépendance, l'école, sous sa forme actuelle, n'est pas le produit du développement interne des sociétés africaines. Dans le cas du Sénégal, la création et le développement du réseau scolaire ont suivi la pénétration française. Fondamentalement, loin de réduire la distance qui sépare le dominateur du dominé, l'école a, le plus souvent, selon FALL, contribué à la rendre infranchissable en vue de maintenir l'ordre colonial.

Rappelons qu'au lendemain de la Seconde Guerre mondiale, la politique scolaire a été dominée par l'idéologie de l'assimilation. Le Sénégal indépendant a hérité de cette école. Elle posait au jeune État, entre autres défis, celui de construire, avec une école extravertie, une identité et un sentiment d'appartenance à la nation sénégalaise ayant pour fondement la promotion de l'histoire, des cultures et des langues nationales. Toutefois, l'institution scolaire, lieu privilégié d'éducation, n'en appartient pas moins à un environnement global, autre lieu de discours et de pratiques, le plus souvent en concurrence avec l'école.

L'analyse des lois d'orientation de l'éducation ainsi que leur mise en texte dans les programmes d'enseignement et les instructions officielles permet de s'apercevoir qu'éduquer au national a toujours été une sollicitation récurrente au Sénégal. Les exigences de réforme ou de refondation du système, pour répondre adéquatement à une telle sollicitation, ont rythmé l'histoire de l'école sénégalaise.

Dès 1960, une étude préalable confiée à un comité d'étude a permis de formuler les principes directeurs autour desquels devrait s'articuler la nouvelle politique éducative, à savoir le sentiment d'appartenance à une communauté et le sentiment d'appartenance à la nation.

---

[2] Historien de l'éducation, enseignant-chercheur, Université Cheikh Anta Diop de Dakar, FASTEF.

Chacun doit savoir que l'éducation qu'il reçoit est essentiellement un moyen de se mettre au service du groupe dont il fait partie, et non pas un moyen pour échapper à ce groupe ou « émerger » de ce groupe.

L'action scolaire devra assurer, dans les meilleurs délais possible, l'usage généralisé d'une langue commune et le partage d'une même culture pour les divers groupes de la population, tout en favorisant l'intégration des apports du monde moderne dans la culture des citoyens.

Reprenant ces principes, le premier plan quadriennal adopté par le gouvernement, puis par l'Assemblée en 1961 fixe à l'enseignement primaire l'objectif *« de scolariser en 1964 plus de 50 % des enfants d'âge scolaire »*.

Le président SENGHOR, dans son rapport d'orientation au congrès de son parti, l'Union Progressiste Sénégalaise (UPS), en février 1962 à Thiès, revient sur la mission assignée à l'institution scolaire :

> « Il est question, par l'École, de former le Sénégalais nouveau : un homme préparé à l'action, tourné vers l'action. Or celle-ci suppose, pour être efficace, d'être une action solidaire, faite par et pour l'ensemble de la Nation, dans un projet national unanimement concerté et réalisé[3]. »

Tout ceci est approuvé à l'unanimité dans les résolutions générales du congrès, dans les termes suivants :

> « Le congrès approuve pleinement la politique de construction nationale pratiquée par le gouvernement [...] Le congrès invite le bureau exécutif et les responsables politiques à tous les niveaux à mobiliser le parti en vue de la construction nationale. »

Pour marquer une certaine continuité avec le primaire, des innovations pédagogiques sont aussi annoncées dans l'enseignement secondaire. Le ministre de l'Éducation de l'époque, le docteur WANE, s'explique sur leur sens :

> « Une place plus grande est donnée à l'étude des questions nationales et africaines. Ce changement de perspective ne manquera pas de donner à nos élèves un sens national plus aigu, des vues plus précises sur l'humanisme négro-africain, la négritude. L'ouverture aux autres, sans doute souhaitable, ne peut se faire qu'après une prise de conscience nationale. »

La première décennie de la présidence de SENGHOR s'achève avec l'explosion de Mai 68 marquant la remise en cause du legs colonial et la montée de l'aspiration nationaliste et africaniste. Ce mouvement inspire des changements qui se reflètent dans la loi d'orientation de l'éducation nationale du 3 juin 1971, la première depuis l'indépendance.

---

[3] L.- L.-S. SENGHOR, *« Socialisme, unité africaine et construction nationale »*. Rapport sur la doctrine et la politique générale au IIIe congrès de l'UPS à Thiès. 4-6 février 1962. Paru dans *L'Unité africaine*, n° du 13 février 1962, p. 7. Il faudra attendre vingt ans pour ce qui est de la concertation nationale (États généraux de l'éducation de 1981).

L'article premier de ladite loi exprime ainsi la vocation nationale de l'éducation :

> « L'éducation nationale, au sens de la présente loi [...] vise à préparer les conditions d'un développement intégral, assumé par la nation tout entière. Sa mission constante est de maintenir l'ensemble de la nation dans le progrès contemporain. »

L'option de réhabilitation des langues nationales à travers leur enseignement à l'école est également proclamée, de même que l'adaptation en conséquence de l'enseignement de l'histoire et de la géographie.

L'implantation des réformes que promettait 1968 n'a pu vaincre ni la résistance du système au changement ni la réticence du pouvoir politique à le remettre sérieusement en cause. Ce qui, à partir de 1976, alimente la lutte menée par les enseignants, débouchant en février 1981 sur les États Généraux de l'Éducation et de la Formation (EGEF). À cette occasion, fut affirmée l'option d'une « école nationale, démocratique et populaire ».

La tenue des États généraux peut être interprétée comme la reconnaissance de la relation étroite entre l'école et la question du « vivre ensemble ». La participation des chefs religieux, musulmans comme chrétiens, des chefs coutumiers, des membres de la société civile, à côté des organisations syndicales et des partis politiques les plus significatifs, tend à l'attester ; comme semblent également le confirmer, les déclarations d'Abdel Kader FALL, ministre de l'Éducation nationale d'alors, venu clôturer ces assises nationales.

> « Les conclusions des états généraux ne prendront forme que par la mobilisation de tous les acteurs. Ce sera d'abord une prise de conscience de l'appartenance à une nation commune, enracinée dans une même terre, dans un commun passé, engagée dans un même devenir solidaire. En ce sens, l'école doit provoquer la prise de conscience, agir comme révélateur : le Sénégal ne pourra prendre possession de lui-même, ne pourra durablement se rassembler, qu'autant que chaque patriote sénégalais se sentira pleinement concerné par l'édification de la nation sénégalaise. »

Les conclusions des EGEF débouchent sur l'adoption de la loi 91-22 du 16 février 1991, la seconde loi d'orientation de l'éducation, deux décennies après la première. La nouvelle loi fixe comme missions à l'Education de préparer les conditions d'un développement intégral et intégré, de promouvoir les valeurs nationales et d'élever le niveau culturel de la population. Elle insiste particulièrement sur le développement des capacités de transformation du milieu et de la société, sur les liens interactifs dans la formation, entre l'école et la vie, entre la théorie et la pratique, mais également, sur l'exigence de faire de l'école le lieu privilégié de préparation des « conditions d'un développement intégral, assumé par la Nation tout entière » (art. 1, alinéa 1) et de « promotion des valeurs dans lesquelles la nation se reconnaît » (art. 1, alinéa 2).

En somme, de 1960 à nos jours, l'école a été régulièrement sollicitée quant à la nécessité d'asseoir un référentiel consensuel dans des domaines aussi cruciaux que l'histoire, la langue et la culture. Pour quels résultats ? La réponse à cette question passe par l'analyse des disciplines scolaires concernées.

Un malentendu persiste en ce qui concerne l'enseignement d'une histoire commune. En effet, à l'époque coloniale, de la même façon que la France veut, sur son territoire, doter tous les citoyens de références communes favorisant une fusion dans les idéaux collectifs, elle tente de les diffuser dans ses colonies dans le même dessein. À en croire l'administration coloniale, les résultats de ce travail d'inculcation sont plus que satisfaisants. Aussi, ne manque-t-elle pas de s'en glorifier :

« Ils étudient [les élèves africains] notre histoire avec passion : ils s'enthousiasment de nos grands hommes. Qu'on leur parle des Du GUESCLIN, des Jeanne d'ARC, des BAYARD, des MIRABEAU, des BONAPARTE, et ils sont heureux, et ils répètent avec chaleur même leurs plus petites paroles. Quant à la Révolution, elle les transporte d'admiration »[4].

Par sa connaissance de l'histoire de France, rallier l'élève aux valeurs françaises, le soumettre à leur universalité proclamée apparaît comme un postulat majeur. Le but est de renforcer chez lui le sentiment d'admiration devant la puissance française, voire « la fierté de servir cette grande nation qu'est la France ».

La période 1960-1970 n'est certes pas marquée par des réformes systémiques. Toutefois, dans le suivi des recommandations de la conférence d'Addis-Abeba de 1961, il est à noter une révision des programmes et des manuels scolaires afin d'en expurger les éléments les plus choquants pour la personnalité africaine, notamment dans les disciplines idéologiques telles que l'histoire. Sous ce rapport les programmes scolaires de 1962 communément appelés *éducation sénégalaise n° 2,* du nom de la revue qui les présentait, apparaissent comme le tout premier jalon de ce processus.

Les contenus proposés en histoire sont assez édifiants quant à la réponse apportée à l'objectif proclamé de valorisation des « héros nationaux » : au cours élémentaire, ne sont proposées que les figures historiques de la partie occidentale du pays, du nord et du centre, à l'exception de Mamadou Lamine DRAME et Fodé Kaba DUMBUYA, censés représenter respectivement le Sénégal oriental et la Casamance. Au cours moyen, ne sont au programme que les anciens royaumes wolofs ; la résistance à la colonisation y est également étudiée comme preuve de la continuité d'un projet national de défense acharnée de l'intégrité territoriale. Dans ce registre, seuls figurent El

---

[4] Rapport du 26 mai 1892 reprenant le propos de L. SONOLET et A. PERES, « *Moussa et Gi-Gla. Histoire de deux petits Noirs* », Livre de lecture courante, Paris, Librairie Armand Colin, 1916, p. 2.

hadj Oumar TALL et Lat Dior DIOP, « comme fierté nationale pour leur résistance à la colonisation ».

Par ailleurs, au nom de la résistance anticoloniale, Lat Dior est promu « héros national ». Cette promotion ne fut cependant pas favorablement accueillie par toutes les communautés.

Très curieusement, sur cette question, le décret 72-861, portant application de la loi 71-36, ne marque aucune évolution significative. Le programme d'histoire continue de privilégier les anciens royaumes de l'Ouest, du Nord et du Centre du Sénégal, au détriment des régions Sud et Est. Il serait par ailleurs aisé, en analysant le programme de géographie, d'aboutir au même constat. Pour des raisons historiques – concentration des infrastructures industrielles et commerciales à l'Ouest entre autres – l'étude géographique du Sénégal met plus l'accent sur la partie occidentale du pays. Une analyse des programmes d'éducation civique montrerait, tout aussi clairement, la véritable préoccupation des dirigeants sénégalais : le renforcement de l'État et de l'administration, plutôt qu'une éducation au national et à la citoyenneté qui permettrait aux élèves de prendre conscience d'une appartenance commune. Un tel déficit ne manque pas de susciter des critiques, aboutissant finalement, vers la fin des années 1970, à l'adoption du décret 79-1165 qui abroge le précédent. Les royaumes joola et manding de Casamance, les royaumes peuls, le Goy et le Bundu de l'Est du Sénégal et de Haute-Gambie figurent désormais au programme.

En 1987, dans le processus de mise en œuvre de l'« École nouvelle », traduction officielle des conclusions des EGEF, un nouveau programme est élaboré pour l'élémentaire. Il y est alors précisé qu'en fin de cycle, « l'élève devrait prendre conscience du passé de son pays et des pays voisins et développer en soi le sentiment d'appartenir à la nation sénégalaise ». L'Institut national d'étude et d'action pour le développement de l'éducation (INEADE) est chargé de la conception de manuels dans cette perspective.

Dans les nouveaux manuels d'histoire, s'opère alors un rééquilibrage et apparaît une thématique qui traduit incontestablement une nouvelle approche de la question nationale : i) toutes les régions du Sénégal sont représentées ; ii) pour la première fois, la notion de « résistance pacifique » apparaît. En conséquence, les guides religieux, présentés comme les figures emblématiques de ce courant pacifiste, investissent alors littéralement les manuels. Il est probable, qu'un tel choix soit fondé sur le fait que les Sénégalais s'identifient au référentiel religieux, confrérique essentiellement. Aussi, pourrait-on y voir une manœuvre politique avant tout ; iii) Aline Sitoe DIATTA, longtemps occultée, est proposée comme symbole de la résistance à la colonisation en Casamance ; ce qui n'est certainement pas sans être en rapport avec la recrudescence de l'insurrection armée dans la région. Là aussi, il est bien possible d'y voir une opération de récupération, sinon de charme en direction de la rébellion.

Le curriculum de l'éducation de base, actuellement en cours de généralisation, après une longue période de conception et d'élaboration ne remet pas fondamentalement cette option. Au demeurant, la question linguistique et culturelle apparaît comme une formule introuvable. En effet, dès avant la colonisation effective, qui se réalise dans la seconde moitié du XIXe siècle, la France s'appuie sur l'école pour asseoir son emprise sur les populations sénégalaises. Stratégie éminemment politique, la diffusion de la langue française est envisagée comme un moyen de construction d'une identité collective valorisant les apports de la métropole aux dépens des éléments de la culture locale.

Au lendemain des indépendances, voire avant, plusieurs acteurs politiques africains, percevant la nécessité d'un changement de perspective dans ce domaine, insistent sur l'exigence d'un enseignement en langue nationale. L'essentiel de leur argumentation tourne autour d'une idée de base, à savoir que la question linguistique est fondamentale dans l'édification d'une nation, puisque le parler est non seulement l'expression de l'âme d'un peuple mais aussi son moyen de communication et d'intercompréhension. Abdou MOUMOUNI[5] par exemple, quoiqu'il s'attache davantage à l'étude critique des structures institutionnelles de l'éducation en Afrique, n'en insiste pas moins sur la nécessité d'un enseignement en langue maternelle ; ce qui, de son point de vue, comporte de multiples avantages. Au-delà du fait qu'à l'école l'enfant ne serait plus subjectivement et objectivement coupé de son entourage, à plus ou moins long terme, cela pourrait se révéler être un puissant facteur d'intégration nationale.

Au Sénégal, le président SENGHOR[6] préconisa l'enseignement des langues négro-africaines pour, dit-il, « mille raisons » :

> « Notre première raison est que la condition sine qua non de toute renaissance négro-africaine est le retour à nos sources, à nos vertus traditionnelles, et que la langue vernaculaire conserve celle-ci plus que tout autre phénomène de civilisation. La seconde raison est que l'enseignement de langues négro-africaines est d'autant plus nécessaire que notre langue officielle est le français : que, langue romaine, analytique et logique autant que peut l'être une langue, elle exige, par cela même, une complémentarité majeure, que donnent précisément nos langues nationales. »[7]

Au milieu des années 1960, des innovations portant sur la question linguistique sont expérimentées dans le primaire : la méthode pour parler

---

[5] A. MOUMOUNI, « *L'éducation en Afrique* », Paris, Maspero, 1964, p. 168.
[6] L.-S. SENGHOR, « *Rapport au 8e congrès* », déjà cité.
[7] Ce qui par ailleurs est loin d'être évident. N'a-t-on pas vu la délégation du Mouvement des forces démocratiques de la Casamance (MFDC) préférer s'exprimer en joola lors des négociations entre le gouvernement et la rébellion ? Pourtant la Casamance apparait comme l'une des zones les plus ouvertes en matière de scolarisation, immédiatement après Dakar.

français du Centre linguistique appliquée de Dakar (CLAD). Il s'agit de la première tentative d'adaptation de l'enseignement du français en tenant compte des réalités linguistiques et socioculturelles nationales : adaptation des contenus d'apprentissage, oral avant écrit, programmation des difficultés phonétiques et grammaticales liées à la base linguistique nationale. Ainsi, sont esquivées les questions essentielles, celles de l'introduction des langues nationales à l'école et du choix d'une langue nationale d'unification. En vérité, SENGHOR avait déjà tranché le débat dans le sens de la continuité avec la langue de l'ancienne métropole :

> « Il s'agit de choisir une langue pour ses vertus propres : ses vertus d'éducation ; de ce point de vue, "la langue de gentillesse et d'honnêteté" qu'est le français s'impose... Ceux qui prônent le remplacement du français "comme langue officielle d'enseignement" sont, si nous voulons être gentils, des romantiques irresponsables. Par quelle langue, si nous ne voulons pas briser l'unanimité nationale ? Et comment, alors qu'il n'y a même pas une bonne grammaire du wolof, enseigner les sciences modernes et réussir là où des langues écrites, depuis 1000 ans, essuient encore des échecs ? »

Face à la pluralité linguistique, le français est également présenté comme une langue d'unification, ce qui ne manque pas d'aviver les critiques, du mouvement syndical enseignant notamment. Ainsi donc, en application de la loi 71-36, le décret 72-861 prévoit un enseignement des langues nationales à l'élémentaire[8]. Cette disposition apparaissait comme une tentative de résolution de l'épineuse question linguistique. L'annexe II du décret la justifie ainsi :

> « Toute langue véhiculant une civilisation donnée, nous pensons qu'aussi longtemps que nous, Sénégalais, continuerons à apprendre à nos enfants une langue étrangère quelle qu'elle soit sans leur enseigner au préalable leurs langues maternelles, notre peuple sera aliéné. Il est d'une nécessité urgente pour le peuple sénégalais de commencer à enseigner ses langues nationales. »

Il faut dire qu'auparavant, en mai 1971 précisément, le gouvernement sénégalais promulgue un décret par lequel il fixe l'orthographe de six langues officiellement élevées au rang de langues nationales : le wolof, le sereer, le pular, le joola, le manding et le soninké. Le rapport de présentation du texte affirme clairement la volonté de réglementer la transcription des langues nationales en vue de leur introduction dans l'enseignement sénégalais, de l'école primaire à l'université. C'est compte tenu de cet objectif que l'Institut fondamental d'Afrique Noire (IFAN) et le CLAD sont chargés d'élaborer une grammaire moderne ainsi qu'un lexique pour chacune des six langues. En prévision de l'introduction des langues

---

[8] Gouvernement du Sénégal, « Décret n° 71-566 du 21 mai 1971 relatif à la transcription des langues nationales », Rufisque, Imprimerie nationale, avril 1972, 29 p.

nationales à l'école, il est également demandé aux écoles normales régionales de les introduire dans la formation initiale des enseignants.

Quelle(s) langue(s) enseigner ? Les six langues nationales ou seulement le wolof qui est apparemment compris par la majorité des Sénégalais ? Les autorités sénégalaises, dans l'exposé des motifs du décret relatif à la transcription des langues, répondent à ces questions :

Le but même que nous poursuivons – la préservation, par sa langue, des richesses de chaque ethnie – nous fait obligation de viser l'objectif suivant : apprendre à chaque élève à écrire dans sa langue maternelle. Pratiquement, il faut tendre à enseigner, dans chaque arrondissement, la langue de la majorité. Cette position des autorités sénégalaises relève d'une volonté de prise en compte des groupes linguistiques minoritaires. L'objectif était, probablement, d'éviter tout sentiment de frustration culturelle. La nouvelle loi d'orientation de l'éducation nationale de 1991 précise bien qu'il s'agira de « développer l'enseignement des langues nationales, instruments privilégiés pour donner aux enseignés un contact vivant avec leur culture, les enraciner dans leur histoire, former un Sénégalais conscient de son appartenance et de son identité [...] » (Art. 6)

La question de la langue d'unification reste encore mal définie au niveau officiel. Toujours est-il que le wolof, par le biais des médias, des créations artistiques, et à cause de son influence déterminante dans les communications politiques et religieuses, renforce sa position au détriment de la langue française et des autres langues locales.

Somme toute, de 1960 à nos jours, en raison d'une conjonction de facteurs aussi bien internes qu'externes au champ éducatif, la contribution de l'école à la construction d'une conscience nationale sénégalaise est assez modeste. Au-delà des textes législatifs, d'autres facteurs relatifs au dispositif scolaire mis en place alimentent l'incohérence du système, compromettant davantage l'atteinte de l'objectif ciblé.

Jusque vers la fin des années 1980, presque trois décennies après l'accession du pays à l'indépendance, le refus de certaines autorités religieuses de voir l'école dite française s'implanter dans leurs fiefs est encore manifeste. Le cas de Touba[9], dans la région de Diourbel et de Médina Gounass, dans la région de Kolda en sont de parfaites illustrations. À Touba, les écoles publiques françaises ne sont pas autorisées. Jusqu'à nos jours, toutes les tentatives des différents gouvernements pour ouvrir les classes déjà construites ont échoué. À tout considérer, force est d'admettre que l'idéal d'une institution scolaire porteuse d'un projet de renforcement de la cohésion nationale par l'exposition de tous les jeunes sénégalais au même parcours éducatif en prend un sacré coup.

---

[9] Touba, la capitale de la confrérie des mourides, est fondée par cheikh Ahmadou Bamba (1853-1927). Cette confrérie est l'une des plus influentes du Sénégal au plan politique, économique et social. La dernière tentative remonte à 2010, cette fois encore sans succès.

A contrario, contre toute attente, l'extension de l'école a, d'une certaine manière, rendu possible l'affirmation identitaire. De ce point de vue on peut douter de la contribution de l'école. La politique de proximité privilégiée depuis plus de deux décennies, y compris dans la formation des enseignants[10], atténue fortement les possibilités de brassage des élèves venus de toutes les régions du Sénégal.

À l'école élémentaire les sujets d'examen sont très souvent loin de revêtir un caractère national. Au début des années 1960 par exemple, un sujet de rédaction proposé au Certificat d'études primaires élémentaires (CEPE) avait porté sur la fête du mouton, une fête musulmane communément appelée *tabaski*. Dans la région du Sénégal oriental, presque tous les élèves de l'ethnie bassari, issus d'un milieu à dominante animiste, ne connaissant donc pas cette fête, avaient rendu des copies blanches. Ce cas de figure, relevant presque de l'anecdote, n'est toutefois pas généralisable. Par contre, les sujets proposés en histoire portent presque toujours sur les anciens royaumes de l'Ouest, du Nord ou du centre, très rarement sur l'histoire des régions dites périphériques.

Dans le mode de fonctionnement du système éducatif, persistent des préjugés sur les régions périphériques considérées comme « déshéritées », voire comme des zones de sanction. Les enseignants ne veulent pas y être affectés, leur préférant les grands centres de l'Ouest.

En considération de tels facteurs, il n'est pas à exclure que si l'école contribue si peu à l'intégration nationale, c'est probablement lié à l'incohérence du dispositif mis en place. Toutefois, l'absence d'un environnement social et politique incitatif, ou tout au moins favorable, y serait également pour beaucoup. Très souvent, les pratiques sociales et politiques valorisées sont aux antipodes des valeurs que l'école est censée véhiculer. Les modes d'expression politiques empruntent souvent les réseaux locaux traditionnels de la famille, de la parenté, de l'ethnie et de la confrérie. Ces réseaux sont ainsi activés pour se faire élire ou accéder à des postes de responsabilité ; ce qui est en contradiction totale avec le discours scolaire sur la nation.

Les périodes électorales sont particulièrement illustratives de telles pratiques, amplifiées par le développement prodigieux de la presse (journaux, radios, télés) ; pratiques qui se donnent à voir au plus haut niveau de l'État, rendant le discours scolaire inaudible.

S'y ajoute que la *nation sénégalaise* apparaît comme une construction intellectuelle assez éloignée du vécu des populations. De ce point de vue, il est à souligner un déficit d'appropriation de cette notion dans les régions dites périphériques du Nord, du Sud et de l'Est.

---

[10] Le nombre d'écoles de formation est passé de deux à onze, pratiquement une par région. Les élèves maîtres n'ont donc plus à se déplacer en dehors de leur région.

De 1960 à nos jours, les populations de ces régions continuent de parler du Sénégal comme d'une entité distincte de leur milieu voire un pays qui leur est étranger. C'est à se demander si de telles postures d'auto-exclusion de l'espace géographique national ne dénotent pas quelque part la défaillance des premières élites africaines, engluées dans des querelles idéologiques, occultant ainsi leur devoir de réflexion et de conscientisation sur la question nationale.

Dès l'indépendance, l'école sénégalaise s'est vue fixer entre autres missions, celle de contribuer à l'édification de la nation sénégalaise. Pour ce faire, il était certes important de donner à la politique éducative une orientation générale dans ce sens et d'élaborer des programmes prenant en compte l'ensemble du territoire national. Il est tout aussi important, que dans un mouvement d'ensemble, les pratiques institutionnelles et pédagogiques suivent. Ce ne fut pas souvent le cas. Cette limite, à laquelle il faut ajouter l'impact d'un environnement sociopolitique défavorable, laisse ainsi le champ à un mouvement citoyen porté par trois tendances lourdes : i) l'effort dans le domaine de l'éducation, en marge de l'école classique ; ii) le taux d'urbanisation qui fixe une bonne partie de la population en ville qui n'en conserve pas moins des liens étroits avec le monde rural ; iii) l'apparition d'espace de démocratisation et de prise de parole (radio / émissions interactives en langues nationales). Autant de facteurs qui ne semblent pas œuvrer dans le sens de l'édification d'une conscience nationale véritable.

Pour que l'éducation et la formation soient un réel vecteur de développement, elles doivent être appréhendées dans leurs dimensions à la fois individuelle et collective. L'approche par les droits humains s'est avérée pertinente pour rendre compte du caractère multidimensionnel du droit à l'éducation. Aussi, le PAQUET-EF cherche-t-il à renforcer l'acceptabilité par les populations de l'orientation de l'éducation et de la formation à travers le curriculum. Il vise l'accessibilité des offres d'éducation et de formation pour toutes les personnes. Le PAQUET recherche l'adaptabilité du système aux différents besoins et contextes des apprenants ainsi que la dotation adéquate en ressource en réponse aux besoins réels.

Pour le gouvernement du Sénégal, le système éducatif doit mieux contribuer à la mise à disposition de ressources humaines de qualité, capables de s'adapter aux évolutions scientifiques et technologiques et capables d'innover. L'État a donc pour ambition de créer une école de l'équité et de l'égalité des chances, une école qui peut porter ses ambitions pour l'émergence. Aussi, la notion de qualité imprègne-t-elle fortement la politique éducative du Sénégal. La quête de la qualité (des processus, des ressources, des résultats) figure en bonne place dans tous les programmes de gouvernement, notamment dans le décret 79-1165 du 20 décembre 1979 portant programmes et horaires de l'enseignement élémentaire au Sénégal, ainsi que dans la loi n° 91-22 d'orientation de l'Education nationale de février 1991.

La préoccupation pour une éducation de qualité, en plus d'être une exigence de la communauté internationale, demeure une réponse de la société sénégalaise face aux nombreux problèmes éducatifs, notamment le déficit d'efficience, d'efficacité (interne et externe), le déficit d'inclusion et l'absence de certaines compétences scolaires.

Un objectif, parmi les objectifs du cadre d'action de Dakar (2000), rappelle explicitement cette exigence de qualité :

> « Améliorer sous tous ses aspects la qualité de l'éducation et garantir son excellence, de façon à obtenir pour tous des résultats d'apprentissage reconnus et quantifiables – notamment en ce qui concerne la lecture, l'écriture, le calcul et les compétences indispensables dans la vie courante » (item 7).

L'état de l'école sénégalaise en 2016, en termes de résultats, est préoccupant. La première phase du Programme d'amélioration de la qualité, de l'équité et de la transparence (PAQUET-EF, 2013-2016) fait état d'un tableau sombre du système éducatif.

Malgré les investissements financiers et humains, les statistiques fournies par le Rapport d'évaluation de la phase I du PAQUET-EF informent largement les difficultés du système éducatif sénégalais.

En plus des mauvais résultats enregistrés aux examens nationaux (CFEE, BFEM et Baccalauréat), l'état des lieux du pilotage du système fait ressortir la persistance des cas d'abandon et de redoublement après trois années de mise en œuvre du référentiel de la politique éducative. De l'avis du ministère, « le département de l'Education nationale n'entend pas faire le solde entre le positif et le négatif », c'est-à-dire une « balance » entre les acquis et les contreperformances pour chacun des indicateurs.

Pour les services du ministère, il s'agit, en dégageant les tendances lourdes, de procéder à une « appréciation-apprentissage ».

S'agissant des indicateurs sur les résultats obtenus dans la première phase du PAQUET-EF, l'équipe technique du rapport, avec l'accompagnement d'un consultant, joue la carte de la prudence en indiquant que sur un ensemble de 259 indicateurs retenus par la grille d'évaluation, environ 90 n'ont pas été renseignés. « Avec cette forte proportion d'indicateurs non fournis, l'on peut avancer l'hypothèse selon laquelle les données y relevant ne pouvaient peut-être pas être objectivement indiquées », lit-on dans le rapport.

Toutefois, on peut relever des contreperformances structurelles et/ou conjoncturelles pouvant compromettre des dynamiques porteuses enregistrées durant la première phase du PAQUET-EF.

Au niveau de l'élémentaire, le taux élevé d'abandon et de redoublement constituent des indices de mauvais fonctionnement du système éducatif. Pendant que le taux de promotion qui était de 87,4% en 2012 est passé à 86,3% en 2015, le taux d'abandon est passé de 7,70% en 2013 à 9,80% en

2015. Le taux de redoublement est passé de 3% en 2013 à 2,79% en 2014 avant d'atteindre 3,90% en 2015.

Au niveau du Moyen, le taux d'abandon connait une hausse de 2,4 points par rapport à l'année de référence - 2012 et 2015 - (11,50% contre 9,10%). « Le taux de survie en 3ème a connu une tendance baissière de près de 6 points par rapport à la référence de 2012, et près de 12 points par rapport à la valeur cible de 2015 ». De même, le taux de redoublement dans le secondaire général a connu une hausse de 4,1 points entre 2012 et 2015 (19,50% contre 23,60%) et une hausse régulière durant toute la phase (21,90% en 2013, 23,10% en 2014 et 23,60% en 2015) (Rapport d'évaluation, 2015).

En plus de ces mauvais résultats, en dépit d'un énorme investissement, on note une tendance générale à la baisse des résultats des examens nationaux aussi bien à l'année de référence que durant la phase. Pour le BFEM, le taux de réussite a connu une baisse de 10 points entre 2012 et 2015 en passant de 53,2% à 43,2%. Par rapport à la valeur cible de 2015 qui est de 65,1%, le gap est de 21,9%.

Au niveau secondaire, le taux de réussite au Baccalauréat a connu une évolution en dents de scie. Il est passé de 38,10% à 38,50% entre 2012 et 2013, soit un gain de 0,40%. Entre 2013 et 2014, il est passé de 38,50% à 31,80% pour y stagner en 2015, soit une baisse de 6,7%. Et paradoxalement, le flux de diplômés augmente en passant de 5814 en 2012 à 6021 en 2015, soit une hausse de 207.

Le Rapport de synthèse prospective a signalé aussi une timide intégration des Technologies de l'Information et de la Communication (TIC) dans les dispositifs et processus d'apprentissage. Le taux de couverture dans les écoles et établissements est relativement faible. Au niveau du cycle fondamental et du secondaire général, 18% des établissements publics disposent au moins d'un ordinateur ; 74% d'entre eux possèdent 1 à 10 postes de travail. Le ratio ordinateurs élèves est en moyenne de 1/349 dans le primaire, de 1/89 dans le moyen et de 1/71 dans le secondaire, indique le rapport. Le taux de connexion à Internet s'élève à 48% pour les lycées et à 24% pour les collèges d'enseignement moyen. Seuls 7% des écoles élémentaires disposent d'un accès à l'Internet. Les infrastructures et dispositifs matériels existants ne permettent pas d'avoir une idée précise du niveau d'intégration des technologies de l'information et de la communication dans le processus des enseignements-apprentissages.

Face à ces faiblesses et contreperformances du système à l'heure de la promotion des mathématiques, des sciences et de la technologie, les autorités proposent une réorientation des objectifs généraux retenus par le PAQUET-EF et leur adaptation aux objectifs visés par la communauté internationale à travers notamment les Objectifs de Développement Durable (ODD) et l'Agenda Afrique 2063. Pour relever les défis relatifs à la qualité des apprentissages, à l'équité et à l'implication effective de tous les acteurs, le rapport propose une « recontextualisation » du PAQUET-EF à l'heure de l'application des directives présidentielles sur les Assises nationales de l'éducation et de la formation (ANEF) et les Concertations nationales sur l'avenir de l'enseignement supérieur (CNAES), sans compter les perspectives ouvertes par l'Acte 3 de la décentralisation. Selon le rapport, une telle mesure permettrait de mieux prendre en charge et d'intégrer plusieurs situations intervenues après la conception et la mise en œuvre du PAQUET-EF.

Nous estimons que le diagnostic qui a été fait de la situation nationale – dans le cadre de l'élaboration du PDEF en 2000 et du PAQUET en 2012 – est très révélateur de la préoccupation apportée à la question de la qualité et de la gestion de l'éducation : déficit de matériel pédagogique et de personnels qualifiés, inégalités dues à l'inadéquation des méthodes d'enseignement aux contextes culturels et sociolinguistiques des élèves, difficultés de maîtrise des enseignements et des apprentissages en langue et en mathématiques, faiblesse dans le leadership et dans la gestion des écoles.

Les problèmes de la qualité et le besoin de développement du système éducatif sénégalais appellent des changements qui engagent l'État, en tant qu'il est le garant de la définition des finalités éducatives, lesquelles mobilisent, pour se concrétiser, les instances décentralisées et déconcentrées de l'Etat, des collectifs de directeurs d'écoles engagés dans des actions d'encadrement et de mise à niveau en faveur de jeunes enseignants.

2. Le processus d'implantation de la réforme : de la conception à l'exécution

2.1. La stratégie de mise en œuvre

Comme nous l'avons indiqué plus haut, au démarrage de la mise en œuvre du curriculum de l'éducation de base ont été mises en place les structures suivantes :
– Un secrétariat permanent assurant le pilotage et la coordination ;
– Un comité scientifique ;
– Des commissions disciplinaires spécialisées.

Ces structures ont créé le cadre de la construction, pour le préscolaire, l'élémentaire, l'alphabétisation et les écoles communautaires de base, d'un Livret Horaires et Programme (LHP) intégrant toutes les données validées et présentées sous forme d'une liste de compétences selon les domaines taxonomiques (savoirs, savoir-faire et savoir-être).

Cet outil a été mis à l'essai dans les classes. L'évaluation de sa mise à l'essai en 2001 a mis en évidence des limites importantes qui ont entraîné son retrait des classes.

L'insuccès de cette première étape de la construction du curriculum de l'éducation de base a conduit à une pause stratégique dans la mise en œuvre sur le terrain, opérée en 2001. Après cette pause, enrichie des leçons tirées de l'expérience du LHP, la construction du curriculum s'est poursuivie dans une démarche d'interaction entre concepteurs du curriculum et acteurs de terrain. Ce principe appelé construction active a tenu pour acquis que la construction des instruments didactiques de base exige d'abord un travail de la part de techniciens spécialisés. Il apparaît que, par cette démarche, les enseignants ont été munis de meilleurs outils de travail que lors de la mise à l'essai. La participation active, attendue de leur part, consistait en une critique des outils sur la base des difficultés rencontrées en situation d'enseignement.

Le processus de construction du curriculum sénégalais a permis la production de supports didactiques, en plus des intrants cibles. Au total, soixante-deux (62) titres ont été produits pour les sections ou niveaux respectifs des différents sous-secteurs. Pour chaque niveau d'étude, il s'agit du livret de compétences, d'un guide pédagogique, d'un cahier d'activités, d'un cahier d'exercices ou cahier de l'élève pour les différents domaines et sous domaines (mathématiques, langage ou français, IST, ESVS). Pour le langage, il y a aussi un cahier de lecture.

Les supports produits ont été gratuitement distribués aux utilisateurs, mais insuffisamment répartis dans les établissements scolaires et les classes. Une bonne diffusion de ces supports impliquerait des moyens conséquents.

2.2. La formation des acteurs

La mise à l'essai du CEB, démarrée en 2005 à la suite du processus de la relance, a permis l'élaboration de référentiels de formation adaptés aux différentes cibles.

Les formations se sont déroulées en cascade et ont été menées, au plan national, dans les bassins regroupant des régions ou au niveau des Inspections d'académie (IA) ou des Inspections de l'éducation et de la formation en fonction de la cible ou de la dimension de l'échantillon concerné.

Ainsi, l'ensemble des inspecteurs des structures centrales et déconcentrées associés à la mise à l'essai du CEB ont bénéficié de formation et ont, à leur tour, assuré celle de plus de 8.000 enseignants.

L'intégration de l'APC en 2008/2009 en tant que composante de la formation initiale des inspecteurs en vue d'une extension à celle des enseignants, peut être considérée comme un élément de réussite dans la mise œuvre du curriculum.

2.3. Vers la généralisation

L'implémentation progressive de la réforme au Sénégal est en cours. Elle est planifiée sous forme de phase de mise à l'essai, suivie d'une phase d'extension puis d'une phase de généralisation. L'implémentation se fait par niveaux d'étude : CI-CP (niveau 1), CE1-CE2 (niveau 2) et CM1-CM2 (niveau 3).

La programmation de la mise en œuvre de la réforme, à la suite de la relance, prévoyait une généralisation du nouveau CEB par l'APC au cycle élémentaire en 2010. En 2007/2008, l'extension a couvert plus de 30% des CI, le renforcement s'est réalisé dans les CE1 et la mise à l'essai dans les autres classes de l'élémentaire.

Cependant, en raison de contraintes budgétaires et difficultés liées aux procédures d'appels d'offres, les projections pour les années 2008/2009 et 2009/2010 ne seront pas respectées. La généralisation du CEB dans l'ensemble du cycle élémentaire est depuis programmée pour 2011/2012.

L'A.P.C. sera intégrée en tant que composante de la formation initiale des inspecteurs en vue d'une extension à celle des enseignants. Les supports pédagogiques ont été réalisés par une équipe de rédacteurs sous la conduite du secrétariat technique permanent. Ces supports sont constitués des livrets de compétences, de guides et supports didactiques pour les enseignants. Du côté des élèves, il s'agit d'albums de lecture, de cahiers d'exercices et de cahiers d'activités pour les différents domaines.

Ce processus d'installation indique bien que la réforme est impulsée de l'extérieur et du niveau central par les scientifiques et les politiques. Pendant plus de dix ans de préparation et d'initiation de la réforme, les acteurs de terrain, les enseignants, semblent absents du processus. C'est seulement à partir de 2008, au moment de la mise en œuvre, qu'il est demandé aux enseignants d'appliquer un nouveau curriculum dont plusieurs n'avaient jamais entendu parler avant.

2.4. Les difficultés d'implantation

Une revue des différentes réformes qui ont marqué l'histoire de l'école sénégalaise montre que des problèmes sérieux persistent au sein du système d'éducation : les changements attendus ne sont généralement pas obtenus. Selon SYLLA (2004 : 73), les échecs des réformes en Afrique sont principalement causés par :

« […] une approche morcelée et très souvent dictée par des préoccupations de gestion immédiate […] » ;

« […] la dépendance des pays africains sur les financements extérieurs […] » ;

« […] la distance qui sépare les centres de réflexion et les centres de décision […] ».

Conçues de l'extérieur, ces réformes ont généralement suivi les grandes tendances internationales sans que leur ancrage national soit réellement établi. Des réformes essentiellement centrées sur des problèmes quantitatifs et non sur des questions structurelles.

Il s'en suit une exigence des États africains à tenir compte de l'ensemble des facteurs avant, pendant et après la mise sur pied d'une réforme, entendu que, selon plusieurs auteurs (LAPOINTE, 1992 ; SAVOIE-ZAJC, 1993 ; JONNAERT et ETTAYEBI, 2007 ; LEGENDRE, 2002, 2005 ; LEGENDRE, 2008), une réforme ne peut être opérante que si elle est bien planifiée selon un modèle de changement bien défini. Elle doit en outre être ancrée dans les réalités sociales, culturelles et économiques d'un pays pour une meilleure appropriation par les acteurs scolaires. Tel que nous le voyons en Afrique, dans la plupart des pays où des réformes ont été implantées, ces impératifs ne sont pas toujours respectés.

I.1.4. Au niveau communal (Richard-Toll et autres communes)

Alors que le curriculum en est à sa dernière année de généralisation, les performances enregistrées sont décevantes : taux de redoublement en 2012 chez les filles et les garçons à Richard-Toll respectivement de 4,04% et 11,96% ; part communale du taux de réussite du C.M2 aux essais nationaux en 2013 et 2014 respectivement 17% et 29%.

Cette situation a, entre autres conséquences, une défiance évidente des parents vis-à-vis de l'école publique tandis que les inscriptions dans les établissements privés explosent.

La mise à l'essai du curriculum intervient dans un contexte où la réceptivité des enseignants est facilitée par des innovations systématisées sur le terrain en vue de relever le seuil de maîtrise des apprentissages. Il s'agit de : contribuer à l'extension et à la rénovation du réseau d'écoles publiques et à l'amélioration de sa maintenance ; d'améliorer la qualité des enseignements dans les écoles élémentaires, en soutenant les efforts entrepris à cet effet par le comité de pilotage du journal de Richard-Toll et par l'ensemble des écoles publiques comme privées et de renforcer les capacités des collectivités et de la société civile de manière à participer plus efficacement à la gestion du système éducatif.

Dans les stratégies mises en place pour atteindre le deuxième objectif qu'il s'est fixé, le CODEC de Richard-Toll se mobilisé dans l'organisation d'évaluations standardisées, dans des actions d'encadrement et de mise à niveau de jeunes enseignants et dans le développement de projets d'écoles, visant en l'occurrence l'érection de cantines et de bibliothèques scolaires.

A ce niveau précis de notre recherche, il nous a semblé important de rappeler les conditions d'implantation du nouveau curriculum, car cela permettrait de disposer d'informations significatives en ce qui concerne notre sujet en particulier. L'implantation du curriculum telle qu'exécutée et vécue nous apparaît comme un préalable à toute étude d'incidence sur les performances des enseignements-apprentissages.

L'instauration du nouveau curriculum s'est faite dans le but officiellement déclaré de refonder le système éducatif sénégalais de manière générale. Plus particulièrement, il s'agit de rendre plus pertinents les contenus et les méthodes, pour une efficacité plus accrue du secteur. Pour ce faire, d'importantes ressources seront mobilisées et le système éducatif sénégalais entre ainsi dans une nouvelle phase de réforme à visée pédagogique, administrative et managériale.

CHAPITRE II

Revue de littérature

Dans cette partie, nous nous sommes employés à faire le point de différentes lectures significatives dans le champ de recherche délimité par notre sujet. Une recherche documentaire a ainsi été menée, laquelle a consisté d'une part, à trouver et à lire des écrits de chercheurs dans le domaine des réformes de programmes d'enseignement (comportant toujours une réforme pédagogique) et, d'autre part, à rapporter, de manière critique, les analyses de données que ces auteurs ont faites et les conclusions qu'ils en ont tirées en termes d'hypothèse et/ou de théories. Cette revue de littérature a permis de dire s'il y a eu recoupement ou non entre les recherches des auteurs consultés, de dégager les limites de leurs travaux et de déboucher sur un cadre théorique innovateur pour notre sujet.

Dans la plupart des cas, nos lectures ont permis de constater que les programmes scolaires officiels s'articulent autour d'une base méthodologique qui ne dissocie pas assez nettement, pour les concilier ensuite, les méthodes d'enseignement de celles d'apprentissage. Très souvent, les secondes sont confondues dans les premières, comme si la relation d'enseignement-apprentissage allait de soi ou que la manière d'enseigner pouvait déterminer celle d'apprendre.

Dans la mesure où l'école sénégalaise est un héritage de la colonisation, nous ne pourrons pas faire l'impasse sur le fait que ce constat rappelle l'évolution de la pédagogie traditionnelle vers la coexistence de deux courants souvent opposés qu'elle verra surgir en son sein pendant le XVIème siècle. Le courant traditionaliste triomphera au XVIIème siècle en assurant au jésuite la suprématie en matière d'éducation. La remise en question des vérités toutes faites et l'intérêt accordé à l'observation bienveillante devront attendre le XVIIIème siècle pour faire triompher à son heure une conception évolutionniste et plus individualiste de l'homme.

Dans son étude sur la pédagogie en France au XVIIème et XVIIIème siècle, G. SNYDERS[11] montre que tout l'effort de la pédagogie, le dévouement aux maîtres repose sur l'espoir que suscite la création d'un adulte, à partir d'un « être faible et corrompu par le péché originel ».

La valeur de l'enfant tient aux possibilités qu'il recèle, il ne vaut que parce qu'il est éducable. C'est à l'enseignant que revient l'honneur d'utiliser la faiblesse de l'enfant pour le façonner à l'image d'un adulte idéal non corrompu par la société. Ainsi le modèle de l'écolier renvoie-t-il à une certaine conception de l'adulte.

Dans un mouvement inverse de celui du XVIIème siècle, ROUSSEAU réhabilite l'enfant, affirme son innocence et accuse l'adulte de corruption inséparable de la vie en société.[12] S'il propose dans sa pédagogie d'isoler l'enfant du monde adulte, c'est pour sauvegarder sa bonté naturelle et faire de l'enfant la source même de l'éducation.

Le modèle pédagogique perd alors sa rigidité et son apriorisme. Il est au service de la découverte de l'enfant, idée essentielle reprise par les créateurs et les défenseurs de la pédagogie nouvelle[13]. Le XVIIIème siècle lèguera à son successeur les fondements théoriques et politiques d'une véritable science de l'éducation résolument tournée vers l'emploi de pédagogies dites actives.

A ce propos, Serge POUTS-LAJUS rapporte dans *« Emile »* que Jean-Jacques ROUSSEAU, précurseur des pédagogies actives et théoricien de ce qu'on pourrait appeler l'école constructiviste, ne cesse de mettre son élève au centre des choses telles qu'elles se présentent dans la nature. Selon POUTS-LAJUS, ROUSSEAU se méfie des médiations et des mises en forme destinées à l'enseignement. Il détourne son élève des bibliothèques et des professeurs lorsqu'ils sont des bibliothèques parlantes : « Les choses ! Les choses plutôt que les signes » ; et, emporté par son élan, ROUSSEAU s'écrit : « Je hais les livres ! »

Pour POUTS-LAJUS, un seul livre trouve grâce aux yeux de ROUSSEAU, c'est *« Robinson Crusoé »*, car il raconte l'histoire d'un monde en train de se construire et que c'est justement l'expérience que ROUSSEAU souhaite faire vivre à Emile. De même que Robinson invente un monde nouveau sur son île à partir de ce qu'il sait déjà et de ce que la

---

[11] Cf. les analyses de G. SNYDERS dans « La pédagogie en France aux XVIIème et XVIIIème siècle, Paris, PUF, 1965, 459p.

[12] Jean-Jacques ROUSSEAU, *« Emile ou de l'Education »*, Paris, (Les classiques Garnier), 1967, annoté par F. et P. RICHARD, 666 pages. cf. livre premier, p. 13 : « Toute notre sagesse consiste en préjugés serviles ; tous nos usages ne sont qu'assujettissement, gêne et contrainte ; l'homme civil naît, vit et meurt dans l'esclavage... »

[13] E. CLAPAREDE – « L'éducation fonctionnelle », Neuchâtel, Paris, DELACHAUX et NIESTLE, 1946, 211pages. (Collection « Actualités pédagogiques et psychologiques »), cf. p. 62 ; « La manière de voir de ROUSSEAU concorde avec la conception de l'enfance aujourd'hui aux biologistes et aux psychologues ».

nature lui offre, Emile est appelé à construire de nouvelles connaissances à partir de celles qu'il possède déjà, de l'observation de la nature, d'interactions avec les personnes qu'il croise, de l'accès guidé à certains savoirs constitués. Mais cet apprentissage se réalise dans une dynamique qui reste fondamentalement, comme chez Robinson, celle de l'invention.

Rousseauiste dans la démarche, Serge POUTS-LAJUS est d'avis que seul le constructivisme peut libérer l'enfant de la rigidité d'un enseignement programmé et ex cathedra.

L'élève de ROUSSEAU est invité à construire de nouvelles connaissances à partir de l'observation de la nature et des interactions sociales, Il ne s'agit alors plus tant de faire en sorte que l'élève devienne autre qu'il est, que de viser, selon la formule célèbre, à ce qu'il devienne ce qu'il est en épanouissant pleinement sa personnalité. L'accent sera dès lors mis sur la préférence de dispositifs pédagogiques cultivant d'autres qualités que les traditionnelles valeurs du mérite, de l'effort et du travail. Il s'agit notamment de l'expression de soi plutôt que le souci des héritages transmis ; de l'esprit critique plutôt que la réceptivité ; de l'innovation plutôt que la tradition. Ces valeurs ne sont pas négatives en tant que telles, mais c'est finalement l'idée même de norme supérieure à l'individu qui est dénoncée comme aliénante, de sorte que derrière la critique de l'école, c'est un nouvel essor de l'individualisme qui semble s'installer.

On voit bien que, par cette approche, POUTS-LAJUS remet en cause le « magistrocentrisme » qui met l'enseignant au-devant de la scène face à des apprenants à qui il transmet des savoirs livresques sans tenir compte du fait que l'enfant a une psychologie qui lui est propre et que les différentes phases de son développement physique et mental restent marquées par des procédés très particuliers d'acquisition, d'assimilation et/ou d'accommodation.

A l'analyse, le point de vue de POUTS-LAJUS semble explicité par Philippe JONNAERT quand, parlant de méthodes d'enseignement, il convoque l'image de deux pôles opposés d'un même axe : l'autonomie, la création et la liberté par opposition à la dépendance, à la reproduction et au conformisme. L'image de cette opposition est perceptible au travers de cette sentence de ROUSSEAU précitée au sujet des livres. Comme qui dirait, avec Giambattista VICO, que : « Le critérium du vrai et la règle pour le reconnaître, c'est de l'avoir fait ».

En somme, la méthode fondamentale de tout processus d'enseignement-apprentissage, selon POUTS-LAJUS, réside dans le constructivisme, plus actuel que jamais, à une époque où d'autres espaces d'acquisition de savoirs et de valeurs rivalisent avec les instances habituelles de socialisation que sont la famille et l'école, et où l'enseignant est en permanence aux prises avec une quantité industrielle de connaissances dont il ne saurait prétendre être un porteur ambulant. De ce point de vue, le CEB, en promouvant une démarche similaire, permettrait à l'apprenant de développer des compétences de travail en autonomie tout en lui faisant prendre conscience des processus et procédés d'apprentissage selon une progression personnalisée et avec des supports et des contenus optionnels.

Toutefois, POUTS-LAJUS, oublie de dire que l'idéal rousseauiste, tel que vécu par Emile, se pose en face d'une réalité qui a ses propres exigences. D'abord, l'école est avant tout un appareil idéologique d'Etat. Et, en tant que tel, elle obéit à une certaine organisation, dans un espace où apprenants et enseignants cohabitent selon un agenda précis. Conséquemment, la symbiose avec la nature dont bénéficiait Emile à travers les activités presque toutes extra-muros, n'est pas transposable dans le schéma de l'école moderne. Les objectifs de scolarisation universelle ne permettent pas toujours d'individualiser les parcours dans des classes à effectifs pléthoriques requérant de la part des enseignants une formation spécifique qui fait souvent défaut.

Admettons qu'on peut être un chaleureux partisan des méthodes actives et cependant reconnaître la part de tradition qui habite nécessairement tout enseignement digne de ce nom, et ce notamment dans deux domaines clés : celui de l'apprentissage de la langue et celui de la civilité. Reconnaissons aussi que quand l'idéologie du droit à la différence est radicalisée à l'extrême, elle risque, sur le plan scolaire, de perpétuer des inégalités sociales que pourtant l'école combat sans relâche à la fois dans son organisation et dans son fonctionnement.

Il ressort de ce qui vient d'être dit que ce qu'il convient de mettre au centre du système éducatif, ce n'est pas l'élève ou le maître ou les savoirs seuls, mais d'évidence les relations entre l'élève et les savoirs d'une part, et entre l'élève et le maître d'autre part. Dans le premier cas, il s'agit de revenir à l'impératif de travail qui est celui des élèves, et dans le second cas, à la restauration de l'autorité de l'enseignant, gage d'accessibilité et d'intérêt pour l'élève de l'enseignement transmis.

Au regard de la culture scolaire, redisons sans démagogie aucune, que le monde de l'enseignant n'est pas celui de l'élève ; l'enseignant détient le savoir qu'il peut et doit transmettre à l'élève qui ne le possède pas encore ou le possède de manière imparfaite.

Il faut faire comprendre aux élèves, et à tous ceux qui en douteraient, que l'univers culturel des adultes est, du moins bien sûr dans ce qu'il a de meilleur et que les programmes s'efforcent d'identifier, plus vrai, plus profond et plus intéressant que celui auquel on risque d'en rester si, comme Peter Pan, on s'accroche à l'enfance. En ce sens, il nous faut admettre que la finalité de la culture scolaire est de préparer les élèves à entrer dans un univers d'adultes qui peuvent s'enorgueillir de ce qu'ils peuvent transmettre et léguer aux jeunes générations pour leur permettre de s'inscrire à leur tour dans un monde qu'elles seront appelées, elles aussi, à habiter, à enrichir et à transformer. Il s'agit, en d'autres termes, de dépasser le constructivisme pour le socioconstructivisme qui introduit et tient compte de la dimension socioculturelle de tout processus d'enseignement-apprentissage.

Dans le contexte de la réforme, nous nous sommes aussi intéressés à la réflexion de Philip H. COOMBS et Raymond ARON sur l'adaptation des curricula aux situations et réalités locales en Afrique sub-saharienne. Ces auteurs[14] soutiennent qu'autant un adulte ne peut s'obstiner à porter les vêtements de son enfance, autant un système éducatif ne peut se replier sur lui-même alors que tout se transforme autour de lui.

De ce point de vue, la construction de programmes pertinents au sens de VERSPOOR doit constituer une priorité en Afrique. En effet, Selon VERSPOOR, un programme scolaire est pertinent lorsqu'il relie l'apprentissage à l'expérience et à l'environnement de l'enfant tout en répondant aux attentes et aux demandes des parents. Il doit en outre préparer l'enfant non pas au monde d'aujourd'hui, mais à la société telle qu'elle va évoluer au cours des cinquante prochaines années.

Il faut dire que les conceptions de l'homme, qui ont influencé des mouvements pédagogiques divers, sont en partie tributaires des conditions de vie des hommes au cours de l'histoire.

Si la philosophie et la sociologie s'influencent réciproquement dans leur déroulement historique, la pédagogie est autant liée à l'une qu'à l'autre. L'école est une expression privilégiée de la société qui lui confie le soin de transmettre aux enfants des valeurs culturelles, morales, sociales, qu'elle juge indispensables à la formation d'un adulte et à son intégration dans son milieu. Elle se présente donc comme le dépositaire des valeurs essentielles d'une société et confirme ainsi son appartenance au domaine de la sociologie.

Des sociologues français - Auguste COMTE et Emile DURKHEIM en particulier - ont accordé à l'éducation une place considérable dans l'édification de leur théorie. La définition que DURKHEIM donne de l'éducation s'apparente à une conception sociologique de l'adaptation et confère à l'école une mission exclusivement sociale.

> « La société se trouve donc, à chaque génération nouvelle, en présence d'une table presque rase sur laquelle il lui faut construire à nouveaux frais. Il faut que par les voies les plus rapides, à l'être égoïste et asocial qui vient de naître, elle en surajoute un autre, capable de mener une vie sociale et morale. Voilà quelle est l'œuvre de l'éducation [...]. Elle crée dans l'homme un être nouveau[15]. » (E. DURKHEIM[16]: 8.).

---

[14] Philip H. COMBS, Raymond ARON, « *La crise mondiale de l'éducation : analyse de systèmes* », Presses universitaires de France, 1968, 322 pages

[14] A. VERSPOOR, "*The challenge of learning : Improving the quality of basic education in sub-Saharan Africa*", Association for the development education in Africa, World Bank: ADEA, 2003.

[15] E. DURHEIM, « *Education et Sociologie* », Paris, PUF, 1966, 120p. (collection Le Sociologue), p. 42.

[16] R. HUBERT, « *Traité de pédagogie générale* ». Nouvelle édition revue par Gaston MIALARET, Paris, PUF, 1961 (1ère édition 1946), 690p. cf. p. 41

Il faut que, par les voies les plus rapides, à l'être égoïste et asocial qui vient de naître, elle en surajoute un autre capable de mener une vie morale et sociale… Elle ne se borne pas à développer l'organisme individuel dans le sens marqué par la nature, à rendre apparentes des puissances cachées qui ne demandent qu'à se révéler. Elle crée dans l'homme un être nouveau ».[17]

Avant DURKHEIM, une conception sociologique de l'éducation a fortement inspiré les créateurs de l'école primaire obligatoire en France. Jules FERRY, très influencé par le positivisme d'Auguste COMTE, était persuadé de la nécessité de l'école pour tous, afin de maintenir l'ordre social. Il entend former à l'école le travailleur et le citoyen dont la France industrielle avait besoin. Une définition de l'éducation de type sociologique se retrouve par exemple dans ce propos d'HUBERT :

> « Le propre d'une éducation conçue essentiellement comme une institution sociale est moins une action d'un individu sur un individu, que celle d'une génération (d'adultes) sur une génération (de jeunes) . » (HUBERT : 41)

Faire des maîtres des intermédiaires de la société auprès de l'enfant, c'est soumettre fortement la relation pédagogique à la « pression sociale » et admettre que les comportements individuels seront orientés par des valeurs supra-individuelles. Ce raisonnement poussé à l'extrême dans certaines théories américaines amène à donner à la notion de rôle une place essentielle dans l'étude de la relation pédagogique. Dans les pays en voie de développement, fortement marqués par leur attachement à leurs traditions et coutumes, les systèmes éducatifs de base doivent nécessairement prendre en compte l'héritage culturel laissé par les anciens et fonder dessus des objectifs d'innovations, d'enrichissement, de changement en préservant dans l'identité culturelle locale tout ce qui est conciliable avec le progrès, scientifique et technique, la pensée rationnelle, la bonne gouvernance, etc.

Chaque société restée traditionnelle, raisonnablement acculturée et attachée à ses spécificités culturelles doit faire l'inventaire des valeurs auxquelles elle tient, distinguer et valoriser celles d'entre elles qui sont universalisables, les imprégner dans les programmes d'étude et de formation comme moyen de rendre ceux-ci plus pertinents.

Un inventaire de valeurs nationales (tableau 1) a été fait en 1981 pour accompagner la tenue des Etats Généraux de l'Education et de la Formation (EGEF). Il a permis de donner un sens à la notion de « valeur traditionnelle » et de référer cette notion à des impératifs de développement, à des principes pédagogiques et à des stratégies de motivation des élèves.

Dans tous les domaines de la vie, le commerce, les arts, les dimensions de l'homme, la valeur renvoie à quelque chose qui a un prix, de la qualité et qui est par conséquent désirable et bon à conserver.

---

[17] Le compte rendu de ce colloque est publié dans le n°31 de la Revue ETHIOPIQUES, troisième trimestre, 1982.

Tableau 1 : Glossaire des valeurs traditionnelles au Sénégal[18]

Valeurs morales et personnelles	Wolof	Yar, Njub, Ngor, Mûn, Fit, Njambaar, Téranga, Ubéeku, Yaatu, Kersa, Jom, Mandu, Mât, Yemb, Yermande, Sago, Teey, Set, Yewen Yiw, Am diiné
	Français	Politesse, Probité, Honneur, Patience, Persévérance, Courage, Héroïsme, Hospitalité, Ouverture, Tolérance, Retenue, Moral, Dignité, Maturité, Compassion, Maîtrise de soi, Circonspection, Propreté, Générosité, Franchise, Honorabilité, Croyant et pratiquant
Valeurs économiques	-	Courage dans le travail bien fait. Culte de l'effort ; Condamnation de la paresse et de l'oisiveté. L'obligation morale d'apprendre en vue d'avoir un métier. Le travail collectif qui incite à l'aide dans certaines circonstances (désherbage, semis, récolte, construction d'une maison, d'une digue, etc.). La division du travail avec distribution des rôles : la force des hommes, l'appui des jeunes, les repas, la récolte et la commercialisation par les femmes. La prévision Le grenier familial
Valeurs sociales	-	Responsabilité, Parenté, Honorabilité, Respect des interdits, Rapport de cousinage (kal), Mariage, Fécondité, Héritage, Veuvage, Lévirat dans certaines tribus
Valeurs mystiques et religieuses	-	Le culte des ancêtres. Un sens magique de la création de la terre ; Le sens et la pratique des sacrifices. Les initiations de garçons et de filles : circoncision, tatouage, jeux, vertus de la parole. Les méfaits de la langue et du mauvais œil. L'importance de la virginité

Source : Souleymane NDIAYE, *Former un enseignant compétent et motivé*, Dakar, Nouvelles Editions Africaines du Sénégal, 2008 : 222-223.

Dans la contribution qu'il a présentée au colloque de 1981, Théodore NDIAYE définit la valeur comme étant une forme de jugement qu'on ne peut enfermer dans un lieu ou dans un temps donné : elle peut se manifester à travers plusieurs objets, plusieurs situations et sous plusieurs formes.

Pour une société donnée, poursuit-il, « c'est une sorte de raison générale intériorisée qui crée la communication et la fait vivre ». Ce n'est pas un acquis définitif, c'est du construit qui doit être sans cesse revisité et adapté ; elle participe à l'identification d'une société et joue un rôle d'équilibre et de viabilité dans toute communauté qui veut se maintenir en se prévalant d'une identité incontestable, d'une conscience du présent et du futur.

La tâche qui revient aux systèmes éducatifs est d'exploiter cette donnée sociologique et culturelle pour apprendre aux élèves à bien connaître leur

---

[18] Extrait des actes d'un colloque organisé en 1981 par le Ministère de la Jeunesse et des Sports.

milieu, à se référer aux valeurs positives locales et à fonder sur ces inputs de quoi rendre la pédagogie plus adaptée et plus vivante.

En passant en revue les valeurs qui sont évoquées par les participants au colloque de 1981, nous avons constaté qu'ils ont mis l'accent sur tout ce qui touche à la sociabilité, à l'économie, à l'écologie, à l'art de vivre ensemble et de régler pacifiquement les conflits. Comme l'observe un des rédacteurs des rapports du colloque de 1981, si tous les peuples ont une claire notion de toutes les valeurs, chaque peuple peut privilégier tel ou tel genre sans anéantir les autres. L'essentiel est que nous nous reconnaissions dans les valeurs répertoriées et que celles-ci puissent nous servir comme ressources et matériaux pour préparer le futur.

Le défi qui nous est lancé à travers le curriculum est celui de savoir si l'exploitation de nos valeurs traditionnelles peut déboucher sur un enseignement voulu et utile, sur des processus pédagogiques plus dynamiques et facilitant le transfert hors de l'école, de performances nettement améliorées.

Les structures de recherche-action, acquises aux stratégies de diversité culturelle et soucieuses de la pertinence des programmes d'études, devraient rechercher la collaboration d'anthropologues, de sociologues, de philosophes et de didacticiens convaincus du fait que nous vivons une époque où la culture et l'éducation revêtent de multiples dimensions. Des anthropologues et des sociologues, nous devrions attendre qu'ils nous informent sur tout ce que les peuples ont appris, inventé, conservé et transmis de génération en génération pour survivre à tous les dangers, de l'âge de la pierre à celui du nucléaire. C'est dans cet héritage que nous découvrons ce que nous possédons comme compétences de vie courante. Nous n'arrivons pas toujours à interpréter avec exactitude et profondeur la pensée des anciens, surtout quand elle comporte dans ses aspects spirituels et mystico-religieux un volet de clair-obscur. Au lieu de prendre le risque d'interpréter cette pensée en termes de distanciation entre la rationalité occidentale et l'irrationalisme des cultures négro-africaines, nous laisserons aux philosophes le soin de démontrer que dans le monde actuel la réalité socio-historique, économique et culturelle est souvent hétérogène : elle est faite de données que l'on peut séparer, associer ou inter relier au lieu de raisonner en termes de ruptures ou de conflits.

Les didacticiens, en cernant davantage les réalités locales et les facteurs culturels endogènes, en considérant les bonnes pratiques éducationnelles appliquées aux classes d'âge et en réhabilitant les jeux et jouets traditionnels, devraient considérer ces acquis comme un potentiel à moderniser et à développer selon les exigences du changement en éducation qu'appelle la réforme du curriculum.

C'est de la comparaison entre les pratiques anciennes et nouvelles de l'éducation qu'on peut découvrir et exporter les principes qui sont permanents dans les politiques d'enseignement et de formation.

Quand nous serons aptes à exporter les valeurs traditionnelles de chez nous et à utiliser au besoin de nouveaux supports didactiques, de nouvelles méthodes ; quand nous saurons utiliser autrement le temps, l'espace et les techniques d'éducation, alors tout l'environnement humain, au lieu de regarder de loin l'édifice scolaire, sera curieux de savoir ce qui s'y passe et pourrait se porter candidat pour partager avec les enseignants toutes les tâches d'apprentissages.

Le milieu de vie est le terrain inévitable où se développent de manière informelle et empirique beaucoup d'apprentissages. En effet, le bon usage des jeux et des jouets et l'apprentissage de certains rôles dans la vie familiale peuvent faire acquérir bien des compétences que les enseignants pourraient développer à l'école (Tableau 2).

Tableau 2 : Compétences de la vie courante

Compétence	Aptitudes, actions et comportements
Entretenir des relations de sociabilité	Pratiquer les salutations en prenant en considération l'âge, le sexe et la fonction du sujet ; Accorder un statut privilégié à l'hôte. Assumer son rôle dans le partage des tâches au sein de la communauté.
Prendre soin de son corps	Se laver, se vêtir et faire du sport. Se protéger contre les effets néfastes des intempéries.
Se procurer de la nourriture et bien organiser son alimentation	Savoir produire de la nourriture : cultiver la terre, élever des animaux. Savoir utiliser le feu, des outils, des techniques culinaires pour préparer de la nourriture. Faire des réserves de nourriture et les mettre à l'abri des insectes, des microbes et des intempéries
Créer et organiser son habitat	Participer à la construction ou à l'entretien d'un habitat (case, abri provisoire, maison) en utilisant les matériaux disponibles (paille, bois, pierre, etc.) Participer aux tâches visant à assurer l'hygiène dans et autour de l'habitat
Etre capable d'apprécier des longueurs, capacités, volumes et masses à l'aide de mesures locales ou homologuées dans des systèmes métriques connus	Savoir apprécier les dimensions d'un champ, d'une maison et exploiter les espaces Savoir apprécier le volume en liquide des objets usuels (seaux, barriques, etc.) Avoir une idée de la masse es objets en fonction de leur volume et de leur nature Avoir une pratique des achats et ventes au marché, de la balance entre gains et économies
Savoir prendre une part dans la gestion du patrimoine familial ou communautaire	Jouer un rôle actif dans la gestion des biens fonciers, immobiliers et du bétail de la famille Contribuer à la constitution du grenier familial Dans la vie de la famille, du clan, de la communauté, contribuer à tout ce qui est susceptible d'y entretenir l'entente, la qualité de vie, le fond culturel traditionnel

Acquérir un profil individuel spécialisé, professionnalisé en plus des activités partagées	En plus des activités communautaires partagées dans des circonstances connues de tous (semailles, récoltes, participations contre les feux de brousse, etc.) développer une forme d'individualité positive sous l'angle de la profession ou sous l'angle d'une autre dimension culturelle (plan juridique, religieux, artistique, etc.)
Respecter les codes moraux qui prévalent au sein de la communauté et qui peuvent être réinvestis dans des apprentissages scolaires et alternatifs	Etre bien introduit dans l'ambiance de la vie collective dans son milieu tout en sachant en cas de besoin user de sa liberté de pensée pour faire des observations Développer des hypothèses, faire des propositions adaptées aux intérêts bien connus du groupe – tradition, rationalité, identité, ouverture S'impliquer dans la division du travail au sein du groupe tout en militant en faveur du respect de certaines catégories, de la collectivité (les femmes, les jeunes) Participer aux cérémonies organisées dans le milieu pour accompagner les grandes étapes de la vie (naissance, initiation, mariage, décès) et partager l'intérêt du groupe vis-à-vis des dons de la nature (forêt, fleuve, mer, montagne)
Se montrer favorable à toutes les mutations qui vont dans le sens du progrès en exprimant sa pensée avec les précautions qui conviennent	Dans les communautés qui croient à la sorcellerie ; qui pratiquent le mariage forcé ; où les enfants sont exploités, participer aux campagnes de conscientisation, à l'amélioration du savoir collectif
Avoir la volonté de changer soi-même en vue de pouvoir correspondre au type d'homme correspondant aux valeurs traditionnelles répertoriées	En même temps qu'on fait le procès de traditions et coutumes non adaptées au progrès, faire quotidiennement la preuve qu'on aspire à la rationalité ; qu'on croit à la science ; qu'on cherche à devenir plus productif et très attaché à la paix sociale et à la démocratie

Source : Souleymane NDIAYE, Former un enseignant compétent et motivé, Dakar, Nouvelles Editions Africaines du Sénégal, 2008 : 222-223.

A la lumière de ce qui précède, nous pouvons considérer que l'école est un terrain d'observation privilégié pour étudier les systèmes de valeurs d'une société et les mécanismes de leurs transformations. L'observation de tels phénomènes est cependant rendue malaisée par la propension à la résistance des systèmes de valeurs pédagogiques aux transformations sociales : l'école se réfère plus volontiers au passé qu'au présent. L'idéologie scolaire, particulièrement stable, répugne à suivre le rythme de l'histoire d'une société. La transmission culturelle véhicule le plus souvent les valeurs du passé. L'école se situe, volontairement, semble-t-il, à contre-courant des transformations d'une société, facilement décelables au niveau des comportements individuels hors du milieu scolaire. Citons par exemple l'indépendance grandissante de l'enfant dans sa famille, et l'étroite mise en tutelle de l'élève. La résistance de l'école à toute transformation profonde a peut-être deux raisons d'être particulièrement tenace. Nous laisserons de côté l'argument psychologique pour ne retenir ici à titre d'hypothèse que l'argument sociologique.

L'attachement d'une société à des systèmes de valeurs que chacun de ses groupes ou de ses membres ne respecte pas dans sa vie active, mérite de retenir ici l'attention. Nous avons écrit plus haut que de nombreux sociologues considéraient l'école comme le dépositaire de certaines valeurs. Peut-on émettre l'hypothèse que l'école permet à l'homme désorienté par des transformations trop rapides de retrouver un cadre de référence stable, donc rassurant ?

N'est-il pas plus inquiétant et plus difficile de participer à la construction de nouveaux idéaux que de s'en tenir à des valeurs reconnues par la tradition ? La société semblerait alors assigner à l'école un rôle de frein dans les transformations des systèmes de valeurs. C'est se mettre imprudemment en marge de celle-ci que de témoigner peu de respect au patrimoine culturel que l'école lègue à chaque nouvelle génération. On peut retrouver dans d'autres institutions l'attachement profond d'une société à son passé. Dans l'optique de la justice, par exemple, remettre en cause les notions du bien et du mal, du juste et de l'injuste, c'est bouleverser de fond en comble les bases de l'ordre social.

L'école n'est sans doute pas en opposition avec d'autres institutions sociales. Mais elle accentue cette tendance au conservatisme alors qu'elle devrait participer à la recherche d'un équilibre toujours précaire, entre les idées ou les faits, les transformations sociales et les conceptions de l'éducation.

L'attachement au passé croîtra avec l'inquiétude causée par des transformations sociales de plus en plus rapides. Par l'intermédiaire de l'école primaire, la société donnera d'elle-même une image cristallisée, inattaquable. Du milieu géographique jusqu'aux relations humaines, l'école fera découvrir à l'enfant une société traditionnelle, hiérarchisée donc ordonnée, dogmatique car assurée, en apparence du moins, de sa force et de son droit.

Nous ne voulons cependant pas affirmer que l'école est une institution immuable. L'école de Jules FERRY paraît actuellement bien périmée. Mais elle résiste fermement aux changements. C'est du reste à cette hypothèse de la résistance sociologique de l'école aux changements qu'il est objecté des réformes dont celle du curriculum de l'éducation de base, objet de cette réflexion.

Cette conception du rôle de l'école, à cheval sur les acceptions préconisées par DURKHEIM dans *« Education et sociologie »*, est partagée par Michel DEVELAY qui, dans son ouvrage *« Peut-on former les enseignants »*, soutient que les savoirs scolaires ne sont pas neutres. Ils seraient arrêtés par une catégorie de personnes qui appartiennent à la classe sociale dominante. Pour DEVELAY, selon l'usage qui en est fait ou la pédagogie dans laquelle s'inscrit l'enseignant, les savoirs scolaires sont dits de domination ou d'émancipation, DEVELAY pense que l'école n'est ni seulement l'« apprendre », ni l'« apprendre à apprendre », mais c'est aussi et surtout l'« apprendre ensemble pour vivre ensemble ». Il conclut en affirmant que La finalité des savoirs, c'est la capacité pour l'apprenant à insérer, pour la faire discuter, la culture d'appartenance du pays dans la culture universelle.

A la suite de DEVELAY, Boubacar CAMARA (1993 : 167-169) pense que dans un contexte de mondialisation où les TIC connectent le monde, un des principes directeurs de la nouvelle pédagogie devrait être l'« apprendre à comprendre ». En effet, pour Boubacar CAMARA, l'accumulation des connaissances n'est pas toujours synonyme de compréhension des phénomènes décrits. Les déchirements actuels, illustrés par les conflits et abus de toutes sortes, confirment en partie que, l'incompréhension dans toute l'acception du terme est caractéristique de la présente époque.

Boubacar CAMARA s'inscrit dans une démarche qui, loin de saper les fondements épistémologiques des approches constructivistes et de leurs variantes théoriques qui polarisent aujourd'hui l'attention à travers le curriculum, met en exergue les limites objectives de celles-ci. A l'en croire, le constructivisme et la métacognition, si pertinents soient-ils comme orientations pédagogiques, ne sont que des processus mentaux non observables dans la vie courante, mieux, des paradigmes de laboratoire.

Au-delà du rapport de soi-même à la connaissance, il se pose fondamentalement, selon Boubacar CAMARA, l'apport voire la finalité de celle-ci dans l'interrelation de soi à autrui : à la compréhension mutuelle. CAMARA propose une alternative éducative basée sur la lutte contre certaines formes de conflits, pour ne pas dire toutes. Il appelle ainsi au dépassement des extrants traditionnels que propose l'école : savoir, savoir-faire et savoir-être. Il veut intégrer une dimension essentielle voire nouvelle : le savoir être ensemble. Dans cette logique, l'école, selon CAMARA, ne doit plus accorder le primat à la connaissance et à ses modes d'acquisition dans une perspective de certification. Elle doit plutôt s'intéresser à la compréhension de ce qu'on apprend. C'est ce qui permettrait, au-delà des aptitudes, d'asseoir des attitudes sociétales, des règles de bonne conduite en communauté conformément à l'esprit du curriculum.

Cependant, dans la plupart des pays où il est mis en œuvre, le curriculum semble se caractériser par des difficultés d'adaptation dans les écoles et d'appropriation par les enseignants. Au Sénégal comme ailleurs en Afrique, cette réforme polariserait les acteurs dont elle n'emporterait pas l'adhésion du plus grand nombre d'entre eux. La question de savoir si, dans le contexte africain, le curriculum va produire les résultats attendus se pose de plus en plus ouvertement et les réponses à cet effet sont de plus en plus nettes voire évidentes. De l'avis. de BERNARD et al. (2007 : 7), l'école dont parle l'APC est en lévitation dans le ciel des idées. Elle ne serait inscrite dans aucune société existante. Cette inquiétude confirme les propos suivants :

« [...] la plupart des réformes importées sont des technologies prêt-à-porter qui se bousculent aux portes des ministères des pays africains. » (ANY-GBAYERE : 20

Or, de l'avis de DELORME (2008 : 119), la complexité des enjeux scolaires en Afrique n'est pas de même ordre, ni de même nature que celle des sociétés occidentales. Dès lors,

« [...] il faut problématiser ces potentialités au lieu de les uniformiser par une ingénierie importée ou imposée. » (ANY-GBAYERE : 20)

De ce point de vue, il apparaît qu'un curriculum doit s'ancrer dans les réalités économiques, culturelles et sociales d'un pays. Il doit être spécifique et conçu en fonction des besoins en éducation du pays concerné. Une approche conçue pour satisfaire aux exigences en éducation d'un pays donné ne peut pas être parachutée dans un autre pays présentant des réalités différentes,

« à plus forte raison dans des contrées aussi différentes du point de vue des moyens financiers et des cultures que les territoires d'Europe et d'Amérique d'une part et ceux d'Afrique d'autre part » (Coumba. SALL, 2014 :20).

De même,

« Il semble que les pays où se concentre la pauvreté se contentent pour le moment de répéter l'expansion des structures éducatives et, dans une forte mesure, également, les curriculums inventés en Occident pour les XIXe et XXe siècles, sans une conscience claire de leur inadéquation. » (BRALAVSKI : 7)

Du point de vue de cet auteur, les pays moins avancés et les pays en voie de développement devraient prendre le soin de confectionner eux-mêmes leur propre curriculum en tenant compte de leurs propres réalités au lieu d'importer ou de se laisser imposer des ingénieries éducatives qui ne conviennent pas toujours à leurs systèmes éducatifs. Ceci est d'autant plus vrai que selon l'étude sur les réformes curriculaires par l'APC faite par le Centre International d'Etude Pédagogique (CIEP), les effets de cette réforme « dernier cri » ne semblent pas évidents pour les pays africains :

« […] il est possible qu'on ait proposé aux pays en développement, un modèle de pédagogie en total décalage par rapport à ce que ces sociétés attendent réellement. » (CIEP, 2009 : 9).

« Les réformes ont manqué d'une politique de communication et de consultation au-delà de la prise de décision initiale. Elles sont de ce fait peu et mal connues de la communauté mais aussi des acteurs » (CIEP, 2009 : 14).

« […] les coûts ont été peu maîtrisés, d'une part en raison de la difficulté à brosser un portrait global de la situation, d'autre part, du fait de la persistance de la logique de projet malgré la volonté officielle de passer à une approche programme » (CIEP, 2009 : 15).

L'étude du CIEP, réalisée après coup, démontre le manque de préparation qui caractérise certaines réformes concernant les pays d'Afrique. Ces « réformes dernier cri » découleraient de ce que l'on pourrait qualifier d'un effet de mode et auraient été adoptées sous la pression des organisations internationales. Or un travail préalable de préparation, d'adaptation, d'estimation des coûts, de mobilisation des moyens est nécessaire bien avant l'implantation de toute réforme.

Ces constats semblent aussi donner raison à LEGENDRE qui soutient que

> « [...] les éducateurs n'accordent plus de crédibilité aux réformes scolaires prescrites d'autorité, [...] ces réformes concoctées rapidement sous le signe de l'urgence politico-économique ». (LEGENDRE, 2002 : 75)

Dans un rapport du CIEP, il est souligné

> « [...] qu'une approche par les compétences est difficilement compatible avec un nombre pléthorique d'élèves et avec des supports insuffisants ou inexistants. Cette situation prévaut dans les cinq pays dont le Sénégal où le CIEP a réalisé son étude ». (Rapport CIEP, 2010 : 9)

Dans le même rapport, le CIEP fait constater que la formation des maîtres dans le cadre de la nouvelle approche dure sept jours. Elle serait réalisée par des inspecteurs qui sont formés par le groupe des quarante inspecteurs qui sont les seuls à avoir été initiés par les experts canadiens.

> « [...] la formation est ainsi descendante ; elle devient de moins en moins pertinente et finit par toucher assez peu les enseignants eux-mêmes » (CIEP, 2010 : 9).

S'agissant précisément du niveau de préoccupation et d'utilisation des enseignants dans le processus de réforme, LEGENDRE (2002) pense qu'il faut plutôt substituer au parachutage des réformes, du sommet vers le bas, un dialogue constant entre les acteurs du système, en particulier avec les enseignants. En d'autres termes, une réforme doit être le fruit d'un long processus de réflexion bien menée avec les différents acteurs intervenant dans le domaine de l'éducation.

HUBERMAN (1983) soutient que dans toute innovation de quelque importance que ce soit concernant l'éducation, trois unités entrent en jeu : les enseignants qui sont placés dans une situation nouvelle par rapport aux matériels, aux élèves et aux autres enseignements, les relations élèves, maîtres, parents et l'école en tant qu'organisation bureaucratique.

> « En tant que variable agissant dans le système éducatif, les enseignants font partie des participants internes [...], c'est-à-dire ceux qui jouent un rôle juridique et social dans le processus de changement. [En d'autres termes], l'enseignant est

le personnage clé dans la mise en œuvre finale d'une innovation qui porte directement sur le processus d'apprentissage. » (HUBERMAN, 1983 : 23)

Ces propos démontrent que l'enseignant constitue un maillon essentiel dans la chaîne éducative et que négliger son rôle reviendrait à compromettre la réussite de tout projet éducatif. Or, il est reconnu que

« [...] les nombreuses tentatives en termes de changements en éducation ont trop souvent ignoré les enseignants ainsi que la dynamique qui les anime et les contextes à l'intérieur desquels ils œuvrent » (SAVOIE-ZAJC, 1993 : 44).

Afin de faciliter l'appropriation du changement par l'enseignant et la réussite des apprentissages, les réformateurs devraient faire sentir à ce dernier l'importance du rôle qu'il peut jouer dans la réforme et sa responsabilité dans la réussite des initiatives prises. Il est clair que

« les enseignants ne mettront en œuvre la démarche de découverte d'une méthode proposée que dans la mesure où on aura pratiqué avec eux afin qu'ils soient capables à leur tour de la faire découvrir à leurs élèves ». (BELLONCLE, 1984 : 9).

"The educational change depends on what teachers do and think." (FULLAN, 2007 : 129).

Le rôle de l'enseignant ne doit pas se limiter seulement à dispenser des apprentissages et à les évaluer, mais, en tant qu'acteur principal dans le système d'éducation, son point de vue est incontournable dans tout processus de changement qui se veut producteur de résultats fiables.

« Teachers need to participate in skill-training workshops, but they also need to have one-to-one and group opportunities to receive and give help and more simply to converse about the meaning of change » (FULLAN, 2007: 130).

L'attitude de la tutelle à donner des injonctions fait que l'enseignant est souvent la dernière personne à être mis au courant des changements qu'il doit appliquer ; ce qui crée souvent des frustrations et explique que les enseignants puissent être

« [...] hostiles aux changements qui sont introduits dans les écoles s'ils n'y participent pas dès le début ou s'ils n'y sont pas associés. Le résultat est que nul renouveau pédagogique progressif, continu, utile et durable ne sera possible tant que les éducateurs n'y seront pas impliqués en tant que concepteurs et réalisateurs des projets éducatifs des écoles » (LEGENDRE, 2002 : 113).

En somme, à l'instar de SAVOIE-ZAJC (1993 : 43), nous croyons que les administrateurs et les enseignants sont les véritables agents de changement, du moment qu'ils possèdent les clés permettant de guider et d'orienter les développements dans leurs institutions. »

Il apparaît donc selon les auteurs ci-dessus que le changement positif et effectif ne peut se réaliser que si les enseignants jouent un rôle de premier ordre dans un renouveau pédagogique. Ils doivent être consultés afin de déterminer leurs besoins selon ce que LAPOINTE (1992) appelle « le modèle inductif ». Cette approche propose de mobiliser l'ensemble des acteurs du système éducatif afin qu'ils puissent exprimer leurs besoins et leurs attentes avant la confection d'un curriculum. C'est seulement de cette manière qu'une réforme serait à même de produire les effets recherchés. Du reste, à quoi bon un curriculum pour la qualité s'il ne change pas les pratiques enseignantes ?

Les enjeux premiers de la réforme curriculaire sont les effets sur les apprenants en termes d'apprentissages et de développement sociétal à plus ou moins long terme. Au long des actions de formation, il est attendu que les apprenants vivent des expériences qui les conduiront à développer des compétences. Cela étant admis, il faut bien reconnaître que ces effets attendus d'un nouveau curriculum ont peu de chance d'être obtenus si, en premier lieu, le curriculum ne transforme pas les pratiques enseignantes.

Nous pensons que pour réussir un changement planifié, il ne suffit pas de proposer un curriculum qui soit intrinsèquement de qualité (au sens où il répond aux exigences et critères de qualité définis par les experts) et il ne suffit pas que le contenu de ce curriculum soit négocié et ratifié par l'ensemble des catégories d'acteurs concernés. Il importe que, tout au long de la conception, de la mise en place et de l'évaluation du nouveau curriculum, soient prises en compte les logiques des acteurs de terrain.

Une qualité première, souvent oubliée, est qu'un nouveau curriculum entraîne la transformation de pratiques enseignantes. Ce qui n'est pas évident car le changement ne se décrète pas. Une réforme prescrite provoque inévitablement des résistances. Elle induit aussi des changements de comportement en surface : les acteurs « marchandent » l'innovation (HUBERMAN et MILES, 1984). Elle aboutit parfois à des effets inverses de ceux escomptés quant aux pratiques enseignantes et, conséquemment, quant aux acquis des apprenants.

Dans les faits, les déterminants des transformations des pratiques enseignantes sont divers et multiples. Nous voudrions donc évoquer quelques conditions relatives aux acteurs qui font qu'un nouveau curriculum a des chances de transformer réellement les pratiques dans le sens attendu. Nous laissons à d'autres (DURU-BELLAT, 2007) l'analyse des conditions organisationnelles aux niveaux méso et macro social.

Des travaux sur le sujet mettent en évidence trois façons types de concevoir l'implantation de curriculums. Nous les passerons en revue en mettant un accent tout particulier sur la place des acteurs de terrain.

La réflexion sera surtout orientée vers l'essence des pratiques enseignantes suivant la question : Comment les enseignants mettent-ils en pratique des injonctions curriculaires ? Cela permettra d'aborder la question relative à la qualité d'un curriculum. À l'évidence, s'imposera la nécessité d'une prise en compte accrue des logiques d'acteurs de terrain dans l'élaboration de l'implantation de curriculums.

Il existe diverses façons de concevoir l'implantation de nouveaux curriculums. Nous les expliciterons après avoir déterminé les critères de qualités d'un curriculum en développement.

Sur la base de l'ouvrage de STUFFLEBEAM, FOLEY, GEPHART, GUBA, HAMMOND, MERRIMAN et PROVUS (1971), mais aussi en référence à plusieurs travaux qui s'en sont largement inspirés (BARBIER, 1991 ; ROEGIERS, 1997), nous pouvons dégager quelques critères de qualité sur lesquels se fonde un curriculum. Citons ici les principaux critères analysés par ROEGIERS (1997 :107-142).

En référence à l'évaluation du contexte (analyse des besoins) :

Pertinence : les objectifs généraux du curriculum correspondent-ils aux besoins sociétaux, aux besoins des organisations ou de ses acteurs ?

Conformité aux normes : l'effet attendu sur le terrain (le produit) respecte-t-il le cadre législatif, éthique, déontologique ?

Adhésion aux buts : l'effet attendu sur le terrain, les objectifs et les moyens mis en œuvre rencontrent-ils les besoins des acteurs ?

En référence à l'évaluation des intrants :

Cohérence : les démarches et moyens prévus concourent-ils vers la réalisation des objectifs ?

Faisabilité : les objectifs peuvent-ils être atteints avec les moyens prévus ?

En référence à l'évaluation du processus :

Applicabilité – conformité : les moyens effectifs correspondent-ils aux moyens prévus ?

Régulation des moyens : les moyens prévus conviennent-ils en regard des nécessités du déroulement de l'action ?

En référence à l'évaluation des produits :

Efficacité interne : les acquis réels de la formation correspondent-ils aux produits attendus (aux objectifs ou compétences visées ?)

Efficience interne : ce produit est-il atteint avec le minimum de moyens ?

Efficacité externe : le curriculum aboutit-il à ce que ces besoins sociétaux soient satisfaits ?

Cette liste de critères est largement similaire à celle proposée par De KETELE (2002). Certains critères sont tout à fait essentiels. Il s'agit d'abord de la pertinence externe qui fait toucher à la question fondamentale du sens d'un curriculum. Le sens d'une action de formation est en dehors de cette formation : un programme d'études, un plan de formation visent toujours à ce que des personnes mobilisent ailleurs ce qu'elles ont appris en formation.

D'autres critères clés, l'efficacité et l'efficience et, devrait-on ajouter, le critère d'équité (De KETELE et SALL, 1997 ; CRAHAY, 1996, 1997) sont évidemment importants, mais ne peuvent être examinés qu'*a posteriori*. On évalue l'efficacité de l'action réelle de formation et pas seulement celle du curriculum formel qui la sous-tend.

L'ensemble des critères « Adhésion aux buts, Cohérence, Faisabilité, Applicabilité, Conformité » constituent des critères *a priori* relatifs au curriculum. Il s'agit de critères relatifs aux acteurs, particulièrement aux enseignants. C'est indirectement à ceux-là que nous nous intéressons. L'importance de critères relatifs aux acteurs est réelle dans le monde des spécialistes en développement de programmes. Dans leur analyse historique portant sur l'implantation des curriculums, SNYDER, BOLIN et ZUMWALT rappellent que la *National Society for the Study of Education* (NSSE) en 1945 proposait une liste de caractéristiques de bons programmes curriculaires, et, parmi ces caractéristiques, provoyait une large participation des enseignants. Evidemment, un tel critère a plus ou moins de poids et est différemment interprété selon la conception que l'on a de l'implantation de nouveaux curriculums.

En analysant les logiques sous-jacentes au développement de curriculums, SNYDER, BOLIN et ZUMWLT (1996) dégagent les trois approches suivantes :

1) *« Fidelity perspective »* : conformité au plan ;
2) *« Mutual adaptation »* : adaptation mutuelle ;
3) *« Enactment approach »* : approche de la mise en œuvre.

Ces trois approches peuvent être considérées sur un continuum bipolaire : à un pôle, l'idéal est que le curriculum implanté soit le plus fidèle possible au plan original défini par des experts, à l'autre, le curriculum est créé de façon conjointe par les acteurs de terrain (enseignants et apprenants). On notera que cette typologie recouvre partiellement la typologie classique relative au degré d'imposition externe ou d'émergence locale de l'innovation :

1° approche « *top-down* »,

2° approche interactive,

3° approche « *Bottom-up* », mais l'accent est ici mis sur les acteurs plus que sur le degré de décentralisation.

À partir de cette typologie et d'autres typologies similaires développées par HOUSE (1979) et PAQUAY (1985), nous pensons que l'approche proposée par PAQUAY est de loin plus détaillée que les autres. Elle est présentée de façon schématique au tableau 3 et commentée par la suite. Il s'agit de trois « idéaux-types » qui servent, non pas à cataloguer, de prime abord, de façon caricaturale, mais à analyser des démarches concrètes d'élaboration de curriculums et à y déceler les dimensions qui relèvent davantage d'un type que d'un autre.

Tableau 3 : Trois types de développement de curriculums

	A. Approche technocratique	B. Approche sociopolitique	C. Approche anthroposituationniste
Conception de base	Imposition de l'innovation Modèle RDD	Négociation du nouveau curriculum entre groupes d'intérêts variés	Prise en compte des situations concrètes et des acteurs de terrain
Focalisation	sur le curriculum, son contenu (idéal = du matériel *teacher-proof*)	sur le contexte social (tensions entre acteurs)	sur les situations et les acteurs de terrain
Rôle des enseignants	Enseignants = exécutants, des « applicateurs »	Enseignants = partenaires actifs (parmi d'autres)	Enseignants = acteurs centraux (*curriculum maker*)
Critères de qualité du changement obtenu	Efficacité (efficience) du projet dans la ligne du changement planifié	Adaptation aux intérêts des différents acteurs	Engagement des acteurs de terrain dans la réalisation des objectifs du changement attendu

Source : Adaptés de HOUSE (1979), PAQUAY (1985), et SNYDER, BOLIN et ZOMWALT (1996)

A. Approche technocratique

Cette approche se caractérise par la priorité donnée aux initiateurs d'un nouveau curriculum qui est imposé par le pouvoir (central ou régional). Ce type de réforme curriculaire a été développé de façon systématique aux États-Unis à partir des années 1960 selon le modèle Recherche-Développement-Diffusion (RDD). Sur la base de résultats de recherches, des centres spécialisés développaient des projets pilotes. Lorsque ceux-ci étaient considérés à point, ils étaient diffusés à l'ensemble du système éducatif. La logique de base de l'implantation de telles réformes est la conformité des pratiques enseignantes au projet des spécialistes initiateurs. On va dès lors développer un curriculum jusque dans les moindres détails : des manuels, des directives méthodologiques, des outils de formation et d'évaluation, des exercices et leur corrigé, etc.

L'avantage de la prescription centrale d'un nouveau curriculum réside dans la possibilité de faire évoluer les contenus enseignés dans les écoles suivant l'évolution des connaissances scientifiques ou encore d'insuffler des buts éducatifs communs importants pour une société, par exemple des valeurs démocratiques. Toutefois, les démarches inspirées de ce modèle ont montré leurs limites. Les réformes ne produisent pas les effets escomptés (HOUSE, 1979). Ce modèle fait fi de la complexité du système éducatif, du poids des acteurs de terrain et des intérêts multiples et contradictoires de chacune des catégories d'acteurs concernés par la réforme.

B. Approche sociopolitique

Dans la perspective de « l'adaptation mutuelle », une priorité est donnée à la négociation entre l'ensemble des catégories d'acteurs concernés par une réforme curriculaire : le ministre, l'administration, l'inspection, les conseillers pédagogiques et autres cadres intermédiaires, les structures partenaires, les directions, les enseignants, les élèves, leurs parents, les chercheurs en éducation, etc. Chacun de ces acteurs a ses intérêts propres. Le ministre veut que sa réforme soit finalisée au cours de la législature en cours. L'administration veille à la cohérence de la réforme par rapport aux règles et directives existantes. Les structures partenaires visent à maintenir et à développer leur autonomie. Les enseignants sont représentés par leurs syndicats qui ont des objectifs multiples, entre autres, assurer l'emploi et la qualité des conditions de travail du personnel. On pourrait allonger la liste des intérêts « corporatistes » de chacun des acteurs invités à la négociation. Chacun de ces acteurs vise parfois le bien commun, mais les intérêts particuliers sont souvent tels qu'il est difficile d'être au-dessus de la mêlée dans de pareilles négociations.

Comme chercheurs, nous sommes parfois amenés à rappeler des réalités plus objectives et à ouvrir des perspectives nouvelles voire à introduire une vision prospective, mais nous avons aussi des visées corporatistes : obtenir des fonds de recherche ou défendre les intérêts de nos universités. Dans ces négociations, chacun met son poids. .

Le risque de telles négociations est qu'elles ne débouchent que sur le plus petit dénominateur commun. Les meilleurs projets sont rabotés, épurés ; leur originalité s'étiole et on aboutit parfois à des curriculums aseptisés, qui ne font de mal à aucune des catégories d'acteurs.

Comme l'ont montré MAROY et DUPRIEZ (2000), on aboutit souvent à des « montages composites » ou à des bricolages institutionnels négociés qui ne sont pas toujours cohérents. En même temps, on constate que les curriculums qui émergent de ces négociations peuvent avoir un sens et être partiellement cohérents. Ce modèle a l'avantage de rappeler qu'on ne change pas des aspects clés du système éducatif contre les conceptions et les attentes des acteurs. Les acteurs ne se mobilisent dans un nouveau curriculum que s'ils sont engagés dans son élaboration. Toutefois, dans ce modèle, le problème réside souvent dans le peu de place que prennent les logiques des acteurs de terrain dans les négociations. Et l'on peut avoir un nouveau curriculum relativement bon en soi - selon les critères de qualités précédemment listés - mais qui va aboutir à un fiasco parce que les attentes, représentations, conceptions, compétences des acteurs de terrain sont peu considérées.

C. Approche anthroposituationniste

L'approche anthroposituationniste se caractérise par la priorité donnée aux points de vue et aux pratiques des acteurs de terrain.

> « L'acteur construit le sens du changement possible à partir d'une culture d'appartenance, en fonction de son incidence sur les rapports sociaux dans lesquels il est engagé et au gré de conversations et d'interactions qui l'aident à préciser sa pensée et à l'accorder à l'opinion ambiante. » (GATHER THURLER, 2000 : 20).

Le modèle type est celui d'équipes d'enseignants associés à des apprenants (et/ou à leurs parents) qui définissent un projet éducatif et développent un curriculum adapté aux priorités définies ; et au jour le jour, ils adaptent les dispositifs, les démarches, les outils... en fonction des situations rencontrées (CLANDININl et CPNNELLY, 1996).

Dans le cadre de réformes curriculaires nationales qui définissent des axes nouveaux (des objectifs généraux, des compétences), c'est souvent dans des équipes éducatives que les enseignants opérationnalisent ces axes en priorités locales et qu'ils s'engagent individuellement et collectivement dans l'élaboration de dispositifs, de démarches et d'outils susceptibles de les atteindre. Autrement dit, ils transforment l'esprit de la réforme en innovation locale (BONAMI, 2001). Parmi les arguments favorables à cette façon de concevoir le développement de nouveaux curriculums, nous relevons les recherches de LOUIS (1999) montrant que le niveau de compétence des élèves dépend de l'authenticité du dispositif pédagogique et de quelques variables clés relatives aux enseignants, à leur autonomie relative, à leur sentiment de responsabilité collective et à leur collaboration à des projets pédagogiques. Mais avec ce modèle, le risque est grand que les intérêts locaux l'emportent et même éludent les intérêts collectifs. Ainsi, on imagine sans peine que des dynamiques de projets se développent dans certains établissements d'élite et que dans d'autres, on s'enferme dans la spirale de la médiocrité. On voit bien que ce modèle favorise un éclatement de la société en de multiples communautés de pratique ou en une myriade de groupes locaux en concurrence effrénée, surtout dans un contexte de quasi-marché scolaire (VANDENBERGHE, 1998, 2002).

Les trois conceptions types de développement de curriculums renvoient à des conceptions différentes de l'implantation, mais aussi au rôle des enseignants (SNYDER, BOLIN et ZUMWALT, 1996). La typologie proposée n'est pas à considérer comme un système de classification ou de catalogage. Il s'agit d'abord d'un outil d'analyse. Toutefois, appliquer cette typologie à des cas concrets implique de faire entrer le réel dans un moule et fait courir le risque d'une simplification abusive : la réalité est toujours plus complexe et diversifiée que ces modèles.

Tableau 4 : Conceptions diverses liées aux trois types de développement de curriculums

Aspects liés aux types de développement des curriculums	Approche technologique	Approche sociopolitique	Approche anthroposituationniste
Recherches évaluatives : Buts ; évaluer l'efficacité. (Les objectifs sont-ils mieux atteints qu'avec le curriculum précédent ?)		Fournir aux divers partenaires concernés, les informations dont ils ont besoin.	Accompagner le processus d'implantation : comprendre le fonctionnement des acteurs.
Recherches évaluatives : Démarches	Test quant aux effets (traditionnellement, recueil d'informations selon des schémas expérimentaux).	Enquêtes sur les représentations. Analyse des besoins (des diverses catégories d'acteurs).	Recherches actions ; études de cas ; recherches collaboratives ; approches qualitatives…
Références aux recherches sur l'enseignement	Quels sont les effets des comportements des enseignants ? (*process-product*)	Quelles sont les représentations et les conceptions des enseignants ? (*teacherthinking*)	Comment les enseignants (et les élèves) fonctionnent-ils en situation ? (*situated cognition and action*)
Système éducatif conçu comme…	… un système (emboîté) sur le modèle des machines commandables.	… un ensemble de sous-systèmes humains ayant leurs intérêts	Le coeur du système = les situations éducatives particulières, complexes et évolutives.
Conception sous-jacente des rapports sociaux	Société stable et hiérarchique : consensus social vers le progrès issu des avancées technologiques.	Société avec groupes d'intérêts ; consensus obtenu par la négociation	Société composite (sous-cultures distinctes). Communautés de pratique.
Conception de la Gestion	Gestion Hiérarchique	Cogestion	(Co)autogestion
Logique dominante d'implantation du changement	Standardisation	Négociation	Innovation et Professionnalisation

Sur le plan international, dans le contexte de la mondialisation, il y a eu, en ce qui concerne les curriculums, une évolution radicale au cours des trente dernières années. Nous sommes passés du paradigme de l'enseignement au paradigme de l'apprentissage, des programmes centrés sur les contenus-matières à des programmes visant le développement de compétences. Cette évolution n'est pas sans incidence sur les pratiques enseignantes souhaitées. Selon les types de curriculums, des pratiques sont nécessairement induites.

La plupart des programmes traditionnels étaient définis en termes de « matières » à acquérir par les élèves. Ce fut ensuite le tour de la pédagogie par les objectifs visant la maîtrise de savoir-faire pointus. Au cours de ces dernières années, se développent, dans beaucoup de pays, des curriculums définis en termes de compétences. Il s'agit plus concrètement de rendre les apprenants capables de faire face efficacement à des familles de situations complexes, proches des situations d'apprentissage ou de situations de vie. Dans le même temps, émerge une visée d'éducation globale (développement personnel, social, professionnel, citoyen, etc.).

Selon le type de priorités définies dans le curriculum (contenu-matière, objectif-capacité, compétences, éducation globale, etc.), nous donnons, dans le tableau 5 suivant, les aspects des pratiques enseignantes prioritairement touchés.

Tableau 5 : Évolution des priorités curriculaires et de leur corollaire en termes de pratiques d'enseignement et d'évaluation

Phase	Définition du curriculum en termes de…	Priorités souhaitables des pratiques d'enseignement et d'évaluation
I	…contenu-matière	Transmettre des matières (évaluer les connaissances acquises).
II	… savoir-faire, *skills*, objectifs-capacités	Entraîner les apprenants aux tâches, (évaluer le degré de maîtrise des objectifs).
III	… compétences (référentiels)	Confronter les apprenants à des situations authentiques, complexes, qui nécessitent l'intégration de ressources multiples (pour l'enseignement et l'évaluation).
IV	… éducation globale (citoyenneté, épanouissement personnel, etc.)	Faire vivre des situations de participation citoyenne, de communication positive… (faire participer pleinement l'apprenant à l'évaluation).

Dans tous les cas, la définition de priorités quant aux effets attendus comprend des hypothèses fortes quant aux méthodes et dispositifs de formation pour obtenir les effets escomptés en termes d'apprentissage. Ce qui a des implications en termes de développement de compétences des enseignants.

De fait, l'enjeu de réformes curriculaires centrées sur le développement des compétences des apprenants consiste à modifier les pratiques enseignantes pour aboutir aux effets attendus en termes d'apprentissages et de développement des apprenants.

PARMENTIER et PAQUAY (2002) ont développé un outil d'analyse des situations d'enseignement de façon à identifier en quoi elles visent un apprentissage en profondeur et la construction de compétences. Dix dimensions ont ainsi été dégagées : l'apprenant, confronté à des situations problèmes, agit et interagit ; il réfléchit sur son action et s'autoévalue ; il exploite des ressources diverses ; il structure les connaissances et les intègre dans la perspective de donner du sens et de préparer le transfert. La dimension de la contextualisation des apprentissages en référence à des situations authentiques est également l'objet d'études (BEDARD, FRENAY, TURGEON et PAQUAY, 2000 ; CLAUW, VERCRUYSSE, DUFAYS, THYRION, CARLIER, MOTTIER et PAQUAY, 2006). Ces travaux s'inscrivent dans la ligne de ceux qui ont été développés dans le monde anglo-saxon (De CORTE, VERSCHAFFEL, ENTWISTLE et VAN MERRIENBOER, 2003).

Avec la réforme curriculaire, des changements de pratiques d'évaluation sont également attendus : évaluer des compétences, c'est plus qu'évaluer des connaissances (BECKERS, 2002 ; PAQUAY, CARLIER, COLLRS et HUYNEN, 2002 ; PERRENOUD, 1997 ; REY, CARETTE, DEFRANCE et KAHN, 2003 ; ROEGIERS, 2001 ; SEGERS, DOCHY et CASCALLAR, 2003). De même, allier évaluation formative et certificative ne va pas de soi (DAVIES et MAHIEU, 2003 ; PAQUAY, DEFECHE et DUFAYS, 2002). Viser le développement de compétences implique un travail dans la durée et des collaborations autour de projets communs, ce qui change les pratiques habituelles.

Plus généralement, les réformes curriculaires impliquent des changements de la part des différentes catégories d'acteurs : les enseignants, les gestionnaires, mais aussi les apprenants (PERRENOUD, 1997). Pour certains enseignants, les changements attendus sont parfois très profonds : passer d'une posture de magister transmetteur de connaissances à celle d'entraîneur-facilitateur de la construction de compétences implique toutes les dimensions des sujets (cognitives, affectives, conatives…), leurs rapports au savoir, à eux-mêmes, aux autres et au monde.

> « Il est difficile d'activer les élèves et d'implanter un curriculum d'inspiration socioconstructiviste si on n'est pas soi-même, dans sa pratique, mobilisé individuellement et collectivement, autonome, responsable et professionnel. » (LESSARD et PORTELANCE, 2002 : 31).

L'expérimentation d'une réforme dans un nombre limité d'écoles pilotes pose la question des conditions de sa généralisation à l'ensemble des établissements. Et ce sont sans doute moins les ressources matérielles qui importent que les conditions qui favorisent l'engagement des acteurs dans la réforme. Les travaux de HUBERMAN (1973), CROS (2001) et DEMAILLY (2001) sur les conditions d'appropriation d'une réforme sont bien connus dans le monde francophone. Mais les synthèses les plus systématiques ont été réalisées par FULLAN (2001) depuis plus de vingt ans, quant aux facteurs qui influencent l'implantation d'un changement planifié. Dans des ouvrages successifs, ces facteurs reviennent, légèrement ajustés à chaque fois,. À de nombreuses reprises, FULLAN (2001) précise que les facteurs principaux sont les chefs d'établissements (7) et les enseignants (8). Le tableau 6 propose de façon concise la synthèse la plus récente.

Tableau 6 : Facteurs influençant le degré d'implantation d'une réforme curriculaire

A. Caractéristiques du changement

1. Pertinence du changement	… les besoins de changement sont perçus.
2. La clarté des buts et des moyens	… les buts et les moyens d'une innovation sont bien compris par les utilisateurs.
3. La complexité	… le changement attendu est important et difficile.
4. Qualité et praticabilité du programme	… l'innovation est perçue comme praticable. … le matériel est disponible et utile.

B. Caractéristiques « locales » (District, établissements, acteurs)

5. District (commission scolaire ; départements ; réseaux…)	… les responsables soutiennent l'innovation. … les innovations antérieures ont réussi.
6. Conseils de gestion d'établissements	… les différentes catégories d'acteurs appuient (gestionnaires, personnel, parents…).
7. Chef d'établissement	… la direction soutient l'innovation et prend un « leadership pédagogique ». … elle fournit les conditions organisationnelles de la réussite (temps, moyens, structure, climat, formation…).
8. Enseignants	… les enseignants sont engagés vers le changement (caractéristique personnelle). … il existe des relations de collaboration, de soutien, de communication ouverte. … un accompagnement des équipes est assuré (ainsi que la formation).

C. Facteurs externes

9. Pouvoirs publics et administration (facteurs très variables selon les	… les autorités publiques appuient l'innovation et fournissent les moyens nécessaires (accompagnement) et font pression sur les acteurs. … les autorités favorisent des évaluations des conditions de l'efficacité. … il y a continuité des réformes et congruence avec les besoins locaux.

Source : FULLAN (2001), *The new meaning of educational change*.

Dans la synthèse de FULLAN (2001), l'importance des perceptions que les acteurs ont du changement planifié est considérable. Dès 1984, HUBERMAN et MILES avaient montré que les acteurs, particulièrement les enseignants, s'investissaient davantage lorsqu'ils percevaient non seulement que les besoins visés étaient significatifs, mais aussi que les moyens proposés dans la réforme concourent à répondre à ces besoins. Les perceptions des acteurs de terrain sont centrales. Comme l'ont montré BOURGEONS et NIZET (1995), pour obtenir un changement de la part d'acteurs (par exemple de la part des enseignants), il importe que ceux-ci en perçoivent la légitimité.

Ces diverses analyses se réfèrent à des réformes curriculaires à dominantes de type technocratique et/ou sociopolitique. Il est assez évident que si le changement curriculaire s'inscrit dans la conception anthroposituationniste, les utilisateurs directs auront une importance accrue (CROS, 2001 ; GELINAS et FORTIN, 1996). Si les acteurs de terrain ont un tel poids dans la réussite d'une réforme, la question peut se poser de savoir à quelles conditions des réformateurs peuvent-ils influer sur les pratiques des enseignants.

Les réformes curriculaires menées selon le modèle technocratique sont implicitement fondées sur les hypothèses selon lesquelles les comportements des acteurs de terrain sont d'abord stimulés par une incitation sociale externe les amenant à se mobiliser intérieurement. Ils adoptent dès lors une pratique efficiente. Parfois même, il suffit d'imposer une norme et les enseignants l'appliquent. De telles hypothèses sont cependant hasardeuses et sont en fait contredites par les recherches actuelles sur les pratiques enseignantes.

Une pratique enseignante n'est pas l'application automatique de plans, de dispositifs et de procédés. Comme toute pratique professionnelle, elle n'est pas non plus un domaine d'application de théories élaborées en dehors d'elle (SCHON, 1983). La pratique enseignante est plutôt une configuration d'interactions en contexte. Dans ces interactions, il y a des processus organisateurs qui prennent des formes différentes selon les configurations des situations, selon les types d'intervention... (BRU, 2002 ; CLOT, 1999 ; SAUJAT, 2002). L'activité enseignante, comme celle de tout professionnel, d'ailleurs, est en bonne partie guidée par la situation. L'activité s'organise certes en partie selon une planification, selon des décisions rationnelles préalables, mais une analyse fine du fonctionnement des enseignants en situation montre que l'activité est structurée pour une bonne part par des objets de la situation, sans qu'il y ait un traitement cognitif conscient par le sujet (DURAND, RIA et FLAVIER, 2002).

De l'ensemble de ces travaux, il ressort que les tâches prescrites aux enseignants par des méthodologues ou des didacticiens normatifs risquent de rester des règles vides de sens si elles ne s'articulent pas avec les logiques de fonctionnement des enseignants. En réalité, comme l'ont montré TARDIF et LESSARD (2000), les prescrits ont une fonction herméneutique et ils doivent être réinterprétés par les acteurs. Ce sont des principes d'engendrement de pratique, mais pour accepter ce type de prescrits, les enseignants doivent se l'approprier. Habituellement, la question formulée est relative à la manière dont les enseignants appliquent les programmes plutôt qu'à celle dont ils les modifient ou les adaptent. TYACK et CUBAN écrivent à ce sujet que

> « […] les réformateurs croient que leurs innovations changeront les écoles, mais il est important de reconnaître que les écoles modifient les réformes. Encore et encore une fois, les enseignants ont mis en œuvre des réformes de façon sélective et réajustée. Plutôt que de regarder ces mutations comme un problème à éviter, on pourrait les envisager comme une vertu potentielle - des réformes pourraient être planifiées en vue de leur "hybridation" selon les besoins et les savoirs locaux. De même, les finalités pourraient être considérées comme des hypothèses - des plans schématiques à évaluer selon leurs effets - plutôt que comme des cibles fixées dès le départ ». (TYACK et CUBAN, 1999 : 135)

En conséquence, nous pourrions affirmer qu'une réforme appliquée principalement selon le modèle technocratique est inopérante. Elle risque de l'être tout autant si elle est engagée sur le seul modèle sociopolitique dans la mesure où les logiques des acteurs de terrain ne sont pas prises en compte lors des négociations. Et nous pourrions donc croire qu'une logique dominante de type anthroposituationniste est la solution. Mais ce n'est pas aussi simple. Les synthèses de travaux de recherche telles qu'elles sont schématisées au tableau 4 rappellent que les déterminants de réussite d'une réforme curriculaire sont multiples. Ces facteurs interagissent avec des enjeux et des logiques divers et mouvants de multiples acteurs, comme dans tous les processus anthropopsycho-sociaux en situation réelle (MORIN, 1990).

Dans la réalité, selon les contextes, les moments, les structures organisationnelles, l'histoire des institutions et des équipes, le climat relationnel, etc., les acteurs peuvent ou non se mobiliser et ils peuvent s'engager plus ou moins dans la mise en œuvre d'un nouveau curriculum. Si l'enjeu des réformes curriculaires est une transformation des pratiques enseignantes et, conséquemment, des pratiques d'apprentissage, il est sans doute des stratégies d'implantation de réformes plus efficaces que d'autres.

Les leviers de la mobilisation des acteurs de terrain sont divers et multiples. Les résultats de notre enquête exploratoire illustrent bien la diversité des points de vue des enseignants sur les changements curriculaires. L'origine du changement est attribuée principalement aux initiatives gouvernementales, mais, dans certains cas, la source serait les établissements ou parfois les enseignants eux-mêmes. Sans doute, les perceptions des enseignants francophones d'Afrique sont-elles aussi diverses. Il est peut-être une source sous-estimée de changement. Les enseignants changent leurs pratiques peut-être d'abord parce que les pratiques traditionnelles ne sont plus adaptées à la culture et à la mentalité des élèves d'aujourd'hui : c'est une hypothèse envisageable. Les conditions historiques, culturelles et organisationnelles, entre autres sont si différentes entre les pays, parfois d'un établissement à l'autre, qu'il est sans doute illusoire de vouloir établir des généralités.

Néanmoins, la documentation sur le changement dans les systèmes d'éducation et de formation indique clairement que la réussite des réformes de programmes d'enseignement dépend des enseignants, individuellement et collectivement. Les programmes imposés courent le risque d'échouer si les enseignants n'acceptent pas et ne comprennent pas l'innovation (FULLAN, 2001).

En définitive, nous reconnaissons avec GATHER THURLER que

« [...] les doctrines et théories de l'innovation scolaire ont, durant des décennies, constamment ignoré ou sous-estimé la problématique du sens du changement pour les enseignants, en se basant sur des modèles simplistes de l'acteur praticien, modèles rationalistes ou modèles bureaucratiques niant la complexité et le caractère systémique des organisations et des pratiques aussi bien que la part d'autonomie des acteurs. » (GATHER THURLER, 2000 : 23)

Au vu des développements qui précèdent, nous insistons sur la complémentarité des trois approches (technocratique, sociopolitique et anthroposituationniste). Comme le souligne BONAMY (1996, 2001), une réforme curriculaire réussit *avec* et *contre* les enseignants. Les logiques de standardisation, entre autres, au nom d'enjeux sociétaux de démocratie et de développement global du pays, peuvent s'opposer aux logiques locales et uniquement pragmatiques des praticiens de terrain.

Dans un contexte général, particulièrement en Afrique, où les logiques dominantes sous-jacentes à la mise en place de nouveaux curriculums sont technocratiques et politiques, il nous apparaît indispensable de réhabiliter à tous les niveaux la logique des acteurs de terrain. Aussi, pensons-nous qu'il est nécessaire de poser ici la question relative aux niveaux de préoccupation et d'utilisation de la réforme curriculaire dans le contexte africain. .

Dans une étude sur la pertinence du curriculum dans un tel contexte, DEMBELE et NDOYE (2003) notent que

« [...] il a été partout nécessaire de mettre fin à l'encyclopédisme lié à l'héritage colonial (où l'école cherchait surtout à former des cadres intermédiaires pour les besoins coloniaux), d'intégrer les réflexions pédagogiques contemporaines et de rendre cohérentes toutes les composantes d'un curriculum, du manuel au programme en passant par les examens ; ce qui nécessite souvent une révision d'ensemble ». (DEMBELE et NDOYE, 2003 : 149-176)

Ces raisons sont renforcées par l'idée de rechercher l'amélioration de la qualité de l'Education. Attirées ainsi vers un paradigme technique (la qualité, l'efficience) plus que vers un paradigme politique (l'indépendance, la construction sociale), les réformes curriculaires se déroulent aujourd'hui fréquemment en Afrique avec à la base un instrument méthodologique éprouvé dans la formation professionnelle : l'approche par les compétences. Cette approche a été reçue en Afrique comme le moyen le plus adéquat pour parvenir aux objectifs assignés aux réformes curriculaires.

Cependant, de plus en plus, à travers le monde, des auteurs se prononcent on ne peut plus ouvertement et clairement sur les nombreux écueils qui rendent inefficace voire impossible l'application de l'approche par les compétences. Leurs travaux sur la question affichent le plus souvent des titres assez explicites de leurs opinions sur les réformes sans cesse renouvelées dans les systèmes éducatifs africains : « Stop aux réformes scolaires » (LEGENDRE, 2002) ; « Observer les réformes en éducation » (LAFORTUNE, JONNAERT et ETTAYEBI, 2007); « Contre la réforme pédagogique » (COMEAU et LAVALLEE, 2008); « Contre la réforme » (BAILLARGEON, 2009), etc.

A en croire NDIAYE DIOUF (2011), la réforme du curriculum de l'éducation de base n'a pas abordé globalement toutes les dimensions d'un changement curriculaire de manière systémique. Les concepteurs du nouveau curriculum sénégalais avaient pourtant choisi d'innover radicalement plutôt que de rénover. La rénovation consiste, au regard du diagnostic opéré, à appliquer un traitement combiné qui concilie trois éléments : supprimer ce qui est archaïque, inopérant et générateur d'échecs ; réaménager ce qui n'est pas suffisamment opérationnel ; introduire ce qui manque et qui peut générer plus de performance.

La réforme du curriculum, basée sur l'approche par compétences a été mise en œuvre dans plusieurs pays du monde. Cependant, ce qui semble la caractériser c'est la difficulté ressentie par les enseignants au sujet de son appropriation et de son application dans les classes. Elle se particularise aussi par le fait qu'elle ne semble pas obtenir l'adhésion de tous. Le Sénégal ne fait pas exception. Et, au regard du niveau global des élèves et de la fréquence des réformes, certains acteurs se demandent si l'APC importée des pays développés - où elle est fortement critiquée -, produira les résultats escomptés dans les pays africains.

En s'intéressant à la question : « Comment des enseignants des classes de CI et de CP ont-ils vécu le processus d'implantation du nouveau curriculum basé sur l'approche par compétences au Sénégal ? », Coumba SALL, rejoignant la thèse de LEGENDRE, arrive au constat selon lequel

> « [...] certains enseignants définissent avec difficulté le terme "curriculum" qu'ils assimilent généralement au concept d'APC défini imparfaitement. La compétence est associée à une capacité pour certains, à des savoirs, savoir-faire et savoir-être pour d'autres. La plupart des enseignants adhèrent aux objectifs et aux finalités de la réforme. Ils tenteraient de diversifier leurs stratégies d'enseignement plutôt que d'utiliser uniquement l'enseignement magistral. Certains disent avoir modifié leurs pratiques de classe après la formation sur la réforme, dans le sens d'une évaluation plus soucieuse du processus que du résultat de l'enseignement. » (Coumba SALL, 2014)

Dans l'ensemble, le travail de SALL montre qu'il y a eu un déficit de sensibilisation, de préparation et d'implication des enseignants à la réforme du curriculum. Il ressort de son analyse que les enseignants ont compris les missions et finalités du curriculum. La plupart des enseignants auraient fait leurs les finalités de la nouvelle réforme malgré une implication tardive au processus d'implantation, un degré d'appropriation insuffisant s'agissant de la méthodologie proposée et une compréhension parfois erronée des concepts de « *curriculum* », de « *compétence* » et d'« *APC* ».

Se référant aux niveaux de préoccupations et d'utilisation du changement tel que l'explique HALL (1992) dans le tableau 8, Coumba SALL montre que les préoccupations des enseignants se situent au niveau 2 correspondant aux interrogations de l'enseignant sur sa capacité à maîtriser le changement et sur la réponse de ses collègues et du milieu. Certains se positionneraient au niveau 3, c'est-à-dire celui où les préoccupations sont liées à la gestion du temps, de l'équipement nécessaire, des problèmes matériels et logistiques, des supports techniques, etc. (Tableau 8)

Tableau 7 : Niveaux de préoccupation et d'utilisation du curriculum selon le modèle de HALL (SAVOIE-ZAJC, 1993 : 118)

Niveau de préoccupation	Niveau d'utilisation
Niveau 0 : Eveil : stade minimal d'intérêt Connaissance de l'innovation faible ou nulle	Niveau 0 : Pas d'utilisation
Niveau 1 : Information : l'enseignant recherche des connaissances. Intérêt graduel à apprendre sur l'innovation	Niveau 1 : Utilisation naissante curiosité activée
Niveau 2 : L'enseignant s'interroge sur sa capacité à maîtriser le changement et sur la réponse de ses collègues et du milieu	Niveau 2 : Formation initiale de l'utilisation du changement.
Niveau 3 : Préoccupation liée à la gestion du temps, de l'équipement nécessaire, des problèmes matériels et logistiques, des supports techniques, etc.	Niveau 3 : L'enseignant centre son intérêt sur les problèmes d'organisation liés à son utilisation du changement
Niveau 4 : Observation des conséquences	Niveau 4a : L'enseignant cherche à déterminer les effets de l'innovation sur l'apprentissage des enfants Niveau 4b : Application nuancée : l'enseignant l'adapte à ses besoins et à ceux des élèves
Niveau 5 : Collaboration : les préoccupations de l'enseignant se décentrent de lui et de sa classe pour se tourner vers le milieu	Niveau 5 : L'enseignant recherche des échanges avec ses pairs pour enrichir sa pratique
Niveau 6 : Synthèse	Niveau 6 : Synthèse que l'enseignant fait de son expérience aux liens qu'il établit entre ses diverses approches pédagogiques et l'innovation

Les différentes analyses de Coumba SALL montrent que la plupart des enseignants n'ont été impliqués dans le processus d'implantation du CEB qu'en tant qu'exécutants. Il s'en est suivi, selon elle, une faible adhésion à la réforme et un manque d'appropriation de l'approche par compétences.

Le CEB a également fait l'objet de tentatives d'adaptation plus ou moins réussies dans les écoles franco-arabes et écoles coraniques (Daara) au Sénégal. Dans le volume 2 de son ouvrage intitulé « *Le Sénégal sous Abdoulaye Wade (2000-2012)* », Momar-Coumba DIOP souligne l'importance de la participation du PARRER (Partenariat pour le Retrait et la Réinsertion des Enfants de la Rue) à l'élaboration du Curriculum des Daara Modernes (CDM).

« L'expérience acquise par l'équipe d'experts, dans le cadre de l'élaboration du Curriculum de l'Education de Base (CEB) a été réinvestie dans le CDM. Les documents élaborés s'inscrivent dans cette dynamique tout en respectant les caractéristiques de l'offre éducative telle que préconisée dans le modèle des daara modernes. » (PARRER 2010).

Rappelons, sous ce rapport, que les écoles franco-arabes publiques, qui furent initiées en 2002 – à peu prés à la même période que le projet de modernisation des daara dès 2000 -, disposent d'un curriculum développé pour le niveau élémentaire et dispensé à la fois en français (50 %) et en arabe (50 %). En fait, le français et l'arabe sont à la fois enseignés en tant que langue, mais servent aussi de médium d'enseignement.

« Le français pour les disciplines comme les mathématiques, l'histoire, la géographie, les sciences de la vie et de la terre et l'arabe pour les disciplines religieuses. » (VILLALON et BODIAN, 2012 : 26).

Des manuels furent également élaborés pour ces écoles et furent distribués dès 2009 grâce à un appui de la Banque Islamique de Développement (BID). S'agissant des écoles coraniques, le PARRER propose, pour leur modernisation, un ensemble de normes et de standards, concernant aussi bien le curriculum, le personnel, les règlements intérieurs, la gestion, les infrastructures, les équipements, l'hygiène et le matériel pédagogique. La volonté de réglementer les écoles coraniques est ainsi présente chez l'État qui a rédigé, sous l'égide de l'inspection des daara, un projet de loi relatif au statut de ces daara, accompagné de différents décrets d'application.

« Un protocole d'accord a été signé, le 27 janvier 2010, entre le PARRER et le ministère de l'Éducation nationale. Sur cette lancée, et moins d'un an après, se tint un atelier de restitution de ce nouvel outil. » (PARRER, 2010 : 3).

Le CDM est aussi basé sur l'approche par compétences et doit permettre à l'élève qui sort du daara moderne d'avoir mémorisé le Coran et reçu une éducation islamique de qualité.

Cependant, des arguments très variables ont été émis lors de l'atelier de validation du CDM. L'analyse des rhétoriques, des catégories usitées, des valeurs et « grandeurs » convoquées pour une imposition ou pour une acceptation du CDM fait ressortir quelques oppositions fortes. Les responsables des daara se réfèrent plutôt à des catégories religieuses, culturelles et usent souvent de concepts comme le salut spirituel ou la discipline pour défendre leurs postures et leurs pratiques. Par contre, les catégories et concepts convoqués par l'APC, base méthodique du curriculum, semblent s'écarter de ce registre.

Dans sa présentation, le représentant des « points focaux »[19] retient des catégories religieuses pour justifier l'élaboration du CDM. De son côté, l'inspecteur des daara, représentant le ministre de l'Education, met en exergue des difficultés et des insuffisances constatées dans les daara et les efforts du ministère en faveur d'une nouvelle stratégie pour moderniser ces daara. De même, alors qu'il s'agit d'un atelier de restitution-validation, le modérateur de la séance prévient que le travail présenté n'est qu'un début qui demande à être « enrichi et consolidé ».

Aujourd'hui encore, les daara modernes en sont à leurs débuts concernant le curriculum. Leur statut prévu par l'État demeure encore imprécis. En ce sens, l'évaluation du PDEF en 2012 déplorait l'inexistence d'un document de politique consensuel capable de faire faire des avancées importantes au CDM (DIAGNE, 2012 : 166). L'évaluation du PDEF ne dresse pas un bilan très positif de la modernisation des daara au Sénégal. On y mentionne plutôt que

> « les actions menées pour le développement des daara sont ad hoc, désordonnées et ne s'inscrivent dans aucun cadre cohérent. Elles sont peu porteuses de résultats tangibles et risquent plutôt de favoriser des comportements opportunistes qui rendront difficile la mise en œuvre d'une politique cohérente pour ce type d'enseignement. Une pause s'avère nécessaire, le temps de bâtir une politique fondée sur des évidences empiriques solides ainsi qu'un curriculum opérationnel ». (DIAGNE, 2012 : 206).

De plus, comme le soulèvent L. A. VILLALON et M. BODIAN,

> « Compte tenu de la nature non formelle des daara […], leur modernisation pourrait rencontrer quelques problèmes si l'État – à travers l'inspection des daara – s'inscrit dans une logique de gestion hyper centralisée de ces instances, c'est-à-dire de haut en bas ». (L. A. VILLALON et M. BODIAN, 2012 : 43)

Le CDM requiert dès lors davantage de précisions, notamment en ce qui concerne le statut de ces daaea, avant de devenir, à l'instar des écoles franco-arabes publiques, un programme viable résultant du croisement des ordres normatifs supra-étatique (référant à la fois au mouvement EPT et aux dispositions de droit international de l'éducation) et national.

Comme nous venons de l'évoquer, les écoles franco-arabes publiques offrent le curriculum de l'école publique laïque en plus d'un enseignement religieux. Toutefois, ces écoles semblent confrontées à plusieurs défis en ce qui concerne l'application du curriculum. On note également une faible

---

[19] Animateurs et représentants du Collectif des *daara* dans les différentes régions.

participation des enseignants du franco-arabe à la formation sur le curriculum.

L'adaptation du CEB aux daara modernes permet de déceler le caractère lacunaire de la réforme curriculaire par l'APC en ce qui concerne la prise en compte des valeurs comme en attestent les oppositions notoires et polarisantes des différents protagonistes engagés dans la phase conceptuelle du CDM (élaboration et validation).

Dans une perspective tout à fait différente, les auteurs OPERTTI et DUCOMBE (2011) et JONNAERT (2016) situent le curriculum à l'interface, entre les politiques éducatives et les pratiques pédagogiques, le positionnant dès lors comme une approche holistique. Une telle perspective permet sans doute d'analyser l'éducation du triple point de vue des politiques d'aide au développement, du choix des politiques éducatives telles qu'elles sont déclarées et mises en œuvre et des pratiques éducatives telles qu'elles sont définies par le curriculum.

Une question reste néanmoins posée et les réponses qu'elle appelle ne nous semblent pas suffisamment prises en compte par une approche holistique trop ambitieuse. Il s'agit de se demander ce qui se passe entre les prescriptions curriculaires et la réalité des pratiques à l'échelle des classes.

Au terme d'un long processus de conception, de mise à l'essai, de révision, de généralisation et d'adaptation, le curriculum a fini par être implanté comme programme officiel, du moins dans l'l'enseignement élémentaire au Sénégal. Pour nous, au stade actuel de mise en œuvre du CEB, la réflexion devrait tout au plus porter moins sur une analyse de son implantation ou adaptation que sur une analyse empirique de ses effets éventuels sur les acquis scolaires, sur les pratiques des enseignants et sur l'implication de la communauté dans ce qui se décide et se fait à l'école. Nous chercherons donc à approcher la réforme au plus près des enseignants et des élèves, dans la diversité et la complexité des situations pédagogiques. Une telle perspective théorique nous semble plus pertinente voire urgente à explorer. Pour ce faire, il s'agira d'abord de poser le problème en des termes qui offrent plus de prises sur la réalité de l'application effective du curriculum. C'est à cet exercice que nous nous livrons dans la partie qui suit.

DEUXIÈME PARTIE

PROBLÉMATIQUE ET CADRE MÉTHODOLOGIQUE

CHAPITRE III

Problématique

III.1. DONNEES DE LA SITUATION DANS LE CYCLE FONDAMENTAL (2000-2013)

La Loi d'Orientation n° 91-22 du 16 février 1991 réorganise la structuration générale du système éducatif en définissant « un cycle fondamental subdivisé en une éducation préscolaire et un enseignement polyvalent unique, comprenant successivement un enseignement élémentaire et un enseignement moyen, à l'issue duquel l'élève est muni des éléments essentiels pour son adaptation ultérieure à la vie professionnelle. Il accède le cas échéant au cycle secondaire et professionnel » (article 9). Pour matérialiser cette orientation, l'État du Sénégal a pris l'option stratégique de développement d'un cycle fondamental qui aligne, institutionnellement et au plan programmatique, les niveaux élémentaire et moyen.

III.1.1. Dans l'enseignement élémentaire

L'enseignement élémentaire nous intéresse ici tout particulièrement car l'application de la réforme, dont il est question d'analyser l'incidence, a fini d'être généralisée dans ce sous-secteur où il nous a été donné d'observer l'évolution, entre 2005 et 2013, de résultats d'élèves ayant appris avec l'approche par compétences.

Selon le document sur les données mondiales de l'éducation (2010), l'enseignement élémentaire au Sénégal dure six années et comprend trois étapes de deux niveaux chacune. La première est composée du cours d'initiation (CI) et du cours préparatoire (CP). La deuxième étape est constituée du cours élémentaire première année (CE1) et du cours élémentaire deuxième année (CE2). Enfin, la troisième étape comprend le cours moyen première année (CM1) et le cours moyen deuxième année (CM2) (UNESCO, 2010-2011).

L'enseignement élémentaire constitue, avec le préscolaire, l'enseignement primaire ou l'école primaire, destiné à faire acquérir les connaissances de base en lecture, en écriture, en calcul, en connaissance du milieu et les savoirs utiles et indispensables aux enfants de sept à douze ans pour mieux vivre en communauté (Décret 79 11 65 du 20 décembre 1979). Pour être accepté au CI, un enfant doit être âgé de six à sept ans révolus au 31 décembre de l'année d'inscription. Dans la limite des places disponibles, des dispenses d'âge peuvent être accordées par l'inspecteur départemental de l'éducation nationale –aujourd'hui IEF - à des enfants âgés de cinq ou six ans à la même date. La loi d'orientation 91-22 du 16 février 1991, précise l'objet de l'enseignement élémentaire (Cf. Annexe7)

Au Sénégal, la demande potentielle d'éducation pour le primaire concernant la tranche d'âge de 7 à 12 ans est estimée à 1 795 329 enfants en 2009. L'objectif du gouvernement est d'accueillir la totalité de ces enfants. Sur la période 2000-2010, le taux brut de scolarisation est passé de 67,2% à 94,4% pour les garçons et de 62,3% à 98,7% pour les filles (RNSE, 2010). La forte demande de scolarisation primaire montre l'importance de la place accordée à ce sous-secteur, premier maillon du système formel d'éducation au Sénégal. Pour accueillir et donner à ces enfants les compétences dont ils ont besoin pour poursuivre leurs études ou pour apprendre un métier, la formation d'enseignants qualifiés et compétents s'avère nécessaire.

II.1.1.1. Les enseignants de l'élémentaire

La population ciblée pour la collecte des données sera en grande partie constituée d'enseignants de l'élémentaire. C'est pour cette raison qu'il est nécessaire de les présenter de façon générale. Nous évoquerons ainsi les différents corps d'enseignants de l'élémentaire, le cursus scolaire de ces derniers et leur formation pédagogique.

De manière générale, il existe au Sénégal différents corps d'enseignants : les fonctionnaires, les décisionnaires, les contractuels et les volontaires de l'enseignement conformément au décret n° 77-987 du 14 avril portant statut particulier de tous les corps d'enseignement au Sénégal (UNESCO, 2010-2011) . Les écoles élémentaires sont dirigées par des directeurs d'école et dépendent des inspections départementales, elles-mêmes sous la tutelle des inspections d'académie. Les enseignants qui servent dans ces écoles sont des instituteurs encore appelés maîtres et maîtresses.

A partir des années 1970, les instituteurs étaient recrutés avec le brevet d'études du premier cycle (de 1972 à 1976) et avec le diplôme de fin d'études moyennes (à partir de 1977). Ils recevaient une formation polyvalente d'une durée de 4 ans, ponctuée par des stages annuels de responsabilité partielle à entière dans les écoles.

La durée de la formation sera fortement réduite à partir de 1995 avec l'émergence du corps des volontaires de l'éducation. Ces derniers seront recrutés avec le BFEM et formés dans des inspections de l'éducation, pendant 3 mois dont un de responsabilité entière. Dans le plan de carrière qui leur était défini, les volontaires devaient passer maîtres contractuels avant d'être titularisés dans le corps des instituteurs.

Pendant longtemps, le diplôme minimum requis pour prétendre à un poste d'instituteur est le Brevet de fin d'études moyennes, l'équivalent du BEPC et du DFEM des années 1970, même si, pour la plupart des enseignants interrogés dans le cadre de cette recherche, les niveaux de performance sont plus bas de nos jours.

Les qualifications professionnelles exigées des enseignants de l'élémentaire sont les suivantes : le certificat élémentaire d'aptitude pédagogique et le certificat d'aptitude pédagogique. Parmi les enseignants actuellement en fonction, les titulaires du BFEM sont plus nombreux 55,5% contre 41% pour les titulaires du baccalauréat (RNSE, 2010).

Depuis quelques années, les volontaires sont recrutés avec le baccalauréat et formés dans des EFI pendant une durée qui est passée de 3 à 6 voire 9 mois (un peu moins de cette durée dans les faits, aux dires de certains enseignants). Ils sont ensuite envoyés dans les classes où ils restent parfois très longtemps en fonction sans obtenir les diplômes professionnels requis (PDEF/EPT, 2003). Après quelques années de service, ils doivent retourner aux EFI pour une formation dite « diplômante ».

Comme nous venons de le rappeler, les enseignants de l'élémentaire n'ont pas suivi le même cursus de formation. Dès lors, ils ne bénéficient pas des mêmes avantages dans le traitement salarial. Les volontaires ont une rémunération fixe qui n'évolue pas au fil des années tant que leur situation n'est pas régularisée par le passage au statut de contractuel puis à celui de fonctionnaire.

Comme illustré dans le tableau ci-dessous, en 2010, les maîtres contractuels et volontaires constituaient la majorité des enseignants du public avec 65,1% de l'effectif total. Les décisionnaires représentent 0,5% et les fonctionnaires 34,4% (RNSE, 2010 : 46) (tableau 9).

Tableau 8 : Composition statutaire du personnel enseignant de l'élémentaire au Sénégal

Statut	Fonctionnaire	Décisionnaires	Volontaires	Maîtres contractuels
% en 2010	34,4	0,5	17,4	47,7

Source : Revue nationale du secteur de l'éducation, Ministère de l'Education nationale, 2010

En somme, les maîtres contractuels sont les plus nombreux et représentent à eux seuls 47,7% de l'ensemble des enseignants de l'élémentaire. Ils sont composés des volontaires qui ont terminé leurs deux années de volontariat et qui sont en attente d'être titularisés. Ainsi, à l'élémentaire, presque la moitié du personnel enseignant est constitué de contractuels et de volontaires de l'éducation.

III.1.1.2. La situation dans l'enseignement élémentaire

Dans l'enseignement élémentaire, la situation est présentée dans le tableau 10 ci-après, lequel renseigne sur des indicateurs de flux au niveau des composantes de l'accès (taux brut d'accès au Cours d'Initiation, taux brut de scolarisation et indice de parité filles/garçons) et de la qualité de l'enseignement (taux d'achèvement du primaire global, taux de redoublement au primaire, taux d'abandon, taux de transition de l'élémentaire au collège, seuil de maîtrise du français et des mathématiques en 2ème année du Cours Elémentaire). Les données en pourcentages, présentées, de 2000 à 2013, montrent l'évolution, à l'échelle nationale, de tels indicateurs. Il s'agit de taux globaux qu'il nous a semblé intéressant de croiser avec les données recueillies au sujet de ce travail, dans un cadre plus restreint, entre 2005 et 2013.

Tableau 9 : Progrès réalisés dans l'élémentaire de 2000 à 2013 au Sénégal.

Indicateurs	TBA au CI	TBS	I.P. F./G.	T.A. du Primaire Global	T.R. au Primaire	T.Ab.	T.T. CM2 en 6ème	S.M. en français	S.M. en maths
Situation référence (2000)	85,1	67,2	0,96	38,6	12,4	10,3 en 2004	43,8 en 2002		
Valeurs cibles (2011)	110,3	95,9	1,02	70,4	6,8	6,3	67,6	50,9	56,2
Valeurs obtenues en 2013	108,9	93		65,9	2,8				
Ecart	23,8	+25.8	0,06	27,3	- 9,6%	-2,3			9,8

Sources : Rapports nationaux sur la situation de l'éducation 2000 et 2011)

Pour l'accès : TBA : Taux brut d'accès au CI, TBS : Taux brut de scolarisation, I.P. : Indice de parité filles/garçons (TBS).
Pour la qualité : T.A. : Taux d'achèvement du Primaire global, T.R. : Taux de redoublement, T. Ab. : Taux d'abandon ; T.T. : Taux de transition du CM2 au collège, S.M. : Seuil de maîtrise en français et en mathématiques.

Selon le discours officiel, des avancées importantes ont été réalisées dans l'enseignement élémentaire. Toutefois, l'analyse des données du tableau montre qu'au niveau de **l'accès,** le taux brut d'accès au CI (TBA) est passé de 85,1% (en 2000) à110,3% (en 2011) et 108.9% en 2013 pour une cible de 110,3%, soit un écart de 23,8%. Cela révèle des performances satisfaisantes en matière d'enrôlement d'enfants au CI.

Le TBS global a connu une croissance notoire passant de 67,2% en 2000 à 95,9% en 2011 et 93 en 2013. Cette performance confirme celle notée dans le taux d'enrôlement au CI, mais reste en deçà de la valeur cible qui est

95,9%. Ce qui signifie qu'une demande potentielle de scolarisation n'est toujours pas prise en charge.

L'Indice de parité Fille/ Garçon du TBS est passé de 0,96 (en 2000) à 1,02 en 2011 en faveur des filles. Ainsi, des efforts pour le maintien des filles vers le Cycle moyen et le développement de stratégies d'enrôlement et de maintien des garçons sont plus que jamais d'actualité pour retrouver l'équité de genre souhaité.

En vue de satisfaire la demande sociale d'éducation, le Gouvernement a opté pour une diversification de l'offre éducative par l'introduction de l'enseignement franco-arabe et l'éducation religieuse dans les écoles publiques depuis 2002, notamment dans les zones où l'expansion de l'école classique rencontre des résistances.

Cependant, la forte demande est loin d'être couverte en raison d'une offre encore limitée qui s'expliquerait par les restrictions faites par les textes réglementaires empêchant la capture, la régularisation et la formalisation de nombreuses structures du non public (associative, écoles coin de rue, etc.).

S'agissant de la qualité des enseignements-apprentissages, sur 100 élèves inscrits dans le cycle, environ 66,5 atteignent la fin du cycle dans le contexte socio-éducatif de l'année 2010-2011 (pour une cible 70,4%), alors que 38,6% d'apprenants achevaient le cycle en 2000, soit une progression de 27,9% dans la période. Les performances notées, quoique bonnes, restent encore en deçà de l'attente.

Cette situation est tributaire en bonne partie des taux de redoublements et d'abandons encore élevés. Le Taux moyen d'abandons dans les 6 niveaux du Cycle élémentaire est passé de 10,3% (en 2004) à 8,6% (en 2011) pour une cible de 6,3%, soit un écart négatif de 2,3% par rapport à la cible. Le Taux de redoublement a baissé en passant de 12,4% en 2000 à 3,4% en 2011.

Le taux de transition de l'Élémentaire au collège est passé de 43,8% (en 2002) à 88,4% (en 2011) pour une cible initiale de 67,6%. Cette excellente performance s'explique en partie par les prémices de la mise en place d'une politique d'éducation de base de 10 ans indiquée dans la Loi d'Orientation de l'Éducation

III.1.2. Dans l'enseignement moyen

Les progrès réalisés dans l'enseignement moyen en 2012 sont présentés avec quelques données de 2013 tirées du rapport national sur la situation de l'éducation en 2013).

Le taux de transition CM2/6ème atteint en 2012 est de 88,4% sur une valeur cible de 69%, soit un gain de 19,4 points. Ce résultat comparé à la valeur historique de 2011 (90,5%) exprime une légère baisse de 2,1%.

S'agissant du taux d'abandon au collège, la valeur de l'indicateur n'est pas disponible pour 2012. Ce taux a connu une très légère hausse de (7,9% à 8%) entre 2010 et 2011. Il est encore plus élevé chez les filles que chez les garçons en 2011 (8,2% contre 7,9%). Chez les filles son niveau s'explique par le fait qu'elles sont souvent plus vulnérables à la déperdition scolaire à cause des multiples pesanteurs socioculturelles.

En 2013, Le taux d'abandon a augmenté de 1,1 point entre 2011 et 2012. On constate de façon globale une augmentation du taux de redoublement au fur et à mesure que l'on monte en grade et atteint un pic en classe de troisième (20,6% en 2012). C'est à ce niveau que l'on observe également le taux d'abandon le plus élevé (14,4%). La combinaison de ces deux variables explique les fortes déperditions observées après la classe de cinquième. Toutefois, cette analyse ne prend pas en compte les élèves de troisième qui sont orientés dans les lycées techniques ou les structures de formation professionnelle.

En ce qui concerne le taux de redoublement, le résultat de 2012 n'est pas disponible. Il est de 17,8% en 2011, soit un gap de 8,4% par rapport à un objectif cible de 9,4% en 2010. Le taux attendu en 2015 étant de 5% le gap qui est à combler reste important. Pour cet indicateur aussi, les garçons se comportent mieux que les filles puisqu'en 2011 seuls 17,4% d'entre eux ont redoublé contre 18,1% des filles.

En 2013, L'efficacité interne du système est analysée à partir des taux de flux (taux de promotion, de redoublement et d'abandon). Le taux de promotion qui indique la proportion d'une cohorte d'élèves qui passe en classe supérieure se situe à 74,5% pour le global, 74,8% pour les garçons et 74,1% pour les filles. Le taux de redoublement a baissé en 2012 (16,4 % contre 17,8% en 2011) mais reste élevé.

III.2. ÉLEMENTS DU PROBLEME DE RECHERCHE

Comme indiqué plus haut, les interrogations sur l'école au Sénégal ne sont pas récentes. Les recherches de solutions pour l'améliorer non plus. Depuis le décret 72-862 du 13 juillet 1972, modifié par le décret 79-1165 du 20 décembre 1979 jusqu'au curriculum de l'éducation de base en passant les programmes des classes pilotes de 1987, le contenu des programmes et horaires ne cesse d'être modifié.

En un peu plus de trois décennies, notre pays a connu trois planifications des programmes dans l'enseignement élémentaire, soit l'équivalent d'une réforme par décennie. A ce rythme, et selon la durée de la scolarité jusqu'au collège, il n'est pas impossible d'assister à des chevauchements entre modèles de planification, et les apprenants comme les enseignants peuvent s'en trouver désarçonnés.

S'il n'est pas permis de douter du bien-fondé des préoccupations socioculturelles et pédagogiques à la base des différentes réformes, il n'en demeure pas moins notoire que l'enseignement élémentaire, garant de l'éducation pour tous au Sénégal, reste encore marqué par de nombreuses insuffisances.

La plupart des problèmes identifiés étaient déjà confirmés par des évaluations, notamment celles du PASEC, du MLA et du SNERS II. D'après ces dernières, de grosses difficultés restent à vaincre dans le domaine des performances scolaires car les apprenants ne maîtrisent pas, en général, ce qu'on leur enseigne. Par exemple, les résultats de certaines évaluations comparatives ont révélé que les performances de nos élèves étaient très insuffisantes par rapport à celles des élèves de certains pays ayant consenti moins d'efforts dans le domaine de l'éducation (cf. tableau 11 ci-dessous).

Dans ce tableau, nous présentons les scores (en pourcentages) comparés de pays partageant la CONFEMEN avec le Sénégal et n'ayant pas plus investi que notre pays dans le secteur de l'éducation. La comparaison des données statistiques recueillies en 1996, en 2000 et en 2001 au moyen de tests tels que ceux pratiqués par le Programme d'Analyse des Systèmes Educatifs de la CONFEMEN (PASEC), le Projet pour l'Evaluation des Acquis Scolaires (MLA) et la Stratégie Nationale d'Evaluation des Rendements Scolaires (SNERS II), révèle, pour le Sénégal, des performances scolaires (en français, en mathématiques et en compétences de vie) en deçà de celles observées dans les autres pays.

Tableau 10 : Performances scolaires comparées en français, en mathématiques et en compétences de vie du CI à la classe de 4ème du collège d'enseignement moyen au Sénégal.

Etudes	Programme d'Analyse des Systèmes Educatifs de la CONFEMEN (PASEC – 1996)	Projet pour l'Evaluation des acquis scolaires (MLA- 2000)	SNERS II (2001)
Disciplines étudiés	Français CP/CM1 Mathématiques (CI	Français CE2/CM1/4ème Mathématiques Compétences de vie	Français Mathématiques
Taux de performances	Cameroun : 65.1% Burkina, Côte d'Ivoire, Madagascar : entre 50 et 58 % Sénégal : 43.4% Sénégal : 44.4 et 45.4% Cameroun, Madagascar : 59.5 et 66.2%	Compétences loin d'être atteintes dans tous les domaines	72.3% de non atteinte du seuil désiré au CP et 88.6% au CE2 75.7% de non-maîtrise du seuil désiré au CP et 88.1% au CE2
Observations	L'apprentissage des langues maternelles et/ou l'usage fréquent du français dans les familles constitueraient un facteur de réussite dans l'apprentissage des langues étrangères	Les filles ont tendance à mieux réussir que les garçons dans les classes inférieures ; tendance inverse dans les classes supérieures sauf au Niger	Le seuil de maîtrise est fixé à 76% (29 items/38) en mathématiques CP et à 75% (25 items/33) en français Le seuil de maîtrise en mathématiques CE2 est fixé à 76% (48 items/63) et à 78% (66 items /84) en français

Source : DPRE/2005

Il s'y ajoute que les tentatives de prendre en charge certains besoins spécifiques (relèvement du niveau des apprenants en français et en mathématiques) ont fait naître de nombreux projets et programmes dont la cohabitation avec le curriculum rendrait difficile l'appropriation de ce dernier par les enseignants.

En 2006, une évaluation du PASEC sur les acquis en 2ème année (CP) et en 5ème année (CM1) de l'enseignement primaire dans deux disciplines (français et mathématiques) donnait les résultats suivants (tableaux 12 et 13) :

Tableau 11 : Classement des pays en 2ᵉ année du primaire (CP) en français et en Mathématiques

Français

Pays	Scores	Rang
Cameroun	65,8	1er
Côte d'Ivoire	57,5	2ème
Burkina Faso	56,2	3ème
Sénégal	43,2	4ème

Mathématiques

Pays	Scores	Rang
Cameroun	59,4	1er
Burkina Faso	53	2ème
Sénégal	45,1	3ème
Côte d'Ivoire	44,1	4ème

Source : PASEC, 2006

Tableau 12 : Classement des pays suivants en 5ᵉ année du primaire CM1 en Français et en Mathématiques

Français

Pays	Scores	Rang
Cameroun	56,2	1er
Côte d'Ivoire	50,9	2ème
Burkina Faso	44,3	3ème
Sénégal	34,6	4ème

Mathématiques

Pays	Scores	Rang
Cameroun	50,4	1er
Burkina Faso	46,9	2ème
Côte d'Ivoire	41,2	3ème
Sénégal	37,2	4ème

Source : PASEC, 2005

Comparé aux autres pays, nous constatons que :
En français le Sénégal a réalisé le score le plus bas aussi bien en 2e année (43,2%) qu'en 5e année du primaire (34,6%).

En mathématiques, la tendance se maintient au CM1 avec un score de 37,2%, contre une place de gagnée au CP 45,1% devant la Côte-d'Ivoire.

Dans les deux domaines ciblés, les scores obtenus sont en deçà du taux moyen de réussite (50%).

Théoriquement, ce diagnostic sur la maîtrise des apprentissages révèle que les performances des élèves sénégalais en mathématiques et en français à la 2e et à la 5e année du primaire sont inférieures à celles des élèves des autres pays africains tels que le Burkina Faso, le Cameroun et la Côte d'Ivoire. Nous rappelons ici, pour faire éviter de douter de la pertinence des tests utilisés par le PASEC, que les exercices utilisés s'identifient à ceux mis en œuvre dans l'APC, base méthodologique du curriculum. En effet, ils n'évaluent pas des savoirs déclaratifs ou opératoires isolés, mais l'emploi intégré de plusieurs ressources (savoirs, savoir-faire, vérification intuitive par la vraisemblance) au profit de l'élucidation d'une situation aussi proche que possible de la vie de l'enfant.

En français, ces exercices évaluent des compétences de compréhension globale, la connaissance de syntaxe et celle du vocabulaire sont employées ensemble pour aller vers le sens et la production d'écrits.

En calcul, l'enfant doit repérer les variables utiles au raisonnement et choisir les techniques opératoires appropriées.

Dans les classes, nos entretiens exploratoires laissent entrevoir un enseignement, notamment de la lecture et du calcul, qui n'accorde que peu voire pas de place à la notion d'intégration : la lecture continue d'être enseignée indépendamment de tout projet sous-jacent, et les situations mathématiques proposées dans le cadre de la résolution de problèmes sont loin de correspondre à celles de la vie au quotidien.

III.2.1. Le problème de la mesure des acquis des élèves avec l'APC

Aucune réforme éducative, aucun système scolaire, aucune dépense publique en éducation ne peuvent se dispenser de considérer que les apprentissages des élèves représentent la pierre de touche de la qualité de l'école et de sa réforme. La plupart des systèmes éducatifs du monde ont, au cours de la dernière décennie, considéré que les « acquis des élèves » constituaient la preuve indiscutable du succès ou de l'échec des politiques. Pourtant, dans le contexte des réformes curriculaires par APC, la connaissance développée sur les « acquis des élèves » est très limitée. Pourquoi une réforme, dont l'objectif central est de lutter contre l'échec scolaire, apparaît-elle paradoxalement si peu attentive aux « résultats » ?

Nos enquêtes exploratoires ont permis de constater que peu de données sur les résultats des élèves sont disponibles dans les administrations centrales ou dans les écoles pour permettre de procéder à une analyse de la qualité des apprentissages et des effets de la réforme curriculaire.

Les témoignages révélés par nos entretiens, sans se substituer à une recherche méthodique dont les résultats seront révélés à terme, permettent de voir que les questions relatives aux acquis et à leur évolution dans le cadre du curriculum de l'éducation de base ne sont en général pas posées de façon assez explicite ni attentive : à quels acquis des élèves va-t-on prêter attention ? Comment va-t-on les mesurer ? Pour quoi faire ? A quels niveaux (individuel ? de l'école ? du système ?) ?

Les acteurs du système tout comme les différentes parties prenantes, de l'élève à sa famille, des enseignants aux administrateurs, des responsables politiques aux bailleurs de fonds sont par conséquent totalement dépourvus de repères. Il y a à ce niveau une absence notoire de comparaisons, pour connaître l'évolution de la situation.

En outre, si des évolutions sont observées, à quoi sont-elles imputables ? A la réforme ou à toute autre composante ? Certes, il ne faut pas minimiser la difficulté à dégager les effets de l'approche par compétences d'autres évolutions qui « sont dans l'air », comme la hausse des taux de passage, entre étapes à l'élémentaire et entre l'élémentaire et le collège, et la baisse des redoublements. Certaines de ces évolutions sont simultanées à la mise en place de l'APC mais résultent de décisions administratives qui auraient pu être prises en dehors de la réforme : au cours de la même période, les autorités en charge de l'Education nationale ont pris des dispositions pour interdire ou limiter drastiquement les redoublements en cours de cycles et il est difficile d'imputer cette évolution à l'APC.

Face aux acquis des élèves, les opinions sont diverses et, de ce fait, informent moins sur l'efficacité de la réforme. Des cadres du système éducatif insistent sur des résultats dont ils auraient été témoins : au Sénégal, certains parlent de résultats positifs attribués à l'APC en termes d'expression écrite, orale, ou de compréhension d'énoncés de problèmes. Au même moment, des parents, mais aussi des enseignants décrivent une baisse préoccupante du niveau des élèves qu'ils imputent à l'APC. De la même façon, ils attirent l'attention sur des phénomènes inquiétants à intégrer dans une démarche évaluatrice conséquente : l'approche par les compétences ne serait appliquée que par des enseignants candidats aux examens professionnels du CEAP ou du CAP, de peur de s'entendre dire par la tutelle qu'ils enseignent hors programme et ainsi d'être sanctionnés négativement. Au même moment, les autres continueraient d'enseigner avec les anciennes approches et d'évaluer les acquis suivant les méthodes traditionnelles. Selon une autre opinion, l'APC, faisant appel à la participation orale, permet aux élèves déjà en position d'aisance scolaire de s'exprimer davantage. Cette réforme APC risquerait alors de renforcer les inégalités qu'elle combat. L'opinion des enseignants est plus partagée sur les questions sensibles de savoir si l'APC favorise la motivation et a un impact positif sur l'assiduité des élèves. Cette diversité d'opinions questionne : on ne peut espérer le succès d'une réforme sur le long terme si les acteurs ignorent les effets objectivement constatables de leur action et s'il n'existe pas un minimum de consensus.

III.2.1.1. Des résultats disponibles inquiétants

Des résultats existent à travers le Programme d'Analyse des Systèmes Educatifs de la CONFEMEN (PASEC) qui, même si ces données se limitent à l'enseignement primaire et ne sont pas directement associées aux performances exigées par la mise en œuvre de l'APC, mettent en évidence les faibles résultats des pays d'Afrique subsaharienne en matière de qualité des apprentissages. Selon un test du PASEC réalisé en 2009, le score moyen français-mathématiques du Cameroun en 2005 s'établit à 51,4 % de bonnes réponses, contre 49,7 % pour le Gabon en 2006 et 41,6 % au Sénégal en 2007. Le score très faible enregistré pour le Mali 36 % est ancien (2002) mais les difficultés d'apprentissages des élèves ont été depuis confirmées par d'autres évaluations réalisées dans le pays hors du cadre du PASEC. Cette hiérarchie est en partie confirmée par des sources plus indirectes de la qualité (plus anciennes) des systèmes d'enseignement africains et notamment par l'examen de la proportion d'adultes durablement alphabétisés au terme d'une fréquentation complète de l'enseignement primaire[20]. Au Gabon, cette proportion s'élève à 87 % contre 72 % au Sénégal et au Cameroun, mais seulement 48% au Mali (la moyenne en Afrique subsaharienne est de 68 %).

La Tunisie se distingue assurément par de meilleurs niveaux d'acquisition qui placent le pays largement en tête dans les comparaisons inter africaines[21]. Cela dit, dans les comparaisons internationales auxquelles la Tunisie a participé (TIMSS, PISA notamment), les scores des élèves y apparaissent loin derrière ceux des élèves des pays développés.

Les conclusions de l'analyse des données du PASEC faite mettent en évidence quelques points saillants :
– la faiblesse des apprentissages des élèves en fin d'école primaire dans les pays africains ;
– les fortes différences de niveau dans un même pays, en fonction du contexte géographique et scolaire, et entre pays économiquement comparables ;
– une faiblesse des performances en termes d'acquisitions de compétences.

---

[20] L'éducation primaire en Afrique, l'urgence de politiques sectorielles intégrées, Pôle de Dakar-UNESCO-BREDA 2007
[21] Cf. Education pour Tous, repères pour l'action, Pôle de Dakar-UNESCO-BREDA 2005, page 71

Le rapport de recherche du CIEP (2009) sur une étude portant sur les « réformes curriculaires par l'approche par compétences en Afrique » et réunissant des auteurs comme Françoise CROS, Jean-Marie De KETELE, Martial DEMBELE, Michel DEVELAY, Roger-François GAUTHIER et al, montre que l'évaluation des effets des réformes curriculaires par APC est particulièrement difficile, d'autres facteurs de contexte pouvant expliquer les résultats. Il existe cependant des résultats produits lors de phases de mise à l'essai de la réforme mais, si un espoir de progrès des acquis des élèves se fait jour au cours de ces phases, ce progrès n'est jamais confirmé lors d'un développement de la réforme en vraie grandeur.

Selon ladite étude, les pays qui, comme le Gabon ou le Cameroun ont souvent affiché des résultats véritablement encourageants : réussite par exemple à 73% d'élèves au Gabon l'année de l'expérimentation, là où 47% seulement réussissaient l'année précédente, dans une mesure d'acquis en fin de première année de primaire, et réussite de 62% en 2003-2004 dans une phase de généralisation partielle. Au Sénégal, de la même façon, le taux de redoublement observé dans des écoles engagées dans l'APC est de 5%, alors que, la même année, il est d'environ 10 à 15%, voire davantage dans les « cuisines internes » des écoles témoins.

Ces résultats sont sujets à critique car ils n'apportent pas d'éclairage sur ce sur quoi ont porté les mesures, quand il s'est agi de mesures d'acquis. Certaines mesures ne peuvent pas être retenues comme des résultats : un taux de redoublement est plus un reflet de l'attitude des acteurs (et des enseignants surtout) face à une décision administrative qu'ils ont à prendre qu'autre chose. Ce type de décision est plus influencé par les habitudes et l'idéologie des acteurs et par des consignes administratives que par la mesure rigoureuse des acquis.

Les données recueillies au cours de l'étude du CIEP (2009) et portant sur les apprentissages évalués en fonction d'une approche par les compétences sont inquiétantes, ainsi, l'exemple du Sénégal interroge, où des tests proposés conformément à la réforme APC, ont fourni des pourcentages dramatiques d'échec, avec un taux d'échec estimé à plus de 55% à l'échelle nationale lors du premier essai en 2013 pour les classes de CM2. On retrouve des résultats alarmants dans chacun des pays impliqués dans l'étude du CIEP[22].

Ces constats, qui pourraient déboucher sur la conclusion que les élèves apprennent moins bien avec l'APC, et donc que ces réformes sont des échecs ou sont promises à en être, doivent cependant être lus de trois façons :

---

[22] L'exemple de la Tunisie interroge, où des tests proposés conformément à la réforme APC, ont fourni des pourcentages dramatiques d'échec, avec un taux d'échec supérieur à 50% dans 16 classes sur 27 en mathématiques et, plus préoccupant encore, dans 19 classes sur 27 en arabe.

- avec prudence, dans le contexte de grande incertitude sur la notion d'acquis et sur leur mesure ;
- avec préoccupation, dans la mesure où c'est bien l'essentiel de l'objectif de la réforme qui est peut-être manqué ou en train d'être manqué, toute action éducative ayant pour objet d'améliorer les acquis des élèves ;
- avec détermination pour creuser la question devenue centrale : le fait même qu'on n'a pas mesuré les résultats de la réforme en termes d'acquis d'élèves ne nous renseigne-t-il pas surtout sur un des défauts majeurs de cette réforme : ne pas avoir défini dès le départ ce que seraient ses objectifs en termes d'acquis des élèves ?

III.2.1.2. Les acquis des élèves dans la réforme par APC et leur mesure : une question laissée de côté ?

La réforme par APC a été lancée à partir du constat de la faiblesse des résultats des élèves, mesurée en termes de performances et d'abandons. Il s'est agi de mobiliser les ressources contre cette réalité mondiale : l'échec scolaire. Il n'est donc pas inepte d'interroger surtout la réforme sur ses résultats. Les objectifs de l'APC présentés dans la plupart des documents publics devraient avoir une correspondance directe en termes d'acquis des élèves : objectif d'équité (éducation pour tous), objectif de développement national avec l'acquisition de compétences, stimulation de la créativité, du sens de la responsabilité et de l'autonomie, objectif de renforcement de l'identité nationale avec l'utilisation des langues nationales et développement de valeurs de tolérance et de solidarité, objectif de restauration d'un rapport de confiance entre l'école et la communauté. Il semble légitime de passer des objectifs désignés comme tels par les responsables politiques qui ont retenu l'APC à une description d'attendus en termes d'acquis (connaissances et comportements) des élèves et à la mesure des résultats obtenus dans ce domaine. Il convient aussi de partir des objectifs de la réforme curriculaire par APC pour clarifier les acquis attendus des élèves aux différents niveaux et établir la preuve de ces acquis. L'APC distinguant divers types de compétences (disciplinaires, interdisciplinaires, de vie, etc., dont une catégorisation relativement uniforme serait utile), et, séparant la compétence et les ressources nécessaires à sa mise en œuvre (ressources cognitives, affectives, motrices, culturelles, sociales, etc.), la décision d'attribuer plus ou moins d'importance à chaque type d'acquis devient urgente. Quelle part et quel sens donner à l'évaluation des « ressources », notamment cognitives, et quelle part donner à celle des compétences, appréhendées seulement par le biais des performances réalisées ?

La logique de l'évaluation s'inscrit également dans la question de la contextualisation.

Certains pays ont décidé qu'un pourcentage des curricula serait d'inspiration locale, en donnant cette responsabilité à l'inspecteur d'académie : il n'est pas certain que ce soit une bonne idée, car l'inspecteur d'académie possède une vision assez « distanciée » du contexte.

Le niveau de l'établissement semble préférable dans la mesure où il est au plus près des contextes locaux et où il permet également que les modalités d'évaluation soient, en partie, contextualisées. L'école de base apparaît ainsi comme le lieu collectif souhaitable d'élaboration des évaluations, au moins de façon partielle, ainsi que de production et de suivi des résultats et des acquis des élèves sur une longue période.

Les évaluations, au long de l'année scolaire, y compris les évaluations certificatives, doivent faire l'objet d'un accord entre l'école et la communauté. La production des preuves de l'acquisition des compétences est une des conditions de la réussite d'un système d'éducation : ce n'est pas seulement pour « expliquer » aux parents les contenus de l'enseignement, mais pour faire en sorte que la signification des « résultats » des élèves adressés aux familles par les écoles ainsi que des certifications et diplômes, vus comme une monnaie sociale, soit claire pour la communauté.

Aux différents niveaux des acteurs de la réforme, il existe des obstacles à l'évolution des attitudes face à la question des acquis des élèves, en raison de méconnaissances ou de confusions. Cette difficulté à désigner des acquis et à les mesurer n'est pas seulement le fait des acteurs ; elle procède aussi des « programmes » qui s'empilent et parfois se concurrencent, qu'ils soient d'origine nationale ou proposés par des bailleurs de fonds : chaque programme pédagogique, quel qu'il soit, contient, explicitement ou non, l'idée d'un certain type d'acquis à favoriser chez les élèves. La multiplication des mesures des acquis faisant suite à la multiplication des programmes et des financements peut avoir des effets négatifs sur la cohérence de l'action des écoles[23].

L'obstacle vient également des représentations développées lors de la promotion d'une réforme curriculaire de ce type : les systèmes et leurs acteurs sont réfractaires à modifier leurs principes d'évaluations, surtout quand elles sont certificatives, car les modes d'évaluations scolaires ont eu au fil du temps un impact sur les sociétés, sur la répartition des pouvoirs et des richesses, et il n'est jamais facile de s'en affranchir.

Enfin, dans les discours des bailleurs de fonds ou des experts apparaissent des notions comme « tests de connaissances » (coopération française au Sénégal) qui risquent d'être contreproductives car elles se réfèrent précisément à un référentiel étranger à l'APC. Ou bien, des tests de

---

[23] Ce type de difficulté apparaît classiquement, et dans des situations diverses : aux Etats-Unis, par exemple, l'empilement, fréquent, à l'échelle de l'établissement scolaire, de programmes financés par les différents niveaux de l'administration de l'éducation ou d'autres bailleurs a aussi des conséquences fâcheuses en termes d'empilement d'évaluations ponctuelles, liées à chaque programme.

compétences sont proposés à des élèves de façon parachutée et indépendamment des contextes de travail, mais aussi dangereux en ce qu'ils peuvent ancrer l'idée que les « résultats » de l'APC ne peuvent être mesurés qu'à partir de batteries de tests externes.

Ces obstacles pourraient expliquer l'ignorance de la question des acquis des élèves au sein des processus de réforme : alors que la réforme par APC se distingue de bien des réformes antérieures parce qu'elle semble légitimée par la recherche de meilleurs acquis pour un plus grand nombre d'élèves, l'étape du passage des grands objectifs politiques à leur déclinaison en termes de « ce qu'on doit viser comme compétences et connaissances chez les élèves » et « ce qu'on peut attendre d'eux », est la plupart du temps omise ou minorée.

En dehors de cela, l'évaluation des acquis, certificative ou non, est absente des plans de réformes ou sinon très discrète : les plans de mise en œuvre de la réforme au Sénégal ne traduisent en rien cette préoccupation. En effet, dans tous les systèmes éducatifs du monde, les traditions des examens sont les plus difficiles à faire bouger, aussi bien dans leur fonction systémique de sélection (un examen est-il là pour sélectionner un certain nombre d'« élus » ou pour sanctionner des acquis ?) que dans la nature de ce qu'ils vérifient (si les curricula changent, les examens doivent nécessairement vérifier d'autres acquis, faire d'autres preuves des acquis des élèves).

III.2.1.3. Les enjeux d'une réforme de la mesure des acquis

L'efficacité de l'école se mesure, non à partir d'indicateurs intermédiaires, mais de « résultats » finaux : les acquis des élèves, c'est-à-dire ce que l'école promet à la nation que les élèves apprendront et maîtriseront et qu'il appartient à chaque système de définir.

Il s'agit donc de mieux faire la distinction entre des mesures effectives d'acquis des élèves, dans tous leurs aspects et des indicateurs qui mesurent autre chose : l'activité des écoles et leurs logiques propres, comme les taux de redoublement, lesquels ne disent rien de direct sur les acquis des élèves (par exemple, au Gabon, une partie importante du redoublement est un redoublement d'attente, c'est-à-dire que les élèves restent dans l'année d'études parce qu'ils ne peuvent pas s'inscrire dans l'année supérieure faute de place ou parce qu'elle n'existe pas localement) ou les taux d'assiduité ou d'abandon.

Si les conditions objectives de l'enseignement ne sont pas toujours propices à une meilleure efficacité, il est encore plus indispensable que chacun se saisisse de ses marges d'action au service des acquis des élèves, en ayant conscience de sa part de responsabilité. Les acquis des élèves appartiennent à l'évidence à l'évaluation des établissements et des enseignants eux-mêmes, non pas de façon mécanique et incriminante, mais de façon à ce que l'évaluation de l'efficacité pédagogique, dans ses marges de manœuvre, fasse partie du regard que les enseignants portent sur eux-mêmes aussi bien que de celui que l'institution porte sur eux.

La mise en place de l'APC ne peut cependant :
- Ni inventer un système parallèle d'évaluation, qui aurait un coût considérable et serait étranger à la logique de l'APC (construction de compétences complexes non évaluables par des tests standardisés, contextualisation des curricula rendant peu pertinents des tests nationaux, etc.).
- Ni tirer des renseignements en termes d'efficacité à partir des résultats produits aujourd'hui spontanément par l'école (à la fois subjectifs et trop agrégés).

Il s'agit plutôt de collecter une information qui réponde à quelques critères permettant de travailler précisément sur l'efficacité des apprentissages : une information qui soit à la fois « fine », non agrégée en « moyennes » et suffisamment objectivée, par des épreuves non totalement laissées à la liberté, voire à la subjectivité, des enseignants.

L'entreprise est complexe mais, si les modes d'évaluation (en classe, aux examens, notamment) ne sont pas revus, la réforme pourrait perdre en crédibilité et il y a peu de chances qu'elle produise moins d'échec : il est même à craindre qu'elle en produise davantage puisque l'évaluation traditionnelle, tournée vers la mémorisation, les savoirs déclaratifs et l'encyclopédisme, sera, au fur et à mesure de la mise en place de la réforme, de plus en plus éloignée de ce que les élèves auront appris.

III.2.1.4. Les changements institutionnels et sociaux dans l'optique de l'APC

1. Les changements structurels et organisationnels

Au niveau structurel, l'allègement des nouveaux programmes (suppression des contenus redondants) devrait permettre d'obtenir des changements significatifs en termes de volume des acquisitions et de leur assimilation. De telles modifications pourraient avoir des implications multiples, notamment en ce qui concerne la gestion des parcours scolaires, l'effectif d'enseignants, les ressources matérielles, les dépenses de fonctionnement et d'investissement.

Au plan organisationnel, apparaissent deux cas de figure concernant le pilotage de la réforme : la mise en place de nouvelles structures ou la responsabilisation d'une structure existante. Ces deux cas de figure ne sont pas mutuellement exclusifs. En effet, les nouvelles structures mises en place sont généralement rattachées à une structure existante. Dans le cas du Sénégal, le Conseil de Gestion de l'Etablissement (CGE) est en principe responsabilisé dans le cadre du Plan d'Action Volontariste (PAV) au service du Contrat d'Amélioration de la Qualité (CAQ). Toutefois, les effets de ces changements en termes de redistribution des rôles et des pouvoirs au sein de l'espace scolaire sont à peine visibles.

S'agissant de l'organisation des pouvoirs, plusieurs points éclairent la compréhension des changements institutionnels attendus de la réforme curriculaire :

La gouvernance : La mise en place de la réforme curriculaire par APC prévoit des modifications dans l'organigramme institutionnel pour piloter ladite réforme. Toutefois, il nous faut reconnaître qu'autant il est souhaitable qu'une structure soit chargée de faire la synthèse entre toutes les parties impliquées dans la mise en place de la réforme, autant il est délicat de mettre en place de nouvelles structures qui n'ont en charge que d'une partie du dossier sans avoir autorité sur les autres ou sans modifier explicitement les responsabilités des structures préexistantes. On arrive en effet, dans de tels cas, à des oppositions entre services dont l'effet est plus souvent contreproductif qu'émulateur.

La réforme comme occasion de développer plus de collaboration entre les maîtres dans les écoles, par le biais notamment de conseils d'établissements ou d'écoles ou de classes. C'est une perspective intéressante, si l'on n'en reste pas là. En effet, l'argumentaire habituel consistant à défendre l'idée que l'échelon de régulation du système éducatif le plus important doit tendre à devenir l'école de base ou le groupe d'écoles de base a d'autant plus de sens que l'APC s'appuie sur la notion de contextualisation, et donc dispense des enseignements dont les objectifs sont clairs aux yeux de la communauté. C'est aussi l'école qui réalise en partie les évaluations formatives, aussi bien que bilan, voire les évaluations certificatives. Une réflexion sur l'établissement scolaire (l'école ou le groupe d'écoles de base) et son rôle dans la mise au point collective des curricula d'une part, des évaluations des élèves d'autre part, et dans la propre autoévaluation de son efficacité à partir des acquis des élèves serait à construire.

2. L'impact social attendu

Le rapport entre l'école et la communauté est le seul critère retenu dans ce travail pour apprécier l'impact social de la réforme curriculaire au Sénégal. Le constat qui semble dominant est que « les parents ne sont jamais informés des évolutions de la pédagogie. » Ainsi, la grande majorité « n'a jamais entendu parler de l'APC » (Nos entretiens). Cela constitue un frein à la réalisation d'une exigence chère au CEB, l'ouverture de l'école au milieu. L'implication des parents dans la vie scolaire ne serait pas plus manifeste qu'avant sauf dans quelques rares écoles où l'on note une présence plus marquée d'enfants issus de familles de la classe moyenne. Il en va de même de l'implication des ONG et des partenaires économiques. Dans la commune de Richard-Toll où l'on a concentré la plupart de nos enquêtes, l'implication de la Compagnie Sucrière Sénégalaise (CSS) est ponctuelle et sporadique. Les associations de femmes et de jeunes quant à elles ne développent pas toujours des programmes d'assistance ou de renforcement pédagogique pour des enfants en difficulté d'apprentissage.

Malgré les injonctions relatives à l'utilisation de situations de la vie quotidienne par les enseignants et à la sensibilisation à l'environnement et au vivre ensemble dans les contenus-matières, les parents d'élèves sénégalais sont critiques à l'égard de la réforme : ils n'adhèrent pas, au moins dans un premier temps, à l'APC, par méconnaissance ou manque d'informations. Parallèlement, le constat est fait de la faiblesse des résultats obtenus par les élèves au terme de deux évaluations nationales à partir du curriculum (2012-2013 et 2013-2014). Cette baisse du rendement interne a suscité de nombreuses interrogations chez la plupart des acteurs. Certains estiment qu'en dehors de son outillage conceptuel impressionnant, le CEB ne répond pas aux attentes révolutionnaires qu'il a suscitées notamment dans la manière d'enseigner, dans la maîtrise des apprentissages et par conséquent dans leur utilité sociale.

Par ailleurs, l'évolution historique qui voit l'institution scolaire passer d'école coloniale à école nationale ne semble toujours pas être saisie, dans les faits, comme un bon prétexte de légitimation des stratégies destinées à rendre l'école sénégalaise plus souveraine dans le choix de ses contenus programmes et de ses finalités. Sous ce rapport, le débat récurrent sur l'introduction des langues nationales à l'école peine à être dépassé au profit d'un bilinguisme (Langues nationales / Français, Arabe ou Anglais) qui éviterait de mettre des langues en conflit.

Loin de prôner un quelconque nationalisme dans ce domaine, nous pensons que la question de l'introduction des langues nationales dans le système éducatif devrait s'inscrire dans un processus qui aboutirait à un choix judicieux de la ou des langues nationales à introduire à l'école. En tout état de cause, nous considérons que dans un monde de plus en plus globalisé, marqué par des courants migratoires tous azimut et où le Sénégal ne saurait constituer un isolat, il peut être aberrant de penser à remplacer une langue par une autre. Nous savons que c'est une facilité et un raccourci d'apprendre dans et par sa langue. Dans le même temps, nous faisons constater qu'au Sénégal la pluralité de langues nationales est l'émanation d'une pluralité ethnique dont le ciment consolidé par un commun vouloir de vie commune et le cousinage ou la parenté à plaisanterie devrait, à tout prix, être préservé au nom de l'unité nationale.

Ailleurs, en Afrique, la valorisation d'une ethnie ou d'une religion au détriment d'une autre a occasionné des déchirements illustrés par des conflits et abus de toutes sortes. La banalisation d'une question aussi cruciale que la cohabitation entre ethnies devrait être évitée au risque d'ajouter aux difficultés d'une école en crise. D'une certaine manière, la crise n'est pas mauvaise. Elle est même souhaitable car elle fait porter un jugement qui engage toujours une évaluation et des actions qui peuvent changer de formes suivant le temps et l'espace. Du reste, l'ensemble de la vie et la partie la plus importante de la vie qui est l'éducation et la formation de l'homme comporte nécessairement des crises.

Par ailleurs, nous nous interrogeons aussi sur l'opportunité des tentatives du système éducatif d'encadrer de plus en plus ses agents pour garantir une efficacité accrue de l'action éducative, sans se payer le prix d'une revalorisation de la fonction. En agissant de la sorte, ne risque-t-on pas, au lieu de contribuer à la professionnalisation des enseignants, d'exacerber plutôt une forme de prolétarisation en train de gagner du terrain justement en raison de ce fort contrôle de la tutelle ?

A l'évidence, une certaine gestion de l'école semble atteindre ses limites. Elle s'épuise en une prolifération de circulaires, de documents de programmes et de projets qui s'ajoutent les uns aux autres au point que certains enseignants parlent, de manière caricaturale, d'une forme de « harcèlement textuel ».

Selon l'étude[24] réalisée sur l'efficacité de l'enseignement primaire au Sénégal de 2000 à 2011, l'analyse de l'évolution des indicateurs de flux a permis d'obtenir un coefficient d'efficacité moyen annuel de 67%. Ce qui, de l'avis des auteurs SENE ET OUMAROU ALTINE, signifie que, chaque année, en moyenne 33% des ressources de l'éducation primaire sont gaspillées en finançant des redoublements et abandons. Du point de vue de ces auteurs, cela constitue un obstacle à l'atteinte de l'objectif mondial de scolarisation universelle et d'achèvement du cycle primaire. Selon eux, les redoublements peuvent accentuer les abandons et ainsi influencer négativement la qualité de l'éducation primaire tout en engendrant des dépenses qui ne profitent ni à l'élève ni aux acteurs de l'école. Pour mesurer ce gaspillage, l'étude se sert d'une unité de consommation appelée « année-élève ».

Une année-élève représente une année scolaire passée dans une classe par un élève. Le coefficient d'efficacité interne est un indicateur de mesure de ces gaspillages dus aux abandons précoces et aux redoublements. Il est calculé en faisant le rapport des années-élèves idéalement consommées pour amener un certain nombre d'élèves en fin de primaire (sans redoublement ni abandon) et le nombre d'années-élèves effectivement consommées en tenant compte des abandons et redoublements.

Le coefficient d'efficacité interne est aussi utilisé par SENE et ALTINE pour mesurer l'efficacité de l'enseignement. Dans leur étude, l'efficacité

---

[24] Mémoire de fin de cycle réalisé en juillet 2012 par Ndatarsene et OUMAROU ALTINE Yacouba pour l'obtention du diplôme d'Ingénieur des Travaux Statistiques, sous la direction de M. Souleymane DIALLO, Ingénieur Statisticien Economiste au Centre d'Etudes de Politiques pour le Développement (CEPOD) et de M. Souleymane FOFANA, Enseignant à l'Ecole Nationale de la Statistique et de l'Analyse Economique (ENSAE).

interne est un chiffre compris entre 0 (cas fictif d'un système où aucun enfant n'atteint la fin du cycle) et 1 (cas idéal où tous les enfants qui entrent à l'école finissent le cycle sans avoir redoublé). Le complémentaire du coefficient d'efficacité interne est assimilé à la proportion d'années-élèves non nécessaires et est ainsi interprété comme le pourcentage des ressources qui sont « gaspillées », puisqu'elles ont servi à financer les déperditions scolaires à savoirs les redoublements et les abandons.

Dans le cadre de notre travail, l'efficacité interne est analysée davantage en fonction des acquisitions scolaires (indicateurs de scolarisation) qu'en termes de redoublements et d'abandons (indicateurs de flux) même si des données relatives à ces derniers indicateurs ont été mobilisées. En effet, dans un système éducatif qui encourage de plus en plus la suppression du redoublement (suppression du redoublement dans une étape - CI-CP par exemple - du cursus élémentaire, décidée par le MEN à partir de 2008) et l'admission en masse d'élèves parfois jugés faibles, une analyse plus fine des acquisitions scolaires nous semble indispensable pour mesurer l'incidence d'une réforme fondamentalement pédagogique. Quant à l'efficacité externe du système éducatif, les spécialistes et théoriciens de l'éducation dénoncent un abîme considérable qui sépare les aptitudes de nos élèves face aux situations concrètes de la vie courante.

Par ailleurs, la fréquence des réformes, les changements soudains de responsables en charge de l'Education nationale et la tendance à expérimenter sans suivi-évaluation ont transformé le système éducatif de notre pays en un chantier permanent d'innovations sans mémoire parce que sans capitalisation des acquis. Le nombre de programmes en cours d'expérimentation est tout simplement effarant : Education à la Citoyenneté, aux Droits et à la Paix, IST/Sida, Eau/Hygiène et Assainissement, Education à la Vie Familiale et en Matière de Population (EVF/EMP), Santé de la Reproduction, Education en matière d'Eau et de Bois d'Ecole, Programme de Renforcement de l'Enseignement des Mathématiques, des Sciences et de la Technologie (PREMST), …

Cette cohabitation d'innovations place les maîtres dans une situation assez délicate. La plupart d'entre eux avouent leur incapacité à gérer cette kyrielle de programmes dans les classes.

S'il y a lieu, tout d'abord, de mentionner l'engagement et la conscience professionnelle de nombreux enseignants, il faut bien aussi, hélas, reconnaître que beaucoup, après avoir tenté des améliorations, finissent par douter de l'impact de leurs efforts.

Au sujet du devenir de leur profession, la résignation a fini de gagner les rangs de beaucoup d'enseignants. Nombre d'entre eux n'hésitent plus à mener de pair leur métier et des activités lucratives parallèles. D'autres, sans doute moins dégourdis dans d'autres domaines, se limitent à « assurer le minimum ».

A ce jour, la plupart des études menées sur le curriculum ont porté sur le caractère à la fois systémique et intégrateur de son contenu qui semble être donné comme capable de compléter les précédents programmes et d'en corriger les lacunes. Rares sont les travaux qui ont exploré la question de l'incidence de l'application du curriculum, face à la persistance de problèmes liés à la qualité tant décriée des enseignements-apprentissages, du moins en ce qui concerne l'enseignement élémentaire.

L'évaluation de l'application du curriculum que nous nous proposons de faire à travers cette recherche, est surtout rendue difficile par l'absence de données fiables issues de travaux au niveau national. Quand elle a lieu, cette évaluation repose davantage soit sur des opinions diverses et peu étayées selon le degré d'implication des acteurs, soit sur des enquêtes internationales qui ne s'intéressent pas spécifiquement à la maîtrise des compétences enseignées. Afin de pouvoir objectivement juger des effets de la réforme en cours, il nous a semblé opportun d'analyser l'incidence de son application généralisée sur les enseignements-apprentissages à l'élémentaire, dans la commune de Richard-Toll, durant la période 2005-2013. La première borne (2005) de cette période correspond à l'année du démarrage de la généralisation dans la circonscription scolaire de Dagana où se situe la commune de Richard-Toll. La deuxième borne (2013) correspond à l'année de la première évaluation certificative avec le curriculum.

Notre objectif ici n'est pas d'étudier la mise en œuvre du curriculum, mais de mener une analyse empirique de ses effets sur l'efficacité des enseignements et les performances des apprenants à l'élémentaire. Plus spécifiquement, nous tenterons de :
– Analyser l'évolution (2005-2013) du Taux d'Achèvement (T.A.) et celle des performances des apprenants dans les activités de lecture, de production d'écrits et de résolution de problèmes, à travers les évaluations standardisées ;
– Apprécier le degré de maîtrise du curriculum par les enseignants ainsi que les opinions des structures partenaires sur la réforme en cours.

Dans une optique plus professionnelle, une documentation sur la psychopédagogie nous a permis d'actualiser nos acquis de la formation initiale et de les corréler avec la perspective sociologique de notre sujet. Aussi, ce travail se situe-t-il dans le triple champ disciplinaire de la sociologie, de la psychologie et de la pédagogie. Il faut dire que les travaux sur l'école ont tendance à échapper au cadre étroit des disciplines spécialisées. A cet effet, G. Ferry a annoncé « *la mort de la pédagogie* », en constatant, à la lecture de plusieurs ouvrages, la multiplicité des approches pédagogiques à l'œuvre actuellement à l'école. Les incertitudes actuelles de la notion de modèle de pédagogie dans les sciences de l'éducation justifient notre choix d'une recherche de type interdisciplinaire.

En effet, les approches pédagogiques relèvent autant des conceptions de l'homme et de la société que des pratiques scolaires, et donc échappent à une seule observation directe des relations maîtres-élèves. Ce qui impose d'établir une liaison entre la réflexion théorique et le contact avec la réalité. Nos lectures et entretiens ont été déterminants dans l'approfondissement de la réflexion pour aboutir à la question de recherche au sujet de laquelle nous énonçons l'hypothèse suivante :

La mise en œuvre de l'approche par les compétences – base méthodologique du CEB -, souffrant à la fois de non-effectivité et d'insuffisance d'appropriation par les enseignants dans leurs pratiques de classes, notamment dans la conduite de leçons de lecture et de résolution de problèmes mathématiques, n'a pas amélioré les performances des enseignants et des apprenants à l'élémentaire au Sénégal durant la période 2005-2013 relative à la reprise de sa mise à l'essai et au début de sa généralisation.

III.3. CHAMP D'INVESTIGATION

III.3.1. Le contexte national

III.3.1.1. Au niveau démographique

L'Agence nationale de la statistique et de la démographie (ANSD) lors d'un atelier tenu le jeudi 25 septembre 2015, a publié les résultats définitifs du recensement général de la population et de l'habitat, de l'agriculture et de l'élevage mené en décembre 2013. Selon le rapport de cette enquête, la population du Sénégal, caractérisée par sa jeunesse, est évaluée à 13.508.715 habitants dont 49,9% d'hommes et 50,1% de femmes.

L'âge moyen de la population est de 22,4 ans et la moitié de la population a 18,7 ans (âge médian). La population rurale y apparait plus jeune avec un âge médian se situant à 15 ans contre 21 ans en milieu urbain ; ce qui est, selon le document, le reflet de l'exode rural qui concerne généralement les jeunes adultes des zones rurales.

Dans la perspective d'une scolarisation universelle, cette inégalité dans l'occupation de l'espace géographique détermine la politique éducative de rationalisation du personnel enseignant, avec des classes multigrades et classes à double flux respectivement dans les zones à faibles effectifs (zones rurales) et dans les zones à effectifs élevés –zones urbaines et périurbaines).

Par l'éducation et la formation, la jeunesse de la population sénégalaise est sans conteste un atout considérable pour le développement économique et social.

III.3.1.2. Au niveau socioculturel

A l'instar de beaucoup de pays d'Afrique, le Sénégal est caractérisé par la diversité linguistique et culturelle née de la rencontre de trois grandes civilisations : la négro-africaine, l'arabo-islamique et l'occidentale française.

Par ailleurs, les langues parlées du Sénégal appartiennent toutes à la grande famille du Niger-Congo et sont réparties en deux grands groupes, notamment le groupe Ouest-Atlantique majoritaire avec environ 90% des locuteurs et le groupe mandé de la branche Niger Congo.

Cette diversité linguistique est accentuée par une grande variété dialectale.

Ces caractéristiques socioculturelles expliquent l'importance que le Sénégal accorde de plus en plus à l'introduction des langues nationales durant les premières années de l'éducation de base et à l'enseignement religieux dans la perspective d'offrir aux populations un modèle d'école plus adapté à leurs réalités.

III.3.1.3. Au niveau politique

Le contexte politique actuel est marqué par l'existence d'un système démocratique, fondé sur un Etat de droit où interviennent de façon remarquable des acteurs non étatiques. En effet, le Sénégal a vécu une étape importante de son évolution politique avec l'alternance survenue à la tête de l'Etat en mars 2000. Il s'en est suivi un renforcement de la stabilité politique sans laquelle aucune stratégie de développement ne peut être viable. La presse privée, écrite ou parlée se développe et continue de jouer un rôle fondamental dans l'expression des opinions des citoyens.

La protection des droits de l'homme est inscrite dans la Constitution et des institutions publiques chargées de la défense de ces droits existent et jouent leur rôle. Elles sont renforcées par de multiples organisations de la société civile qui veillent au respect des droits de l'homme. Ces acteurs non étatiques s'organisent progressivement et s'affirment de plus en plus comme des partenaires et interlocuteurs de plus en plus écoutés.

Dans l'optique d'un « Pays émergent » (Programme gouvernemental), une stabilité politique, une démocratie en consolidation et un effort conséquent en faveur de l'éducation depuis l'indépendance, en permettant au Sénégal de gagner en visibilité sur la scène internationale, sont favorables pour attirer les investisseurs étrangers. L'État sénégalais a toujours accordé une importance primordiale à l'éducation, celle-ci devant contribuer à l'amélioration des conditions de vie, au renforcement de l'identité culturelle, à la transformation structurelle de la société et au développement économique dans un contexte international en mutation. Pour ce faire, les pouvoirs publics ont transformé le système scolaire de l'époque coloniale en le rendant moins aliénant, plus accessible et plus conforme aux réalités et besoins sociaux nationaux.

III.3.2. Evolution des ressources publiques allouées à l'éducation de base

III.3.2.1. Allocation des ressources publiques en faveur de l'éducation de base

L'allocation intra sectorielle du budget de l'État représentant la majeure partie des ressources du secteur de l'éducation est analysée pour voir le degré de conformité des allocations aux orientations stratégiques et du respect des priorités arrêtées dans la LPGS. Cet exercice effectué dans le cadre de l'évaluation du PDEF a abouti à un certain nombre de constats.

Pendant la première phase du PDEF, l'allocation des ressources était en faveur de l'enseignement élémentaire mais lors de la troisième phase, l'avantage dans l'allocation des ressources est allé au profit du moyen secondaire. Les ressources affectées au primaire ont connu une progression acceptable jusqu'en 2007 mais une baisse est notée au cours de la troisième phase.

Entre 2008 et 2011, l'enseignement primaire a reçu une part des dépenses de fonctionnement (44,3% en moyenne) en dessous des prévisions (49,2%). On note un décrochage des objectifs de l'élémentaire à partir de 2008 au profit de l'enseignement moyen secondaire qui peut s'expliquer par la pression croissante des besoins auxquels est exposé le cycle moyen qui commence à sentir l'effet des flux d'élèves provenant du primaire dus à la politique d'expansion de l'accès menée dans ce niveau pendant les premières années du PDEF. Les parts des dépenses dans la petite enfance et l'enseignement non formel sont restées faibles et inférieures aux attentes. L'enseignement technique et professionnel a enregistré des parts faibles lors des deux premières phases du PDEF mais une amélioration a été notée dans la troisième phase.

Pour le développement intégré de la petite enfance, les ressources qui lui sont allouées (0,5%) se situent en dessous des attentes (1%) en moyenne annuelle pour toute la décennie.

Quant au non formel, il n'a jamais obtenu 1% du budget de fonctionnement du secteur alors que la part qu'on devait lui attribuer tourne autour de 2,7% en moyenne annuelle pour toute la durée du PDEF. Concernant l'enseignement technique et la formation professionnelle, même si en moyenne une hausse des ressources allouées a été enregistrée tout au long du programme, soulignons la faible part qu'il reçoit compte tenu de sa position de seconde priorité du secteur. Mais notons un effort important d'investissement enregistré notamment dans la troisième phase du programme.

III.3.2.2. Évolution des coûts unitaires publics dans l'éducation de base

Les coûts unitaires qui sont les coûts moyens annuels par élèves ont connu une augmentation nette dans l'élémentaire, le moyen. Entre 2005 et 2011, le coût unitaire de l'enseignement élémentaire a doublé. Dans l'enseignement moyen, le niveau de progression des coûts est de 59%. Notons cependant que celui de la petite enfance a connu la baisse importante qui est de l'ordre de 66%. Cette baisse est le résultat de la stratégie volontaire du Gouvernement de faire supporter l'expansion du développement de la petite enfance par un financement communautaire majoritaire.

Le tableau suivant est une distribution statistique obtenue sur la base des états d'exécution budgétaire du Ministère de l'Education nationale. Les dépenses en éducation de l'Etat par élève, dans les niveaux du Préscolaire, de l'Elémentaire et de l'Enseignement moyen général, y sont répertoriées de 2005 à 2013. Ce dernier intervalle nous paraît d'autant plus pertinent à considérer qu'il coïncide avec la période que nous avons choisie pour analyser l'incidence de l'application généralisée de la réforme du curriculum de l'éducation de base sur les performances des enseignants et des apprenants.

Dans ce tableau, il est aisé de remarquer que, contrairement au niveau préscolaire où la tendance est à une baisse des coûts unitaires à partir de 2006, les dépenses dans les niveaux de l'Elémentaire et de l'Enseignement moyen général sont en nette augmentation jusqu'en 2012 au niveau de l'Elémentaire et jusqu'en 2011 dans l'Enseignement moyen général. En 2013, la forte baisse est notée dans les dépenses qui dégringolent dès 2012 dans l'Enseignement moyen général. Une comparaison entre les trois niveaux montre que les coûts unitaires dans le niveau de l'Elémentaire dépassent de loin ceux enregistrés dans les autres niveaux. Le financement de la réforme du curriculum notamment la relance de la mise à l'essai à partir de 2005 y est sans doute pour quelque chose dans l'accroissement des dépenses dans l'Elémentaire (tableau 14,).

Tableau 13 : Coût unitaire (par élève) par niveau d'enseignement (Francs CFA)

Années / Niveaux	Préscolaire	Elémentaire	Enseignement moyen général
2005	30 722	65 317	86 179
2006	28 269	73 427	78 316
2007	13 961	85 378	87 141
2008	13 237	105 253	139 698
2009	12 272	105 226	135 372
2010	16 026	127 940	155 558
2011	10 299	130 906	137 138
2012	12 468	212 582	107 967
2013	11 523	126 790	86 885

Source : Calculs effectués sur la base des états d'exécution budgétaire du Ministère de l'Education nationale.

Une comparaison internationale (Tableau n°7) permet de constater que le Sénégal est parmi les pays d'Afrique qui dépensent le plus par élève du primaire. Cependant, ses dépenses au niveau de l'Enseignement moyen sont en deçà des moyennes africaines. Le secteur de l'Elémentaire a connu des progrès importants en termes de volume de ressources pendant que l'Enseignement moyen a évolué jusqu'à présent sous une forte contrainte et mise essentiellement sur la massification dans les classes pour croitre (Tableau 15).

Tableau 14 : Coût unitaire en % du PIB par pays

Pays / Sous-secteurs	Primaire	Moyen	Secondaire
Bénin	13	11	32
Burkina Faso	17	19	63
Burundi	22	40	142
Cameroun	6	39	43
Tchad	7	27	36
Congo	4	18	33
Côte d'Ivoire	18	32	72
Djibouti	31	39	61
Ghana	18	33	58
Guinée	5	11	9
Madagascar	9	22	62
Mali	11	20	75
Mauritanie	11	32	42
Mozambique	11	56	185
Rwanda	7	40	45
Sénégal	25	26	57
Sierra Leone	10	29	30
Togo	11	23	29
Tunisie	21	-	-
Moyenne africaine	14	29	60

Source : Compilation de diverses sources de la Banque Mondiale et pôle de Dakar, septembre 2014.

III.3.2.3. Analyse de la contribution des autres bailleurs dans le financement de l'éducation

La contribution des partenaires extérieurs au financement de l'éducation de base peut être appréciée à partir du Plan d'opération budget annuel (POBA) qui enregistre leurs intentions de financement annuelles par programmes (sous-secteurs). Comme pour les ressources publiques, le financement des partenaires est en priorité orienté dans l'enseignement élémentaire qui absorbe plus de la moitié de ces ressources pendant presque toute la période d'analyse retenue.

III.3.2.3.1. Les partenaires techniques et financiers

En 2007, le Sénégal avait été élu à l'Initiative de mise en œuvre accélérée pour l'éducation de qualité pour tous (Initiative Fast Tract). Il avait ainsi bénéficié d'un appui financier qui lui a permis d'augmenter considérablement la capacité d'accueil de l'enseignement élémentaire par la construction de salles de classe additionnelles, tout en améliorant les conditions physiques d'enseignement-apprentissage à travers le remplacement des abris provisoires et la construction d'ouvrages annexes tels les blocs d'hygiène, les blocs administratifs, les points d'eau et les murs de clôture. Le tableau 16 suivant donne une illustration parfaite de l'importance de la contribution des partenaires.

Tableau 15 : Contribution des partenaires techniques et financiers extérieurs (en millions F CFA) au financement de l'éducation au Sénégal.

Années Sous-secteurs	2005	2006	2007	2008	2009	2010	2011	2012	2013
Préscolaire	3 653	1 183	336	476	649	765	426	1 269	296
Elémentaire	12 905	14 417	32 810	22 649	37 112	33 303	35 731	34 144	47 070
Moyen secondaire	14 662	11 158	17 557	16 641	18 610	11 164	8 370	12 642	2 211
Non formel	1 601	2 379	4 108	2 730	1 439	2 898	3 233	10 345	7 670
Total général	32 820	29 136	54 810	42 496	57 810	48 130	47 760	58 400	57 248

Source : POBA, plusieurs années.

Bien que substantielles, ces ressources n'ont pas permis d'investir dans des actions visant à améliorer la qualité des apprentissages ou à développer le cycle d'enseignement moyen qui subit actuellement une intense pression liée à la demande croissante d'éducation. En effet, l'augmentation rapide des effectifs d'élèves scolarisés dans les écoles élémentaires exerce actuellement de fortes pressions sur les collèges d'enseignement moyen qui constituent le deuxième maillon du cycle fondamental.

Le nombre d'élèves fréquentant les écoles élémentaires est passé de 1 107 712 en 2000 à 1 725 839 en 2011, soit un accroissement moyen annuel de 4,1%. Dans la même tendance, le taux de transition entre le CM2 et la 6ème est passé de 68,8% à 90,5% entre 2010 et 2011. Ces inscriptions massives liées à l'élargissement de l'enseignement de base à dix années d'études se sont traduites par une intensification du niveau de scolarisation au cycle moyen dont le TBS est passé de 15,4% à 53,2% au cours de cette période décennale.

III.3.2.3.2. Les ménages

Le calcul des dépenses d'éducation des ménages n'est pas aisé lorsqu'on ne dispose pas d'enquête spécifique qui donne des informations détaillées des dépenses par catégorie (directes ou indirectes) par type (manuels scolaires, transport, etc.) et par niveaux d'enseignement. Mais il est possible de disposer des ordres de grandeur de la charge supportée par les familles à travers l'enquête sénégalais auprès des ménages (ESAM) et celle sur le suivi de la pauvreté au Sénégal (ESPS) réalisé respectivement en 2002 et 2006.

Les dépenses d'éducation des familles se chiffrent en 2011 à presque 160 milliards. Depuis 2000 les dépenses effectuées par les ménages dans l'éducation ont toujours dépassé les prévisions selon le rapport des 10 ans du PDEF (ME/DPRE, 2012). Ainsi les ménages assurent 23% du financement global de l'éducation le plaçant à la deuxième place des bailleurs. Ce niveau a été atteint grâce à un accroissement de leur contribution de 17% en moyenne par an par rapport à 2000, année pendant laquelle celle-ci était estimée à 20 milliards.

III.3.2.3.3. Le secteur privé

Contrairement aux idées reçues, les entreprises privées interviennent très souvent dans le secteur de l'éducation de base pour appuyer l'Etat dans des actions très précises. Mais l'appui ne suffit pas à lui seul pour parler de partenariat. En effet, ce concept se définit comme une volonté de deux ou plusieurs parties de mener une action commune. Il s'accompagne d'un accord entre celles-ci sur les domaines concernés, les modalités, la nature des actions à mener et la façon de le faire. Dans ce processus, chaque partie apporte une contribution pour la mise en œuvre des actions.

Suivant les localités, des actions d'envergure sont menées dans le secteur de l'éducation de base. Dans la région de Saint Louis, on recense les actions des partenaires privés appartenant à la société civile internationale comme l'USAID, partenaire de l'IA et l'IEF dans la prise en charge des daara entre autres. Un besoin notoire de partenariat est exprimé par l'Inspecteur d'Académie qui évoque l'existence de plus de soixante daara. On note aussi les actions de Plan International pour appuyer les activités des conseils de gestion des établissements. Il y a en outre une participation de l'ONG Aide et Action. D'importantes collaborations, ayant abouti à la construction d'écoles, sont à signaler entre le Conseil Régional et le Nord-Pas-de-Calais en France.

Dans le département de Dagana, il existe des formes d'appui du privé dans les localités comme Savoigne où l'entreprise SOCAS apporte depuis plus de quinze ans un soutien matériel et financier aux écoles publiques demandeuses. Ce type d'appui contribue à accompagner des écoles pour subvenir aux besoins en termes de matériels didactiques (livres, cahiers et autres outils et documents), de bourses scolaires et de cantines scolaires pour des enfants venant de zones enclavées et éloignées de leurs écoles.

A Richard-Toll, la CSS apporte un soutien sous forme d'assistance matérielle après identification des cibles.

III.4. AU NIVEAU COMMUNAL (RICHARD-TOLL)
III.4.1. Présentation de la commune de Richard-Toll

En wolof, le toponyme signifie « le jardin de Richard », du nom d'un botaniste français, Jean Michel Claude Richard, qui, à partir de 1816, a tenté d'y acclimater certaines espèces végétales européennes. Théodore Lecard lui succéda.

La ville a longtemps été un centre administratif colonial. Entre 1822 et 1827, un gouverneur du Sénégal, le baron Jacques-François Roger, s'est fait construire un véritable château, habité par la suite par Louis Faidherbe, avant d'être transformé en monastère puis en école. Aujourd'hui en ruines, le bâtiment témoigne encore de l'ancienneté de la présence de l'école française dans la localité et constitue l'une des curiosités de l'endroit.

Richard-Toll est une commune du département de Dagana dans la région de Saint-Louis.

La commune de Richard-Toll est située au nord du Sénégal, à 106 km de Saint-Louis sur la route nationale N° 2 dans le département de Dagana. Elle est située sur la rive gauche du fleuve Sénégal et est limitée au Nord par le Fleuve Sénégal, au Sud par la commune rurale de Mbane, à l'est par la commune rurale de Gae et à l'ouest par la Commune rurale de Ronkh. La commune est implantée dans la partie haute d'une cuvette inondable à moyenne crue, entre 16°27 de latitude Nord et 15°42 de longitude Ouest et couvre une superficie de 1972,5 ha (Source Service Départemental de l'Urbanisme de Dagana). La commune appartient à la circonscription scolaire du département de Dagana abritant l'inspection de l'éducation et de la formation.

Encadré 2 : Carte de Richard-Toll (Source : Google Map)

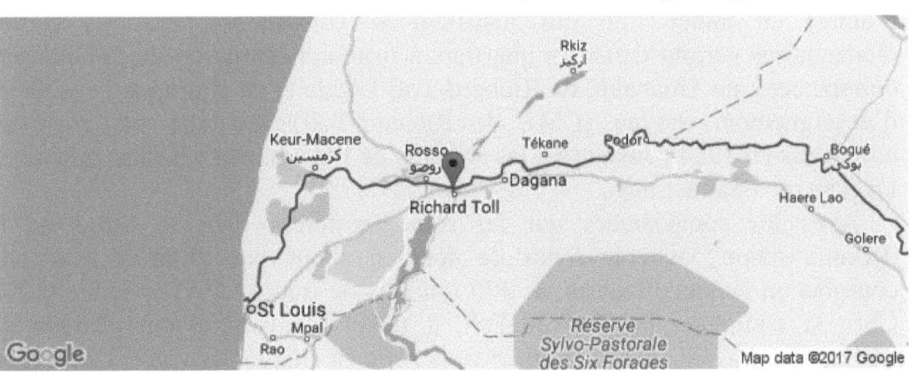

Partageant le fleuve Sénégal, frontière naturelle, avec la Mauritanie, Richard-Toll fait partie des communes du Sénégal les plus dynamiques du point de vue démographique. Dans les années 1970, Richard-Toll ne comptait que 5 000 habitants. Lors des recensements nationaux de 1988 et 2002, le nombre d'habitants s'élevait respectivement à 29 611 et 42 621. En 2007, selon les estimations officielles obtenues à partir des documents d'archives portant signature de la préfecture de Dagana et consultés à la mairie de Richard-Toll, la population était de 48 968 habitants.

Avec le développement de la CSS, la localité accueille non seulement les populations venant de toutes les régions du Sénégal, mais aussi celles des pays de la sous-région ouest-africaine, notamment beaucoup de Mauritaniens et de Maliens, des Guinéens et quelques rares Gambiens. L'économie locale est relativement prospère et repose principalement sur l'industrie de la canne à sucre.

La CSS y possède une importante usine de transformation, gère quelque 8 200 hectares de champs de canne, emploie 7 000 personnes et produit chaque année environ 15 000 tonnes de sucre raffiné. Une unité de production de bioéthanol à partir de mélasse issue de la transformation de la canne à sucre y a été inaugurée en novembre 2007. L'industrie fabrique aussi de la toile de coton, de la peinture, du chocolat, du gaz en bouteille, des biscuits ainsi que des produits chimiques.

Dans la localité, grâce à l'irrigation, le maraîchage et la riziculture sont largement développés à côté de pratiques de contrebande de produits venant de la Mauritanie voisine.

III.4.2. Aperçu sur l'enseignement élémentaire dans la commune de Richard-Toll

La localité est érigée en commune en 1980 et comptait alors 03 écoles élémentaires (Khouma centre, Richard-Toll 1 et Ndiangué) d'au moins 08 classes pédagogiques chacune (un cycle complet déjà). Dans ces trois écoles, les effectifs, qui étaient alors assez importants, ne cessaient d'augmenter d'année en année ; ce qui justifiera la construction d'autres écoles élémentaires surtout dans des quartiers à forte concentration de populations comme ceux de Thiabakh, de Richard-Toll Escale et de Khouma. Le collège d'enseignement moyen (CM1 de Richard-Toll) accueille ses premiers collégiens en 1984 ; Jusque-là, les sortants de l'élémentaire étaient orientés à Dagana ou à Saint-Louis.

Avec les compétences qui lui sont transférées dans le cadre de la décentralisation ; avec le fonds de dotation alloué par l'Etat et avec une contribution annuelle (autour de 400 millions de francs CFA) apportée par la CSS, la commune de Richard-Toll, à travers la commission chargée de l'éducation, travaille à rendre effective la prise en charge des volets l'éducation de base et de l'enseignement technique et professionnel. La municipalité doit participer à l'allocation de bourses et d'aides et à l'acquisition de manuels et de fournitures scolaires. Les structures de dialogue et de concertation (CGE, CLEF, APR) doivent être impliquées dans la gestion de l'école. La commune doit contribuer à l'élaboration d'un plan prévisionnel de formation visant des secteurs de métiers spécifiques. Les tâches d'entretien et de maintien des établissements scolaires et des centres de formation professionnels sont aussi du ressort de la commune qui travaille également à soutenir de petits projets visant à créer de petites unités d'ateliers en mécanique, en soudure, en électricité, en froid et en mécanique, sur la base d'un plan communal d'insertion professionnelle des jeunes. La commune réfléchit aussi à l'établissement de contrats de partenariat école/entreprise pour une réelle formation en alternance (mise à contribution de la compagnie sucrière).

Le tableau 17 ci-dessous donne dans les détails les écoles ciblées dans nos différents échantillons ainsi que la situation des effectifs à l'élémentaire.

Tableau 16 : Nombre d'écoles élémentaires et situation des effectifs

N°	Ecoles élémentaires	Nombre d'enseignants	Nombre d'élèves
1	Khouma Centre	H : 10 F : 07	G : 672 F : 678
2	Khouma Thiarène	H : 05 F : 07	G : 293 F : 304
3	Khouma GaMalick	H : 10 F : 08	G : 492 F : 531
4	Khouma Mbodiène	H : 03 F : 06	G : 224 F :244
5	Richard-Toll 1	H : 09 F : 07	G : 306 F : 248
6	Richard-Toll 2	H : 09 F : 03	G : 213 F : 240
7	Richard-Toll 3	H :12 F : 03	G : 305 F :359
8	Campement	H : 14 F : 07	G : 286 F : 309
9	Richard-Toll 4	H : 07 F : 01	G :143 F :166
10	Ndiangué	H : 09 F : 06	G : 400 F : 480
11	Ndiaw	H : 05 F : 09	G : 384 F :345
12	Diacksao	H :03 F : 04	G : 123 F : 157
13	Gabriel Deshayes	H : 08 F : 12	G : 346 F : 317
14	Gaya 2	H : 08 F : 06	G : 333 F : 367
15	Thiabakh	H : 05 F : 05	G : 205 F : 222
16	Djidjéri commune	H : 03 F : 01	G : 24 F : 30
17	NdomboAlarba	H : 03 F : 03	G : 102 F :88
18	Khalifa A. Sy	H : 01 F : 04	G : 75 F : 90
19	Thiabakh 1	H : 01 F : 05	G : 151 F : 140
20	Franco-arabe Ndiangué	H :07 F : 00	G : 149 F : 152

Source : Résultats de nos entretiens de contrôle, 2017.
H : Hommes
F : Femmes, Filles
G : Garçons

Avec une vingtaine d'écoles élémentaires dont deux privées, la population scolaire est estimée à onze mille cent quarante-trois (11 143) élèves pour deux cent trente-cinq (235) enseignants dont 131 hommes et 104 femmes) selon nos calculs faits sur la base des données collectées auprès des directeurs d'écoles, en 2017. La répartition des écoles est assez homogène sur l'étendue du territoire communal. On y trouve une école en moyenne dans chaque quartier. La plupart des écoles portent le nom du quartier où elles sont implantées. Les quartiers étant pour l'essentiel très populeux, il n'est pas rare de trouver de gros effectifs (Mille élèves voire plus) notamment dans des écoles comme Khouma centre, Ndiangué, Thiabakh ou Campement.

Dans toutes les écoles, à l'exception des écoles de Richard-Toll1, de Ndiaw, de Ndombo Alarba, de Thiabakh1, le nombre de filles dépasse celui des garçons. Dans ces écoles, notamment Ndiangué et Khouma centre, la politique est à une redéfinition des objectifs de parité en faveur des garçons et à un maintien des filles jusqu'au CM2.

Avec une population scolaire déjà importante et en constante augmentation, il est courant de retrouver, en moyenne, des effectifs de 45 à 50 élèves dans les classes. Dans certaines classes du Cours d'Initiation (CI) et du Cours moyen, 2ème année (CM2), les effectifs peuvent atteindre 60 élèves s'asseyant généralement à 4 sur une même table. Cette situation est quasiment analogue à celle que l'on retrouve dans beaucoup d'écoles élémentaires du Sénégal, surtout celles implantées dans les zones urbaines. Devant l'exigence d'une démocratisation de l'enseignement, elle pose la question de la qualité des enseignements-apprentissages avec comme préalable, la gestion des grands groupes ainsi que l'individualisation des parcours.

En termes de remarques, l'école privée catholique Gabriel Deshayes s'est distinguée de par les bons résultats obtenus par les élèves lors des essais et évaluations standardisées à partir de l'APC (en 2012 et 2013). Pourtant, les enseignants qui y exercent ont été formés en même temps que leurs homologues du public et ne sont pas d'ordinaire plus diplômés que ces derniers. Cependant, l'école dispose d'ordinateurs et de photocopieuses et, par ce biais, elle parvient à doter les élèves et les enseignants de supports didactiques en nombre suffisant. Il faut noter aussi que les élèves n'y souffrent pas des grèves d'enseignants.

Au Groupe scolaire privé, Khalifa A. Sy, le collège compte 15 élèves dont 09 garçons et 06 filles.

Le franco-arabe est une école pilote pour expérimenter l'enseignement franco-arabe et ainsi tenir compte de la demande des populations en éducation religieuse. En effet, beaucoup de parents sont tiraillés entre les impératifs d'un enseignement religieux coranique et une obligation scolaire d'au moins 12 ans. La plupart d'entre eux finissent par négliger un type d'enseignement (l'école coranique surtout) au profit d'un autre. Aussi, pour pallier à cette insuffisance dans l'offre d'éducation formelle, l'Etat du Sénégal a-t-il décidé, à l'instar des classes bilingues (dont on ne parle plus aujourd'hui), d'expérimenter le « franco-arabe ».

L'école de Khouma Thiarène fait partie des écoles pilotes au sein desquelles le Guide de l'enseignant a été mis à l'essai en classe de CI, à partir de 2005. La classe pilote fonctionnera avec le LHP jusqu'en 2010, année à laquelle le maître tenant de la classe a été promu directeur d'une autre école. Comme le maître héritier de la classe pilote de CI n'avait pas été formé à l'utilisation de l'approche par compétences, le LHP sera abandonné en classe de CM1 au profit de l'ancien programme (Décret 79 – 11 65). L'année suivante, la classe a été présentée à l'examen de fin d'année (entrée en 6ème et CFEE).

Selon le directeur, alors titulaire de la classe pilote, les résultats de cette année-là étaient jugés bons malgré la rupture d'une année dans l'application de l'APC et l'effectif pléthorique qui était *« une contrainte sérieuse »*. Selon cet enseignant, la mise à l'essai était accompagnée de stages périodiques de mise à niveau, et le matériel didactique requis était disponible et suffisant. Les élèves issus de cette classe et qui ont continué leurs études au collège auraient un bon niveau et parviennent à passer avec brio en classes supérieures. Ce constat de réussite qui contraste avec un niveau actuel jugé insuffisant sera intéressant à analyser en profondeur.

Outre la familiarité avec le milieu où nous exerçons en tant qu'enseignant depuis 2000 et les bonnes relations faites de respect et de sympathie avec la quasi-totalité des enseignants de la localité, la commune de Richard-Toll, avec ses vingt (20) écoles élémentaires accessibles à peu de frais, a été un univers de travail géographiquement facile à cerner. Toutefois, sachant que la commune est institutionnellement sous la tutelle de l'IEF de Dagana, nous ne pouvions pas ne pas inclure dans notre champ d'investigation des sujets en dehors de Richard-Toll, mais évoluant dans des conditions à peu près similaires soit en tant qu'acteurs professionnels soit en tant que partenaires d'une seule et même école sénégalaise.

Ainsi, les écoles élémentaires choisies comme univers de travail pour la constitution d'un corpus empirique, seront un exemple d'échantillon institutionnel donnant l'avantage de présenter le terrain comme étant susceptible d'être appréhendé dans son ensemble. Avec ce choix d'échantillonnage qualitatif, nous n'étions pas obligé de faire toutes nos observations dans la seule commune de Richard-Toll. C'est ainsi que nous avons étendu notre échantillon à des écoles et interlocuteurs dans les communes rurales de Mbane et de Gaya, dans les communes de Dagana et de Saint-Louis, à Pikine et dans la commune de Kaolack. A l'image de GOFFMAN E. *(«* Asiles. Études sur la condition sociale des malades mentaux *»*, Volume 25, N° 1, p. 173, 1970) qui, concentrant ses observations à l'hôpital Ste-Elisabeth de Washington, avait aussi mené des observations dans d'autres hôpitaux dans le but non pas de les distinguer entre eux, mais de donner un portrait global approfondi d'un même type d'institution « totale », nous avons, en partie, fait le choix d'une démarche similaire dans la phase empirique de notre travail de recherche.

CHAPITRE IV

Cadre méthodologique

Ce travail s'inspire des méthodes largement employées dans les études sur les organisations. On retrouve sensiblement les mêmes préoccupations méthodologiques dans l'étude du phénomène bureaucratique de Michel CROZIER :

« Accepter de se résoudre à une démarche clinique peut paraître un recul par rapport à certaines ambitions antérieures des sciences humaines. Mais ce recul nous semble indispensable pour tous les problèmes qui touchent à la sociologie des institutions et à la sociologie de l'action... Les relations statistiques générales, que l'on peut apercevoir au niveau des opinions, sont fragmentaires et indifférenciées ; elles peuvent témoigner des changements accomplis, mais ne peuvent rendre compte ni des processus de changements, ni des lois de l'action, ni même de la direction générale de l'évolution ». [25]

Pour que les résultats soient valables à tous les niveaux de l'analyse, nous nous proposons de multiplier les sources d'informations et d'effectuer des enquêtes sur des terrains choisis en fonction des objectifs de la recherche.

Sachant qu'une approche pédagogique relève autant de la psychologie, de la sociologie que de la pédagogie individuelle, nous avons ici opté pour une recherche interdisciplinaire même si nous reconnaissons qu'une telle recherche ne possède pas encore ses propres outils, et fait appel aux différentes méthodes employées dans les sciences dont elle est issue. Cette perspective méthodologique nous semble plus appropriée dans le cadre d'une recherche qui n'analyse la dimension pédagogique des résultats obtenus que pour déterminer ensuite leurs répercussions aux niveaux individuel et social.

Nous avons aussi opté pour la diversification des méthodes de recueil et de traitement de l'information parce que persuadé qu'il faut bannir l'opposition traditionnelle entre ce qu'il est convenu d'appeler le

---

[25] CROZIER M. « Le phénomène bureaucratique. Essai sur les tendances bureaucratiques des systèmes d'organisation modernes et sur leurs relations en France avec le système social et culturel », Paris, Editions du Seuil, 1963, p. 18.

« qualitatif » et le « quantitatif » ; ni l'un ni l'autre ne garantit une totale objectivité. Autant la parole est limitative, autant le chiffre ne donne pas plus de sens.

Pour mieux cerner les contours de notre objet, nous structurons notre cadre méthodologique en trois étapes. Il s'agit de la phase de construction, de l'échantillonnage et de la présentation des instruments de collecte et de traitement des données, suivie d'un rappel des difficultés rencontrées durant la recherche.

IV.1. LA PHASE DE CONSTRUCTION

IV.1.1. Clarification conceptuelle

S'inspirant d'une tradition durkheimienne, il nous a paru pertinent, pour mieux nous faire comprendre et ainsi éviter toute confusion, de circonscrire les concepts sur lesquels s'articule notre sujet. Il s'agit des concepts de « curriculum » et in extenso d'« APC », d'« éducation de base » d'« enseignement » et d'« apprentissage ». Il y sera aussi fait une brève critique des concepts. Mais d'entrée de jeu, nous avons tenu de clarifier la notion d'« incidence » que nous nous proposons de mesurer ici.

IV.1.1.1. L'incidence

Dans le cadre de notre travail, nous avons retenu le sens de *répercussion* que le dictionnaire Larousse attribue au mot *incidence*. Ce choix tient au fait que l'évaluation de l'incidence de la réforme en cours nous paraît plus ponctuelle et donc plus accessible qu'une étude d'impact qui nécessiterait de prendre en charge les effets de l'impact pré et post-réforme.

IV.1.1.2. Le curriculum : un concept polysémique

Du point de vue de BRASLAVSKY (2001), les réflexions et les recherches relatives au curriculum prennent quatre orientations :
- Une redéfinition du curriculum qui le différencie des programmes d'étude · (champ de recherche conceptuelle).
- L'introduction de changement dans les aspects structurels qui régulent le cursus (champ de recherche politique ou administratif).
- L'introduction de changements dans les contenus et les méthodes (champ de recherche pédagogique).
- Une diversification des méthodes d'élaboration des curricula d'enseignement (champ de recherche méthodologique).

Ainsi, en cherchant à mesurer l'incidence de l'application généralisée du curriculum de l'éducation de base sur les performances des enseignants et des élèves, cette recherche analyse l'introduction des changements dans les contenus et méthodes, dans les pratiques de classe et la relation pédagogique et dans la signification des savoirs.

La réforme d'un système éducatif peut donc concerner différentes composantes de ce système : la structure scolaire, les cheminements, la formation initiale des enseignants, etc. Aussi, l'intérêt porté à l'incidence de l'application du curriculum dans les performances scolaires nous a-t-il incité à bien clarifier (ce qui est un rappel de ce qui en a été dit au chapitre II) ce concept polysémique.

Nous rappellerons brièvement les origines de ce concept que nous définirons ensuite avant de procéder à la délimitation de ses finalités et objectifs au plan prescriptif. Nous montrerons aussi la différence entre un curriculum prescrit et un curriculum réel avant de dégager les dimensions que nous retiendrons pour les besoins de notre recherche.

1. Origines du terme « curriculum »

Étymologiquement, « curriculum » est un terme latin. Il a d'abord été utilisé au 19^{e}siècle dans la langue anglaise qui lui a donné l'importance qu'il a aujourd'hui. À l'époque, il désignait les études et les formations axées sur des cours formels dispensés par des universités et par certaines écoles (The Oxford English Dictionary).

Les travaux de William T. HARRIS en 1870 seront d'un grand apport dans le développement de programmes curriculaire. Grâce à sa contribution à la recherche en éducation, HARRIS apparaît comme un véritable « réformateur ». Les fondements des idées de HARRIS ont influencé les travaux de BOBITT (1913) et CHARTER (1923) qui comparent le monde de l'école à celui de l'usine (SAFAR, 1992 : 25).

Par la suite, l'évolution des curricula a été influencée par les travaux de DEWEY (1916), de BOBITT (1918) et de TYLER (1950). Néanmoins, « BOBITT est celui qui est considéré par la plupart des auteurs comme étant le père du curriculum » (SAFAR, 1992 : 32).

Depuis, d'autres auteurs se sont intéressés au concept de « curriculum : SIEGEL (1974), D'HAINAUT (1979), BRASLAVSKY (2001), LEGENDRE (2005), DEPOVER et NOËL (2005), JONNAERT et ETTAYEBI (2007), LEGENDRE (2008a) et JONNAERT, ETTAYEBI et DEFISE (2009) pour ne citer que ceux-là. Ils ont proposé des définitions qui mettent l'accent tantôt sur les contenus et les finalités de l'éducation, tantôt sur les moyens mobilisés pour organiser le système d'éducation, tantôt sur l'organisation de ces moyens. Beaucoup comparent le curriculum aux programmes d'études en précisant toutefois que ces derniers sont inclus dans le curriculum.

2. Définitions du concept « curriculum »

Un curriculum est par nature complexe en tant qu'il doit permettre « [...] La clarification des finalités et l'opérationnalisation de l'ensemble d'un plan d'éducation et sa faisabilité à travers un plan d'action administratif » (JONNAERT, ETTAYEBI et DEFISE, 2009 : 37). La notion de curriculum est aussi polysémique selon ce qu'en disent les auteurs qui précèdent. Elle a suscité l'intérêt de nombreux autres auteurs qui ont proposé plusieurs définitions faisant apparaître les multiples caractéristiques du terme. Les différentes définitions qui sont proposées englobent plusieurs aspects. Elles incluent, pour la plupart, les programmes d'études, les moyens, l'infrastructure, etc. Ce qui fait qu'au sens large, selon Renald LEGENDRE (2002 : 320), le curriculum renvoie à « l'ensemble des moyens mis en œuvre par un système éducatif pour assurer la formation ; un curriculum ne se limite pas aux programmes d'études et aux pratiques pédagogiques des enseignants. Le curriculum c'est l'infrastructure économique, humaine, matérielle, pédagogique et administrative qui permet à une communauté, une région ou un pays de devenir une société sans cesse plus éducative conformément à des options politiques et des orientations axiologiques particulières concernant le développement des personnes et de leur milieu de vie ».

Dans une autre définition plus ou moins globale, Marie-Françoise LEGENDRE (2008 : 25) considère que bien que le curriculum ne se confonde pas avec les programmes d'études, il se concrétise dans des dispositifs et des pratiques qui peuvent être analysés. Selon elle, « le curriculum inclut plusieurs autres aspects tels l'organisation scolaire, les moyens d'enseignement, les ressources didactiques, les modes d'évaluation et de sanction, les politiques éducatives les rôles et fonctions des divers acteurs, etc. Il est différent d'un programme d'études, mais c'est à travers les programmes d'études qu'un curriculum devient opérant dans les classes ».

Suivant ces définitions, un curriculum serait un ensemble organisé d'éléments reliés entre eux, de manière à permettre l'opérationnalisation d'un plan d'action pédagogique au sein d'un système éducatif. Dès lors, il doit tenir compte des réalités historiques, sociales, politiques, économiques, religieuses, géographiques et culturelles d'un pays, d'une région ou d'une localité. Un curriculum est ainsi un vaste dispositif dans lequel des acteurs comme « [..] les enseignants, les parents, les directeurs d'école, les inspecteurs et les décideurs interviennent. Leurs rôles respectifs et leurs relations peuvent varier très fort selon les contextes » (ROEGIERS, 2000 : 155).

Dans sa version normative, selon JONNAERT, ETTAYEBI et DEFISE (2009 : 44), le curriculum d'un système éducatif devrait présenter les caractéristiques suivantes :

Il doit être unique, consensuel (degré de participation des acteurs au développement et à la mise en œuvre du curriculum).

Il doit être univoque dans les orientations qu'il définit et flexible (degré d'adaptabilité du curriculum).

Il doit être cohérent (degré de cohérence interne et externe du curriculum).

L'ensemble de ces définitions indique que le curriculum s'inscrit dans un champ sémantique très vaste. Nous retiendrons globalement qu'« [.] un curriculum est à un système éducatif ce que les lois constitutionnelles sont à un pays ou à une région : un curriculum pourrait ressembler à la "Constitution" d'un système éducatif donné » (JONNAERT et ETTAYEBI, 2007 : 17).

De nos lectures, nous nous intéresserons à la dimension systémique (politique, organisationnel, pédagogique, etc.) du curriculum qui se concrétise ainsi dans divers dispositifs (programmes d'études, modes d'évaluations, etc.) et mobilise différents acteurs qui interagissent, parmi lesquels les enseignants qui œuvrent dans sa mise en pratique au quotidien. Clarifier le concept de « curriculum » permet donc d'en comprendre ses différentes facettes ainsi que la dimension prescriptive qu'on lui connaît.

3. Rôle et finalités d'un curriculum

Le caractère à la fois complexe et systémique du curriculum incline, pour en mesurer l'incidence sur les enseignements-apprentissages, à s'intéresser aux acteurs et aux différentes instances que son application mobilise en aval de son implantation.

Selon LEGENDRE (2002 : 323), le curriculum a de multiples finalités et joue plusieurs rôles :

> « Il favorise les expériences d'apprentissages des élèves [], guide l'enseignant dans la planification et l'évaluation des apprentissages [...], contribue à l'implantation et à l'actualisation des programmes d'études, permet le choix et l'organisation des contenus et des expériences d'apprentissage permettant l'atteinte des objectifs à l'aune des options et des valeurs éducationnelles d'un milieu ».

Une des finalités plus globales du curriculum est de favoriser l'adaptation d'un système éducatif aux évolutions des besoins d'une société donnée en matière d'éducation. Il doit donc être flexible afin d'orienter un système éducatif vers des réponses adaptées aux questions suscitées par les besoins actuels d'une société.

> « [...] un curriculum a pour fonction de spécifier les assises, les finalités et les grandes orientations d'un système éducatif. Il permet de définir le type de contenus pour les apprentissages (savoirs, compétences, attitudes, valeurs, savoir-faire, etc. » (JONNAERT, ETTAYEBI et DEFISE, 2009 : 19)

Un curriculum a également pour fonction de déterminer des modalités de structuration des programmes d'études : pédagogie par objectifs, pratiques professionnelles de référence, logique de développement de compétences, approche par résolution de problèmes, approche par projets, etc. Il propose une conception de l'apprentissage et, dans le même temps, indique des mesures relatives à l'actualisation des rôles du personnel scolaire et des orientations à donner au contenu du matériel didactique.

> « Un curriculum donne aussi une conception de l'évaluation et des mesures concernant la sanction des études. Il organise le parcours scolaire en périodes, en années et en cycles. » (JONNAERT et ETTAYEBI, 2007 : 26-27).

Ainsi défini, le curriculum est au fondement de toute action pédagogique. Ces derniers auteurs distinguent trois niveaux de mise en œuvre du curriculum à savoir la politique éducative, la gestion de l'éducation et la réalisation quotidienne de l'action éducative. Ils mentionnent que la politique éducative joue un rôle capital et doit faire l'objet de discussions et d'ententes entre toutes les personnes concernées par l'Education nationale. Puis, la gestion de l'éducation réfère aux compétences générales, elle relève du domaine du personnel administratif. Enfin, la réalisation quotidienne de l'action éducative est du domaine des enseignants et elle a comme support de communication les programmes d'études.

Au regard de ses caractéristiques, il apparaît évident qu'un curriculum ne peut pas être commun à plusieurs pays. Au contraire, il est spécifique. Il n'existe pas un curriculum standard, mais des « curriculums ».

Nous retenons, des définitions précitées, que les auteurs traitent davantage des éléments caractéristiques du curriculum en général et plus spécifiquement du curriculum officiel. Cependant, ce curriculum prescrit ne peut être opérant qu'à travers l'application qu'en font les enseignants dans les classes. L'opportunité et la pertinence du curriculum officiel sont de ce fait fortement tributaires du curriculum réel. C'est pourquoi cette recherche s'intéresse à l'application de la réforme et aux effets ainsi induits, notamment dans les performances des enseignants et des élèves. Les questions relatives à l'appropriation de la réforme curriculaire, aux pratiques pédagogiques des enseignants, aux modes d'évaluation et de sanction des études, et aux ressources didactiques utilisées seront largement abordées dans le cadre de ce travail. Un regard sur les formes concrètes dans lesquelles le curriculum prescrit s'exprime sur le terrain devrait nous permettre d'identifier et d'analyser les éléments justificatifs de la nécessité d'un passage entre un curriculum prescrit et un curriculum réel.

4. Du curriculum prescrit au curriculum réel

Marie-Françoise LEGENDRE (2008 : 46) définit le curriculum prescrit comme étant constitutif d'un projet de formation que se donne une société. Il sert essentiellement à définir les grandes orientations devant imprimer une direction aux changements à opérer. Il est unitaire et défini par un ensemble d'écrits, il offre ainsi un cadre général à l'intérieur duquel s'effectuent les changements attendus. En d'autres termes, le curriculum prescrit est constitué des textes officiellement prescrits et porteurs des indications à suivre dans les salles de classe.

Cependant, certaines options pédagogiques sur le terrain, tel que le choix du modèle d'enseignement-apprentissage, relèvent du domaine de l'enseignant qui prend des initiatives de changement ou non dans sa classe. Ainsi, le curriculum sera pratiqué dans les classes selon la connaissance et la compréhension qu'en ont les enseignants et selon leur degré d'adhésion au changement proposé.

> « […] le curriculum prescrit n'a d'effets qu'à travers la représentation que s'en font les professeurs et la traduction qu'ils en donnent en classe au moment d'enseigner, mais aussi à travers leurs exigences au moment d'évaluer » (PERRENOUD, 2000).

La compréhension du curriculum par les enseignants peut déboucher sur des changements très importants à l'égard de ce qui est enseigné ou appris dans les classes. Les modalités de passage du curriculum officiel au curriculum réel sont, par ailleurs, directement liées aux ressources disponibles et aux contraintes qui caractérisent le milieu dans lequel le curriculum sera appliqué.

> « Il n'est pas rare de constater dans certains pays des divergences dans son application bien que le curriculum officiel soit national » (DEPOVER et NOËL, 2005 : 23).

Ainsi, les mêmes prescriptions peuvent avoir des mises en pratique différentes selon la compréhension des enseignants qui l'appliquent. On peut donc définir le curriculum réel comme « [.] La partie explicite ou implicite d'un curriculum qui est effectivement appliqué dans la réalité d'un système d'éducation, d'une école, d'une classe, d'une entité de formation » (LEGENDRE, 2002 : 329).

> « Il est constitué des pratiques de classe, des pratiques d'évaluation et des pratiques de formation des enseignants » (ROEGIERS, 2008).

Les orientations du curriculum officiel se concrétisent dans le curriculum réel. Il peut revêtir des formes variées à travers son actualisation.

> « Le curriculum réel est multiple et divers puisqu'il est étroitement lié à son contexte d'application et aux acteurs qui l'appliquent » (LEGENDRE 2008a : 46). Le curriculum réel dépend au final de la médiation des enseignants (LEGENDRE, 2002).

Les recherches montrent donc qu'il existe généralement un écart entre ce qui est officiellement recommandé et ce qui se concrétise réellement dans les classes, surtout en ce qui concerne les ressources mobilisées par le maître pour transmettre les apprentissages et se faire comprendre des élèves. Le curriculum officiel ne peut ainsi avoir un sens qu'à travers le curriculum réel. De ce point de vue, les mêmes recommandations curriculaires peuvent donner des résultats différents parce que comprises différemment et appliquées dans des contextes distincts. Partant de l'analyse conceptuelle, le tableau 18 résume les particularités d'un curriculum, ses composantes, son rôle dans un système scolaire et les acteurs qui interviennent,

Tableau 17 : **Les spécificités d'un curriculum**

Acteurs	Composantes	Caractéristiques	Rôles
Les décideurs	L'ensemble des moyens mis en œuvre dans un système éducatif	Cohérent	Spécifie les assises, les finalités et les grandes orientations du système éducatif
Les inspecteurs	L'infrastructure économique, humaine, matérielle, pédagogique et administrative	Dynamique	Permet à une communauté, une région ou un pays de devenir une société sans cesse plus éducative
Les directeurs d'écoles	Les programmes d'études, les politiques éducatives	Flexible	Permet le choix et l'organisation des contenus et des expériences d'apprentissage
Les enseignants	Les pratiques pédagogiques des enseignants	Unique dans un système d'éducation donné	Contribue à l'implantation et à l'actualisation des programmes d'études
Les parents	Les modes d'évaluation et de sanction des élèves	Consensuel	Favorise l'adaptation d'un système éducatif aux évolutions des besoins d'une société en matière d'éducation
Les élèves	Les ressources didactiques	Adaptable	Guide l'enseignant dans la planification et l'évaluation des apprentissages
La société	L'organisation scolaire	Univoque dans l'orientation qu'il définit	Favorise les expériences d'apprentissage des élèves

Comme déjà énoncé, l'analyse de l'incidence de l'application du curriculum prescrit permettra de se prononcer plus objectivement sur le débat controversé autour de l'opportunité de la réforme curriculaire au Sénégal, car s'intéresser aux effets de l'application du curriculum c'est aussi se préoccuper de la traduction du curriculum prescrit en curriculum réel et, partant, de la médiation des enseignants. Ce qui implique aussi d'examiner la place de ces derniers dans les modèles da planification du changement en éducation.

IV.1.1.3. L'éducation de base

Pour l'UNESCO, l'éducation de base est destinée à satisfaire les besoins éducatifs fondamentaux, c'est-à-dire l'ensemble des connaissances et compétences minimales permettant de vivre convenablement dans une société (savoir lire, compter, parler, se former des valeurs morales, acquérir des aptitudes sociales…).

Au Sénégal, le concept d'éducation de base est apparu dans la terminologie éducative à partir des années 1970 et a revêtu au moins trois sens différents.

Dans un premier temps, le concept qui ciblait des compétences pouvant faciliter l'insertion dans la vie a été réduit à une forme d'éducation touchant principalement une tranche d'âge bien définie (entre 13 et 17 ans) et généralement des sortants de l'enseignement élémentaire.

Le deuxième sens, moins réducteur a été introduit de manière implicite par les EGEF en 1981 sous le vocable *Cycle fondamental*. Sur le plan fonctionnel, la notion de *minimum éducatif* à garantir comme un droit humain (obligation scolaire de 10 ans) d'une part, et un impératif de développement reposant sur une quantité de savoirs articulés aux besoins socioéconomiques de référence d'autre part, constituent les deux pôles de cette acception.

Le troisième sens, que nous considérons plus approprié à notre investigation, a été promu par la conférence mondiale de Jomtien (1990). C'est une vision élargie du concept qui englobe les secteurs formel et non formel, et que le colloque de Saint-Louis (1995) précise dans un contexte de profonds changements politiques et économiques :

« L'éducation de base est la première phase d'une éducation permanente. En ce sens, son organisation doit être pensée en termes d'équipements fonctionnels, d'attitudes et de valeurs qui permettent à l'individu de s'adapter non seulement à la société mais encore à des situations socioéconomiques en changement constant et exigeant des réajustements continuels. A ce titre, elle consiste à apprendre à vivre, apprendre à apprendre pour être capable d'assimiler de nouvelles connaissances tout au long de la vie ». (Actes du colloque de Saint-Louis en 1995)

IV.1.1.4. La compétence traduite en approche éducative

La notion de compétence étant la pierre angulaire de la réforme curriculaire initiée au Sénégal, il nous paraît important de faire un survol de la manière dont elle est définie, de ce dont elle se réclame sur le plan pédagogique, mais également des limites, voire des excès, qui lui sont reprochés par des penseurs et spécialistes de l'éducation.

Le concept de « compétence » s'est d'abord développé dans le monde de l'entreprise où se pose la question de la complexité des tâches et où règne l'esprit de compétition. Le concept est aussi très présent dans le contexte de la formation des adultes qui doit être adaptée aux sujets et à leurs acquis antérieurs. Le concept est aujourd'hui utilisé dans le milieu scolaire, notamment avec l'avènement des réformes curriculaires. Selon JONNAERT et MASCIOTRA (2007 : 65), une compétence se définit comme le résultat du processus par lequel une personne mobilise et articule entre elles un ensemble de ressources pertinentes et traite de résoudre avec efficacité une situation problème dans laquelle elle se trouve.

1. Le concept de « compétence »

La compétence se définit aussi comme un savoir-agir, c'est-à-dire, la capacité à mobiliser ses savoirs, son savoir-faire, son savoir-être ou d'autres ressources afin de résoudre un problème.

> « La compétence ne désigne pas un savoir, mais un savoir-agir qui permettrait l'assimilation de ce qu'on apprend et son utilisation efficace dans la vie quotidienne » (DEL-REY, 2010 : 91).

Ainsi, la compétence n'est jamais donnée à voir seule. Pour être compétente, il faudrait qu'une personne soit capable de mobiliser un certain nombre de ressources dans une situation donnée pour résoudre un problème ponctuel et c'est ce résultat obtenu qui serait appelé compétence. Cependant il peut être noté que les divers auteurs utilisent différentes terminologies pour définir la compétence. Et, même si leurs propos renvoient à la même réalité, il est d'emblée intéressant de soulever la polémique qui, en ce sens, entoure la notion de compétence.

Par ailleurs, bon nombre d'auteurs s'accordent à reconnaître le caractère inobservable de la compétence, laquelle semble être de l'ordre de l'invisible, car ses manifestations sont constatées seulement à travers les pratiques comme le comportement physique et les processus mentaux. La compétence n'existe pas dans l'abstrait, elle est structurée de façon dynamique et combinatoire. Elle intègre plusieurs éléments tels que des savoirs, des savoir-faire et des savoir-être.

Le caractère imprévisible et insaisissable de la compétence la rend difficile à cerner. C'est pourquoi des auteurs comme BERNARD et al. (2007) s'opposent à son introduction dans le milieu scolaire. Ces auteurs se posent les questions :
- Qui choisit la compétence ?
- Où est-elle choisie ? Quand ? Et avec quelle méthode ?

Surtout, ils se demandent quelles compétences choisir pour quel type de personne ? S'agissant de l'Afrique par exemple, - l'idée de s'intéresser à des compétences nécessaires à un jeune quittant l'école vers 12 ans pour affronter une économie productive informelle compliquée est certainement une bonne idée, mais elle ne serait en aucun point abordée dans les ouvrages traitant de l'APC (BERNARD et al, 2007). En ce sens, et ce, en vue de mieux cerner les effets de l'application du CEB, il nous semble important de rappeler cette difficulté à saisir le concept de compétence ainsi que son opérationnalisation sur le terrain.

2. L'approche par compétences (APC)

La réforme curriculaire en cours au Sénégal étant fondée sur l'APC, il importe d'en donner une définition afin de voir comment les enseignants se l'approprient, tant sur le plan du discours (leur compréhension du curriculum prescrit) que de la pratique (la mise en œuvre du curriculum prescrit).

Le courant de l'APC est issu du monde de l'industrie. Il a d'abord intégré le système scolaire américain à la fin des années soixante. Assez rapidement cependant, cette approche s'est imposée dans le monde de l'éducation, d'abord aux États-Unis et en Australie, ensuite en Europe. C'est ainsi qu'on est passé de la pédagogie par les objectifs (PPO) à l'APC (BOUTIN et JULIEN, 2000). De ce point de vue, l'APC est aussi en quelque sorte un héritage de la PPO qui trouve ses fondements dans la pensée comportementaliste préconisée par TAYLOR (BERNARD et al, 2007). De cette filiation comportementaliste, de son lien avec la PPO, l'APC a gardé un goût marqué pour les enchaînements entre de nombreux concepts descriptifs proches les uns des autres (capacité, objectif spécifique, ressource, seuil de maîtrise, objectif intermédiaire, objectif d'intégration, compétence).

Conformément à l'approche par les compétences, le tableau19 ci-dessous, donné à titre indicatif, propose un exemple de la manière dont l'enseignant peut définir une compétence de base (CB) dans les activités de mathématiques au CI/CP. Indépendamment de l'activité étudiée (ici les activités en mathématiques) et du domaine ou sous domaine abordé (Langue et Communication, Mathématiques, Vivre ensemble, etc.) la compétence se présente comme l'intégration d'un ensemble de ressources en vue de résoudre une situation problème. Les ressources qu'il s'agit d'intégrer sont relatives à des capacités que la PPO faisait acquérir de manière séparée.

Tableau 18 : Compétences de base en mathématiques à la première étape.

ACTIVITES GEOMETRIQUES	Intégrer les notions de structuration de l'espace, les formes de figures planes et de solides familiers ainsi que les techniques d'utilisation d'instruments de traçage dans des situations de résolution de problèmes de reproduction d'objets géométriques.
ACTIVITES NUMERIQUES	Intégrer les notions ensemblistes élémentaires et des opérations portant sur les nombres entiers de 0 à 100 dans des situations de résolution de problèmes de calcul numériques.
ACTIVITES DE MESURES	Intégrer les notions de longueurs, de capacités, de masses, de durées et de monnaie ainsi que les techniques d'utilisation d'instruments non conventionnels, conventionnels et usuels dans des situations de résolution de problèmes concrets de mesures.
ACTIVITES DE RESOLUTION DE PROBLEMES	Intégrer des données et des consignes/questions d'un énoncé mathématique ainsi que les démarches de raisonnement dans des situations de recherche de solutions appropriées.

Source : Guide pédagogique du maître à la 1ère étape

Dans le prolongement du tableau 19, le tableau 20 suivant propose une déclinaison d'une compétence de base (Ici compétence de base en activités géométriques au CI/CP) en paliers de compétences. C'est ce qui se fait à l'occasion de la planification des apprentissages par les enseignants. Une compétence de base (CB) peut se décliner en plusieurs paliers de compétences qui sont des étapes intermédiaires à l'acquisition de la compétence. Le palier de compétence comprend des objectifs d'apprentissage (O.A.) avec un contenu à enseigner pour chaque objectif (tableau 20).

Tableau 19 : Paliers pour le CI (découlant de la CB/Activités géométriques).

PALIER 1	Intégrer des notions de structuration de l'espace dans des situations de résolution de problèmes concrets de repérage de positions
OBJECTIFS	Utiliser les notions de repérage de positions en situation Se situer dans un espace réel ou représenté Situer des objets dans un espace réel ou représenté
CONTENUS	droite/gauche - près de/loin de - sur/sous, en haut/en bas - avant/au même niveau/après - devant/derrière

Source : Guide pédagogique du maître à la 1ère étape

Dans la planification du palier de compétence proposé dans le tableau 20, les objectifs d'apprentissage (O.A.), trop généraux pour être mesurables, sont déclinés en objectifs spécifiques avec pour chacun un contenu spécifique. Chaque objectif spécifique correspond à une séance d'apprentissage bien limitée dans le temps (tableau 21).

Tableau 20 : Planification du palier 1.

OBJECTIFS SPECIFIQUES	Utiliser les notions liées au repérage de position en situation	Se situer dans un espace réel ou représenté	Situer des objets dans un espace réel ou représenté	Activités d'intégration Remédiation (régulation)
CONTENUS	Droite/gauche Près de/loin de Sur/sous Haut/bas Avant/après Devant/derrière	Droite/gauche Près de/loin de Sur/sous En haut/en bas Avant/au même niveau/après Devant/derrière	Droite/gauche Près de/loin de Sur/sous En haut/en bas Avant/au même niveau/après Devant/derrière	
DUREE	Six (6) leçons de deux (2) séances chacune	Une (1) leçon de deux (2) séances chacune	Une (1) leçon de deux (2) séances	Deux (2) séances

Source : Guide pédagogique du maître à la 1ère étape

Situation d'intégration possible :

Contexte :

Ton maître veut se rendre à un lieu qu'il ne connaît pas et que tu connais. Il te demande de lui expliquer le chemin.

Consigne :

Indique-lui le chemin pour s'y rendre.

Nous notons que des démarches pédagogiques illustrées sont proposées dans le Guide de l'enseignant qui incite à l'autonomie des enseignants.

Dans le guide du formateur, des réponses concrètes sont apportées, par anticipation à des questions cruciales relatives à l'approche par les compétences :

Comment formuler des compétences ?

Comment construire et exploiter des situations d'apprentissage à l'intégration (SAI) ou des situations significatives d'intégration (SSI) ?

Comment planifier et gérer les apprentissages ?

Comment évaluer la compétence ?

En général, l'APC, comme décrite par les auteurs qui s'y sont intéressés, est une démarche qui donnerait davantage de sens aux apprentissages. Elle offre à l'apprenant l'occasion de mobiliser ses acquis antérieurs dans le but de répondre à des situations problèmes ou de vie courante et, ainsi, de donner une signification concrète à ses apprentissages. L'APC serait, selon ses défenseurs, une approche pédagogique qui permettrait de mieux cerner les finalités de l'éducation et d'élaborer un projet de formation en conformité avec celles-ci. Elle renvoie à une certaine conception de l'éducation et de son rôle ainsi qu'à une manière d'en concevoir et d'en expliciter les visées (LEGENDRE, 2008b).

L'APC préconise le changement global de l'ensemble constitué par les programmes et les méthodes. Elle recommande que les enseignants mettent à la disposition des apprenants des occasions de mobiliser leurs connaissances, savoirs et savoir-faire au cours de situations où ils pourront exprimer et développer leurs compétences. L'approche par compétences est manifestement une tentative de moderniser le curriculum, de prendre en compte, outre les savoirs, la capacité de les transférer et les mobiliser.

> « Sans négliger les savoirs et les savoir-faire, cette approche suppose que l'importance est de permettre à l'élève de disposer d'un bagage cognitif et socio-affectif transversal pour faire face aux exigences des différentes disciplines » (PERRENOUD, (2008 : 7).

La méthode pédagogique prônée dans l'APC revendique pour ainsi dire une différence majeure par rapport aux approches antérieures. Au Sénégal, par exemple, l'approche par les contenus mettait l'accent sur l'acquisition de connaissances fondée sur la mémorisation et la récitation. Les contenus à restituer étaient dictés aux élèves qui ne comprendraient pas grand-chose à ce qu'ils récitaient. L'essentiel pour le maître était de faire acquérir à l'élève la capacité à restituer les connaissances enregistrées en classe.

En définitive, le changement préconisé par l'APC consiste en un recentrage de l'école sur l'apprentissage et, par conséquent, sur la mobilisation de connaissances et de savoir-faire dans des situations complexes. Il prétend surtout préparer l'individu à s'insérer facilement dans le monde du travail.

> « [.] L'alignement de l'école sur les compétences marque son arrimage aux impératifs de l'utilitarisme économique ». (SIMARD, 2001 : 19)

3. Les moyens et finalités de l'approche par compétences

L'APC se réclame d'une stratégie novatrice. Selon BERNARD et al (2007), elle propose d'écrire des « curriculums » à partir de compétences. Elle aurait pour finalité de créer un nouveau type d'individu capable de prendre en charge les multiples problèmes qui constituent un frein au développement des nations. Les autorités sénégalaises ont considéré qu'il était nécessaire de donner un nouveau contenu à l'enseignement en ce qui concerne l'édification d'une école où l'on apprend à se débrouiller dans n'importe quelle situation pour résoudre des problèmes dans une perspective de développement intégré et durable.

Ainsi, la nouvelle approche vise à rendre les apprenants compétents et aptes à transférer les compétences acquises à l'école dans la vie de tous les jours. Elle vise à amener les différents acteurs de l'éducation à participer à la gestion et à l'amélioration de l'efficacité de l'école. Elle a aussi pour objectif de tirer profit du potentiel et du dynamisme des différentes communautés mobilisées autour de l'école et des centres d'éducation non formelle (MÉNS, 2003 : 90).

L'APC concerne et modifie les différentes composantes que sont les programmes d'études, les stratégies et situations d'enseignement-apprentissage, l'évaluation des acquis, les manuels et le matériel didactiques, la formation initiale et continue des maîtres. Dans cette recherche, nous verrons comment l'APC est-elle prise en compte par les enseignants et comment cela se traduit-il en termes de changement à des niveaux différents du processus d'enseignement-apprentissage.

4. Les critiques à l'endroit de l'approche par compétences

Face au développement rapide et inattendu de l'approche par compétences dès son introduction dans le secteur de l'éducation, des objections ont été soulevées. Au Québec où elle a été initiée avant d'être transposée en Afrique de l'Ouest, cette approche est fortement décriée. De plus en plus d'auteurs s'opposent au développement fulgurant de la notion de compétence et de l'approche pour l'acquérir en éducation. Les critiques laissent entendre que les questions des inégalités et de l'échec scolaires, longtemps soulevées, ne sont pas posées par l'APC. Cette dernière semblerait se borne plutôt à substituer de nouveaux programmes aux anciens, sans que soient considérées les questions d'efficacité et d'équité du système éducatif (PERRENOUD, 2000).

En opposition à l'APC, la littérature scientifique fait découvrir des titres révélateurs comme : « L'obsession des compétences et son impact sur l'éducation » (BOUTIN et JULIEN, 2000) ; « On a cessé d'enseigner le français aux adolescents » (GAGNE, 2001) ; « Main basse sur l'éducation » (GAGNE, 2002) ; « Échec scolaire et réforme éducative. Quand les solutions proposées deviennent la source du problème » (BISSONNETTE, RICHARD et GAUTHIER, 2005) ; « À l'école des compétences, de l'éducation à la fabrique de l'élève performant » (DEL REY, 2010).

Ces écrits révèlent une volonté de résister à la tendance actuelle de faire de l'école un cadre destiné uniquement à faire acquérir des compétences. Les critiques fustigent le seul souci de modélisation d'acquisitions qu'impose l'APC, laquelle n'accorderait qu'un intérêt très limité au processus d'apprentissage lui-même (BOUTIN et JULIEN, 2000).

D'autres auteurs estiment également que limiter la formation des élèves et des étudiants à l'acquisition de savoirs utiles à l'accomplissement de tâches, c'est faire preuve d'un réductionnisme dangereux. Dans ce cas, le risque est de faire des élèves les agents serviles d'un système économique (LEGENDRE, 2005). En un mot, ces auteurs semblent dénoncer une nouvelle volonté de mercantiliser l'éducation en l'orientant vers l'économie et la satisfaction du marché du travail. À leurs yeux, le développement des attitudes à l'école ne doit pas être relégué au second plan, car les attitudes procèdent de valeurs qui font de l'homme un être de culture. Le savoir et le savoir-faire ne serviraient à rien s'ils n'étaient pas fondés sur le savoir-être et le savoir-être ensemble.

Selon BERNARD et al. (2007), les constructions nombreuses de l'APC ne proposent pas de liens des objectifs vers le monde, mais une analyse normative des relations entre l'élève et l'objet. Avec l'APC, l'élève n'est ni en Afrique, ni au 21ème siècle, ni ailleurs : il est un ensemble abstrait de fonctionnements que l'on peut décrire par des opérations élémentaires.

IV.1.1.5. La performance

La performance fait référence aux acquis des élèves (ce qu'ils savent, ce qu'ils savent faire et ce qu'ils ont compris) à la fin d'une séquence ou d'un cycle d'apprentissage. Elle est souvent rapportée à une idée de temps (périodicité) et de normes de promotion (admission, passage, redoublements, abandons). La théorie des performances a été mise en évidence par les behavioristes qui cherchaient à faire correspondre une réaction (réponse) à un stimulus. Mais, étant donné que les behavioristes ne tiennent pas suffisamment compte de la diversité des sujets et de la complexité de l'acte éducatif, cette théorie a été reprise et intégrée dans des logiques pédagogiques de savoirs non limités et de comportements diversifiés des apprenants. Cette théorie behavioriste a aussi été intégrée dans des logiques pédagogiques d'interaction de deux processus interdépendants, mais également dans des logiques d'intégration de l'apprentissage tel qu'il sied dans une activité éducative participative ou encore des logiques pédagogiques de l'enseignant qui peut être directif ou non. On observe ainsi qu'il y a plusieurs organisations possibles de la connaissance dans des approches verticales (disciplinaires) ou horizontales (interdisciplinaires).

Dans la logique d'une évaluation formative, les normes de la performance visent non pas à découvrir une élite dans la classe, mais à savoir dans quelles séquences de l'apprentissage et dans quels types d'activités les élèves éprouvent des difficultés.

Il convient de signaler l'existence de trois types d'évaluation de la performance qui correspondent à des catégories d'exigence. Il s'agit de la performance *standard* qui est un indicateur conventionnel visant un choix minimum de maîtrise, rapporté à une évaluation formative de groupe. Les performances *initiales ou terminales* sont rapportées à des seuils de réussite par activité. L'évaluation *spécifique, elle,* vise à savoir si le sujet peut être préparé à l'exécution d'une tâche bien définie.

Dans cette étude, pour évaluer la réussite ou l'échec, nous nous intéressons spécifiquement à des performances rapportées à des seuils de réussite par activité chez les élèves et à des performances relatives à la maîtrise de l'APC par les enseignants. Il s'agit d'analyser des résultats obtenus par les élèves aux différentes épreuves auxquelles ils ont été soumis par des enseignants formés à la pratique de la pédagogie de l'intégration.

La performance des enseignements sera mesurée à travers le degré d'appropriation du curriculum sur la base de résultats d'inspections et des visites de classes.

IV.1.1.6. L'enseignement-apprentissage

Avant de procéder à la clarification des concepts d'enseignement et d'apprentissage, nous mentionnons le fait que certains didacticiens s'accordent pour regrouper les modèles de l'apprentissage selon trois courants :

1. Courants des modèles d'enseignement-apprentissage

1.1. Le modèle transmissif de l'apprentissage

Elle est très ancienne. Elle prétend que « pour apprendre, l'élève doit être attentif, écouter, suivre, imiter, répéter et appliquer ». Le savoir dispensé en milieu scolaire est présenté comme un objet extérieur à la cognition. En outre, les méthodes pédagogiques sont, dans une large mesure, conçues pour faciliter l'appropriation d'un savoir réifié, objectif, communicable ou transmissible, généralement selon deux voies privilégiées : le langagier et le visuel.

Quelques auteurs utilisent l'image de la boîte vide qu'il s'agirait de remplir, pour définir ce modèle (« tabula rasa »). L'apprentissage étant considéré comme un processus qui consiste à acquérir continuellement de nouvelles connaissances, le rôle du maître est donc déterminant, car c'est lui qui, par son discours, ses exposés et ses démonstrations, transmet le savoir.

1.2. Le modèle béhavioriste

SKINNER en fut l'un des fondateurs. Ce modèle part du principe que l'acquisition des connaissances s'effectue par paliers successifs. Le passage d'un niveau de connaissance à un autre s'opère par le renforcement positif des réponses et comportements attendus. D'après ce modèle, en élaborant des paliers aussi petits que possibles, on accroît la fréquence des renforcements tout en réduisant au minimum l'éventuel caractère aversif des erreurs. Dans cette optique, les erreurs sont des manques et doivent être évitées ou corrigées, alors que les réponses correctes doivent être valorisées.

Le rôle de l'enseignant est, là encore, très important, puisqu'il a pour tâche de concevoir des exercices progressifs, de guider les élèves dans leur réalisation et de leur communiquer les rétroactions nécessaires à la prochaine étape. Cette théorie part du postulat que les renforcements positifs communiqués aux élèves jouent un rôle prépondérant, favorable aux apprentissages.

Pour SKINNER, en organisant de manière appropriée les contingences de renforcement, des comportements bien définis peuvent être installés et placés sous le contrôle de stimuli.

L'évolution des théories béhavioristes a conduit au développement de la pédagogie de maîtrise qui demeure pratiquée dans de nombreux contextes éducatifs. Son postulat de base est que « dans les conditions appropriées d'enseignement, presque tous les élèves (95%) peuvent maîtriser la matière enseignée, et ceci jusqu'à la fin de la scolarité obligatoire voire au-delà. » Structuré d'une manière cyclique - enseignement, test formatif, remédiation, test final - cette pédagogie, tout en plaidant pour un apprentissage séquentiel, structuré en fonction d'objectifs très fragmentés, se détache quelque peu des positions strictement skinneriennes pour s'orienter vers les théories cognitivistes et constructivistes.

Tant le behaviorisme que la pédagogie de maîtrise ont fait l'objet de critiques similaires. Sur le plan conceptuel, il leur fut reproché notamment de ne s'appuyer sur aucune théorie de la connaissance. D'autres critiques ont par ailleurs été formulées. Elles mettent l'accent sur la passivité de l'élève, la maîtrise superficielle des apprentissages, l'illusion sur la progression linéaire d'une séquence d'apprentissage allant du plus simple au plus complexe. (HUBERMAN, 1988)

Sur le plan pédagogique et empirique, certains auteurs reprochèrent à ces pédagogies de ne fonctionner que dans des conditions particulières de recherche, peu représentatives du cadre scolaire habituel.

En se distanciant du béhaviorisme et des autres modèles de l'apprentissage et en se centrant sur la construction de la connaissance, plusieurs mouvements ont posé les premiers jalons du constructivisme qui postule que l'acquisition des connaissances est étroitement liée à l'activité du sujet dans son milieu.

Si jusqu'à présent trois concepts fondamentaux et classiques étaient évoqués dans la discussion sur les facteurs de développement : l'environnement social, l'expérience, la maturation, les travaux de Piaget aboutirent au développement et à la prise en compte d'un quatrième concept : « l'équilibration ». Ainsi, pour le constructivisme piagétien, l'enjeu fondamental est de « savoir comment apparaît ou se crée ce qui n'existait pas auparavant au niveau du développement de l'enfant », en postulant que « des réorganisations actives permettent de passer d'un palier moins complexe à un palier plus complexe ».

Selon le point de vue constructiviste, qui s'appuie sur les données de la psychologie cognitive, on suppose que l'apprentissage résulte de constructions mentales de l'apprenant ; ce qui implique qu'il est toujours activement engagé dans l'élaboration de ses savoirs. Sa cognition, prenant parti de ses expériences tant physiques que sociales par le biais d'interactions, est considérée comme une fonction adaptative servant à l'organisation du monde. Ce faisant, cette perspective modifie le statut du savoir et confère ipso facto au sujet apprenant un nouveau statut épistémologique, demandant de sa part, réflexivité et prise en charge effective de ses compétences cognitives, puisque « l'enfant contribue activement à la construction de sa personne et de son univers ». Par conséquent, les savoirs ne peuvent plus être envisagés d'un point de vue extérieur ou détaché de celui qui les établit.

Rompant avec l'approche traditionnelle de l'enseignement, cette perspective a pour effet de modifier la conception de l'apprentissage et nécessite donc de redéfinir les rapports régissant les éléments du triangle didactique, « Maître - Elève – Savoir ».

Ainsi, l'enseignant, ne peut plus agir comme le dispensateur agréé d'un savoir objectif ou réifié. Il doit accorder la priorité à la mise en place de séquences didactiques qui favoriseront l'établissement d'un nouveau rapport au savoir chez les apprenants, et au cours desquelles les connaissances construites sont questionnées par les élèves. On passe dès lors, d'une pédagogie de la réponse à une pédagogie de la question, selon laquelle « toute leçon doit être une réponse à des questions que les élèves se posent réellement ».

1.3. Le modèle socioconstructiviste

Les apports de PIAGET dans le domaine de la psychologie cognitive, l'œuvre de VYGOTSKY et les études menées sur les interactions sociales ont fortement contribué à l'élaboration du courant socioconstructiviste. En conférant une dimension sociale essentielle aux processus cognitifs régissant l'apprentissage, VYGOTSKY a anticipé sur les récentes recherches étudiant les interactions sociales. Pour lui, « la vraie direction du développement ne va pas de l'individuel au social, mais du social à l'individuel ». La part confiée aux interactions est donc évidente. Cette thèse a son prolongement lorsqu'il développe le concept de « zone proximale de développement » qui a permis de définir une nouvelle articulation entre le développement et l'apprentissage. Cet auteur prétend que c'est l'apprentissage qui contribue au développement et que, par conséquent, il le précède.

La redécouverte de l'œuvre de VYGOTSKY a conduit de nombreux auteurs à se soutenir que l'acquisition des connaissances passe par un processus qui va du social (connaissances interpersonnelles) à l'individuel (connaissances intra personnelles) et qu'une nouvelle connaissance peut être soit subjective (propre à un individu), soit objective (commune à un groupe). Certains modèles envisagent ces deux formes de connaissance dans un cycle où chacune contribue au renouveau de l'autre. Ce cycle va d'une connaissance « subjective » (création personnelle du sujet) vers une connaissance « objective » (acceptée socialement). Cette connaissance objective est, par la suite, intériorisée et reconstruite par les sujets durant leur apprentissage pour laisser place à une nouvelle connaissance subjective. Dans cette optique, les interactions sociales sont primordiales, et peuvent être notamment à l'origine d'une remise en question des représentations initiales.

1.3.1. Les interactions sociales

Les travaux récents, centrés sur le rôle constructeur des interactions sociales portent soit sur les « interactions dissymétriques de guidage », soit sur les « interactions symétriques de résolution conjointe ».

Le premier pôle concerne plus spécifiquement tout ce qui touche aux différents modes d'étayage ou de tutorat. GILLY (1995) définit ces interactions de guidage comme « les interactions dans lesquelles un sujet naïf est aidé par un sujet expert (adulte ou enfant plus avancé que le naïf) dans l'acquisition d'un savoir ou d'un savoir-faire ».

Cette orientation est à l'origine des pratiques pédagogiques mettant en avant toute forme de régulation effectuée par un individu plus qualifié et donc apte à apporter une forme de soutien à l'apprenant.

Le deuxième pôle s'intéresse aux interactions caractérisées par une symétrie des statuts et des rôles entre pairs. Les courants expérimentaux qui se sont intéressés à ce type d'interactions ont le mérite d'avoir clairement démontré qu'un bénéfice cognitif peut apparaître sans que l'un des deux partenaires soit plus compétent que l'autre. Cependant, comme le signalent JOHSUA et DUPIN (1993), « le progrès n'a pas toujours lieu » : « c'est lorsque les sujets ne maîtrisent pas encore les coordinations cognitives en jeu dans l'effectuation de la tâche qu'on peut constater cette avance. Par contre la supériorité du groupe n'est plus retrouvée lorsque les coordinations impliquées sont acquises par chacun » (PERRET-CLERMONT, 1981). En revanche, « des progrès sont possibles même si aucun des sujets ne maîtrise totalement les opérations nécessaires pour la tâche ».

Même si l'étayage et le tutorat sont présents dans la nouvelle méthodologie, nous constatons que les activités proposées font surtout appel aux interactions entre pairs de même statut. C'est pourquoi, nous allons nous attarder quelque peu sur les relations entre processus interpersonnels et processus intra-personnels dans la co-résolution entre pairs.

1.3.2. Définition et origines du conflit sociocognitif

Certaines recherches se sont penchées sur les bénéfices cognitifs résultant directement d'interactions entre pairs. Elles ont permis de remarquer que ces interactions génèrent un processus appelé « conflit sociocognitif » qui conduit l'apprenant à réorganiser ses conceptions antérieures et à intégrer de nouveaux éléments apportés par la situation. Le conflit sociocognitif résulte de la confrontation de représentations sur un sujet provenant de différents individus en interaction. Diverses études ont mis en avant que cette réorganisation des représentations pouvait provenir de deux types de déséquilibre : l'interindividuel, lorsqu'il y a opposition entre deux sujets ; l'intra-individuel, quand un sujet remet en question ses propres représentations.

DOISE, MUGNY et PERRET-CLERMONT (in JOHSUA et DUPIN, 1993) affirment qu'une opposition entre deux sujets, lors de situation d'interaction sociale, permet d'engendrer un conflit sociocognitif dont la résolution - qui implique pour le sujet une décentration et une reconsidération de son propre point de vue grâce à des phénomènes d'argumentation et de communication entre apprenants - permettra de générer un progrès cognitif.

GILLY, FRAISE et ROUX (1993) prétendent que des bénéfices individuels subséquents peuvent également surgir d'une collaboration ne présentant pas forcément d'opposition entre les sujets. Ils distinguent pour cela quatre types de collaboration. Dans la « collaboration acquiesçante, un seul des deux membres de la dyade semble apparemment actif. Il élabore une solution ou amorce de solution, le second se contentant de le suivre en fournissant des feedbacks d'accord (gestuels et/ou verbaux) » (GILLY, 1995 : 149).

La « coconstruction » correspond à une dynamique conjointe où les deux sujets travaillent de concert en n'étant jamais en totale opposition.

Dans la « confrontation avec désaccords non argumentés sans coordinations subséquentes », un des sujets fait une proposition réfutée par son partenaire qui le contredit sans utiliser d'argumentation ou de contre-proposition adéquate.

Enfin, ce n'est que dans le quatrième type de collaboration, « le conflit sociocognitif » qu'apparaît une confrontation de points de vue où l'un des sujets tente de convaincre son partenaire en utilisant une argumentation. Pour ces auteurs, les bénéfices cognitifs issus de ces interactions trouveraient leur origine dans les phénomènes de « déstabilisation » et de « contrôle » que ces dynamiques engendrent auprès du sujet.

Etudiant des situations de jeux en équipes, certains théoriciens ont pu distinguer quatre situations didactiques sources de conflit sociocognitif (JOHSUA et DUPIN, 1993 : 313) :

1. Le conflit est dû au fait que l'équipe est confrontée à l'échec d'une stratégie sur le terrain. Il y a dès lors une possible désorganisation de l'équipe, un problème au niveau de la coopération. Confrontée au caractère inopérant de sa stratégie, l'équipe est amenée à reconsidérer la situation et à élaborer d'autres démarches afin de pallier à ses déficiences.

2. Le conflit est dû à la confrontation de réponses divergentes qui expriment des centrations de points de vue opposés. Au cours de l'action, les élèves ont un avis divergeant quant au choix d'une stratégie. Un ou plusieurs

élèves vont alors se décentrer de leur propre point de vue et prendre en compte l'avis d'un tiers.

3. Le conflit est dû à une remise en question dans une situation de marquage social. Il s'agit d'une remise en question par l'apprenant de ses propres représentations sociales, suite à l'adoption d'une stratégie en contradiction avec ce qu'il possédait. Des variables de contraintes, comme par exemple une récompense, peuvent mobiliser les connaissances sociales préétablies des élèves et favoriser le déclenchement du conflit.

4. Le conflit est dû à la communication dans le jeu de codage/décodage d'une équipe à l'autre. Ici, le conflit est provoqué par le décodage d'une verbalisation d'une stratégie effectuée par un tiers.

Le concept de conflit sociocognitif demeure pertinent dans de nombreuses situations, puisqu'il réfère à un phénomène où l'élève dépasse un conflit (par rapport à une notion apprise antérieurement) ou un obstacle (causé par l'absence de notion connue à utiliser) généré par une situation sociale. Il sert donc toujours de référence lorsqu'on parle d'interactions entre pairs.

Cependant, la variété des situations d'apprentissage relevée précédemment, dans lesquelles la spécificité des contenus, des situations et des activités langagières occupent une place déterminante, a amené divers auteurs à considérer que les autres dimensions du social- l'implication des sujets dans la tâche, les aspects psychoaffectifs, la qualité des capacités de communication - jouent un rôle dans l'efficience des interactions. A ce titre, elles deviennent parties constituantes et indissociables de l'apprentissage, car « les données sociales sont ici connues comme constitutives au sens plein des apprentissages, et non seulement pour la socialisation des individus, la prise en compte des aspects affectifs » (JOHSUA et DUPIN, 1993, p. 106).

IV.1.1.7. L'enseignement

Il est frappant de constater que les recherches sur l'activité d'enseignement font souvent l'économie d'une définition précise de cette notion.

Si l'activité d'enseignement a donné lieu à un très grand nombre de travaux, dans des disciplines très variées des sciences de l'éducation, il existe peu de synthèses tirant parti de ces travaux pour proposer une définition large de l'enseignement, qui puisse s'appliquer à la fois aux domaines scolaire et non scolaire. Toutefois, la plupart des résultats de recherches dans ces différentes disciplines sont assez en accord sur la finalité de l'enseignement : il s'agit d'une transmission culturelle d'humains experts à d'autres qui ne le sont pas.

Sans trop nous étendre sur l'importante littérature dans ce domaine, nous retiendrons, de manière synthétique, que l'enseignement est un processus qui s'effectue par la mise en œuvre d'une tâche en lien avec l'apprentissage et la mise au jour d'une intentionnalité.

Cette définition est bien dans l'esprit de la théorie socioconstructiviste qui sous-tend le curriculum et qui ne donne son sens à l'enseignement que quand il est corrélé à l'apprentissage. L'enseignement, dans cette acception, qu'il soit donné ou pas par un pédagogue, réduit le rôle exclusif de détenteur d'informations qu'incarnait ce dernier dans les programmes traditionnels et fait davantage viser son résultat qu'est l'apprentissage.

IV.1.1.8. L'apprentissage

S'il est évident que l'on peut déterminer de manière précise le ou les différents moments d'enseignement, les moments d'apprentissage restent, à ce jour, difficiles à appréhender devant la multiplicité et la complexité des profils psychologiques des apprenants.

Dans le cadre du curriculum, le concept d'« apprentissage » prend le dessus sur celui d'« enseignement » caractéristique des pédagogies traditionnelles, car la compétence se construit et le CEB stipule bien qu'il n'y a pas de compétences s'il n'y a pas de mobilisation de ressources dans des situations nouvelles. Aussi, dans le processus d'enseignement-apprentissage, l'activité de l'apprenant en tant qu'artisan de son savoir fait qu'un accent particulier est mis sur l'importance du concept d'« apprenant » préféré à celui d'« élève » employé dans les pédagogies de transmission de savoirs. A ce sujet, il faut rappeler que l'école sénégalaise a toujours fonctionné sur une certaine vision morale du monde. Elle reposait sur l'idée qu'il existait des valeurs communes, des normes collectives incarnées par les programmes qui dépassaient les individus et que chacun devait s'efforcer d'adopter et de manifester dans sa vie comme à l'école. Voilà pourquoi l'enfant était appelé « élève », c'est-à-dire celui qui était invité à se hisser jusqu'à la réalisation d'idéaux supérieurs.

De manière plus concrète, pour confronter notre hypothèse à la réalité empirique, nous proposons le cadre opératoire indiquant, ci-dessous, les variables et indicateurs de mesure.

IV.1.2. Cadre opératoire

Dimensions	Concepts (variables)	Indicateurs
Apprentissage	Evolution du taux d'achèvement Performances scolaires	Taux de redoublement et taux d'abandon Taux de maîtrise en français et en maths aux évaluations Taux de réussite aux examens du CFEE et à l'entrée en 6ème Résultats d'essais communaux
Enseignement	Degré d'appropriation du CEB Application duCEB	Résultats des inspections ordinaires Résultats des visites de classes Témoignages/Entretiens

IV.1.3. Modèle d'analyse

Pour une production rigoureuse d'un discours scientifique sur le social, nous nous sommes intéressés aux travaux de Jean-Michel BERTHELOT. Cet auteur constitue une référence de taille en ce domaine. Dans son ouvrage intitulé « L'intelligence du social », BERTHELOT soutient que les schèmes d'intelligibilité sont au cœur de la démarche scientifique. Il les définit comme des propositions explicatives qui se réduisent à la mise en relation de deux phénomènes ou « entités » désignés par A et B respectant les deux principes généraux que sont l'inférence logique (la relation doit être théoriquement pertinente) et l'adéquation empirique (la relation doit être empiriquement vérifiable).

Pour BERTHELOT, cette relation fondamentale constitue la forme logique des six schèmes d'intelligibilité de la réalité que sont le schème causal, le schème fonctionnel, le schème structural (sémiologique), le schème herméneutique (symbolique), le schème actanciel (agrégatif), le schème dialectique.

S'agissant de ce travail, nous précisons que la mise en œuvre de nouveaux programmes scolaires à l'échelle d'un système éducatif se révèle très complexe. Il s'agit d'une entreprise de longue haleine car systémique par essence. Outre l'élaboration de programmes adaptés aux besoins des sociétés, une telle entreprise implique une planification minutieuse de l'élaboration et de la distribution des manuels scolaires, des guides du maître et du formateur et ce, pour tous les cycles d'enseignement, tout au moins, au primaire. Notre analyse de l'incidence de l'application du CEB sur les enseignements-apprentissages sera menée dans le cadre d'un système où différents acteurs interagissent. Ce qui exige, pour comprendre et interpréter l'évolution des enseignements-apprentissages, de s'inspirer du schème actanciel qui, selon Jean-Michel BERTHELOT, constitue un modèle explicatif auquel peuvent se ramener toutes les théories de l'acteur. Ce schème implique la reconnaissance de l'intentionnalité de l'action et son irréductibilité à une détermination causale. Sa forme logique est la suivante :

A p B = (B $\in$ S, S {$\sum a \sum e$} B rétroagit sur S), avec :

$\sum a$: ensemble des acteurs

$\sum e$: ensemble des effets de leurs actions

B : la résultante des comportements des acteurs impliqués

S : une situation, un champ, un système d'actions

Cette forme logique signifie qu'un ensemble d'acteurs adoptent des comportements individuels ou collectifs dont l'agrégation produit un phénomène émergeant B qui, à son tour, rétroagit sur le système S. Max WEBER a été désigné comme l'initiateur de ce programme, dans le cadre de la sociologie compréhensive qui subordonne l'explication à la saisie de l'intentionnalité de l'acteur.

A la suite de WEBER, BERTHELOT relève une pluralité de courants sociologiques qui peuvent être rattachés à ce programme. Il s'agit de l'approche phénoménologique, de l'interactionnisme symbolique, de la sociologie des organisations, de la sociologie de l'action et de l'individualisme méthodologique.

Rapporté à cette étude, le schème actanciel donne ceci :

$\sum a$: ensemble des acteurs impliqués dans la relation pédagogique d'enseignement-apprentissage (enseignants, apprenants).

$\sum$ ensemble des effets des comportements des acteurs impliqués. Ces effets sont, entre autres, de meilleures performances pour les apprenants, le relèvement du taux d'achèvement, le relèvement des rendements interne et externe, une meilleure appropriation du curriculum par les enseignants.

B : dans l'application de la réforme du curriculum à l'élémentaire, la résultante (B) se traduit par l'adoption de la pédagogie de l'intégration.

S : contexte de changements socioculturel et économique qui affecte l'école sénégalaise et qui a nécessité de revoir le projet éducatif national, en particulier ce que les enfants apprennent et la manière dont ils l'apprennent.

Pour traduire la forme logique du schème, nous pouvons dire que, face au contexte de changements socioculturel et économique qui affecte l'école sénégalaise, les acteurs ont pris conscience des limites des programmes jusque-là mis en œuvre dans l'enseignement élémentaire et ont décidé de proposer le curriculum comme solution aux problèmes. Avec ce schème, il est possible d'établir que les actions menées dans le cadre de la relation pédagogique d'enseignement-apprentissage sont déterminantes dans l'évolution du TA, dans les performances des apprenants et dans le degré d'appropriation du CEB par les enseignants.

IV.2. ÉCHANTILLONNAGE

La création d'un échantillon est indispensable à la réalisation d'une enquête objective. C'est à partir de l'échantillon - sous ensemble de la population cible - que les répondants sont identifiés.

Notre échantillon sera composé de professionnels (enseignants et inspecteurs), d'apprenants et de partenaires (parents d'élèves, syndicalistes, agents et représentants de structures de gestion et de concertation). Au total, ce sont donc trois cent soixante-seize (376) sujets qui ont effectivement été enquêtés au moyen d'un questionnaire standardisé et d'un guide d'entretien élaborés à cet effet. Les modalités suivantes ont été retenues pour sélectionner les sujets :

S'agissant de l'administration du questionnaire standardisé (par entretien ou auto-administré), à l'échelle de la commune de Richard-Toll, sur un effectif de 184 enseignants de l'élémentaire (y compris les directeurs d'écoles), nous avons choisi les cinq dixième (5/10), soit 92 sujets dont 46 hommes et 46 femmes titulaires de classes.

A la même échelle, compte tenu du nombre très important d'élèves, nous avons choisi d'en interroger une centaine (50 filles et 50 garçons) de la troisième étape (CM 1 et 2), dans la tranche d'âge de 11 à 13 ans, donc supposés capables de s'exprimer et même de remplir un questionnaire.

Concernant les parents d'élèves, sur les 200 ciblés, 100 ont été interrogés, dont 50 hommes et 50 femmes de catégories socioprofessionnelles et d'âges différents (commerçants, employés de la CSS, artisans, enseignants, techniciens, de la tranche d'âge de 25 ans à plus).

Deux (02) d'entre les cinq (05) inspecteurs départementaux se sont prêtés à nos questions : celui en charge du curriculum et l'Inspecteur de l'Education et de la Formation.

Dans la perspective d'un curriculum élargi à l'enseignement moyen, six (06) professeurs de collège, dont deux (02) en français, deux (02) en mathématiques et deux (02) en SVT ont répondu à nos questions ;

S'agissant de l'administration du guide d'entretien (par des entretiens individuels), les interlocuteurs suivants ont été ciblés :
- Quarante-six (46) enseignants, dont vingt-trois (23) hommes et vingt-trois (23) femmes, parmi les quatre-vingt-douze n'ayant pas été soumis au questionnaire standardisé ;
- Dix-neuf (19) directeurs d'écoles élémentaires ;
- Trois (03) représentants de syndicats d'enseignants ;
- Trois (03) principaux de collèges ;
- Le président du CODEC de Richard-Toll, le président des présidents de CGE, le secrétaire général du CLEF ;
- Cinq (05) professeurs du CFTP de Richard-Toll ainsi que le directeur du dit centre, le directeur de l'école française de la cité des cadres de la CSS, l'assistant social du centre Barcelona pour l'éducation et le

sport de Richard-Toll et le président des présidents d'APE de l'élémentaire.

Des données statistiques d'origine administrative ont aussi été recueillies comme en attestent les tableaux n°14, 15, 16 et 17 respectivement relatifs à l'évolution (2005-2013) des taux de redoublement et de réussite (au CFEE/Entrée en 6ème et lors des essais nationaux et communaux) et à la maîtrise du français et des mathématiques aux évaluations standardisées à Richard-Toll (Cf. Chapitre V, Analyse et Interprétation des résultats).

IV.3. PRESENTATION DES INSTRUMENTS ET TECHNIQUES DE COLLECTE ET DE TRAITEMENT DES INFORMATIONS

Dans le cadre de ce travail, la conquête de l'objet - étape incontournable dans tout processus d'investigation scientifique - a été rendue possible par l'utilisation d'instruments de collecte et de traitement d'informations. Il s'agit des entretiens exploratoires, de la recherche documentaire, de l'observation participante désengagée, du pré-test, du questionnaire standardisé et du guide d'entretien.

Après avoir informé les autorités en charge de l'Education (IEF, CODEC de Richard-Toll, CLEF, CGE et APE), les entretiens exploratoires ont constitué un premier contact avec les acteurs sur le terrain. Ils nous ont permis de tester la pertinence de la question de recherche et l'originalité de notre sujet. Cette étape sera suivie d'une analyse des documents disponibles dans les écoles visitées, à l'IEF de Dagana et sur le site du ministère de l'Education nationale du Sénégal. Pour l'essentiel, ce sont des cahiers d'apprenants (cahiers de devoirs journaliers et cahiers de composition), des manuels didactiques, des fiches de visites de classes, des registres statistiques, des documents de gestion administrative, des fascicules élaborés à l'occasion de séminaires de formation ou de renforcement de capacités, des structures comme la bibliothèque de l'UGB et le centre de documentation de l'UFR de Lettres et Sciences Humaines (LSH) ont été visitées dans le but de diversifier les données documentaires relatives à la problématique abordée. La lecture d'ouvrages généraux traitant de planification et d'évaluation de contenus d'enseignement nous fera découvrir l'intérêt qu'il pouvait y avoir à établir un lien entre l'étude d'approches pédagogiques et l'analyse de performances scolaires, dans la perspective d'un éclairage nouveau sur les controverses nées du débat au sujet de l'efficacité du curriculum. La variété de la documentation a été déterminante dans la définition de la problématique ainsi que dans la précision de la question et de l'hypothèse de recherche.

Un pré-test a permis de vérifier l'applicabilité des outils de collecte et de fixer ainsi leurs modes d'administration. Rappelons que l'administration du pré-test n'a soulevé aucune réticence de la part des enquêtés. Dans l'ensemble, il y a eu une bonne entente avec les enquêtés sur les visés de notre travail de recherche. En tant qu'enseignant intervenant dans un environnement familier, le choix d'une observation participante désengagée nous a imposé une attitude de décentrement-distanciation indispensable dans la recherche de l'objectivité scientifique.

Le questionnaire a été élaboré en langue française puis testé au préalable sur un dixième (1/10) de la population cible. Son administration a été faite tantôt en français tantôt en wolof selon les enquêtes. Des questions fermées, invitant à répondre par oui ou non ou à choisir parmi des réponses proposées, ont surtout été privilégiées. Le questionnaire par entretien a été le principal mode d'administration utilisé, mais la taille importante de la population a commandé d'utiliser le mode auto-administré auprès de certaines cibles comme les enseignants. Les variables suivantes ont constitué la trame du questionnaire :
- L'application effective de la réforme dans les classes ;
- Le niveau de maîtrise de L'APC par les enseignants ;
- L'opinion des partenaires sur les conséquences de la réforme.

A chaque fois que nous avons eu besoin de plus de précisions sur un aspect de notre sujet, nous avons recouru à des entretiens semi-directifs.

IV.4. DIFFICULTES RENCONTREES

Ce travail nous a fait visiter de nombreuses écoles élémentaires, des collèges et des structures d'enseignement spécialisé.

Nous avec eu de très nombreux contacts notamment avec des instituteurs, des professeurs, des inspecteurs, des parents d'élèves et des élèves. Nous avons pris part à des séances d'animation pédagogiques, à des réunions et à des ateliers de travail sur la réforme. Nous avons rencontré des gens de qualité et d'un dévouement remarquable. C'est dire que les conditions subjectives voire affectives d'un travail de recherche-action étaient bien réunies.

En revanche, nous devons à la vérité de dire que ce travail ne s'est pas fait sans écueils au nombre desquels nous notons l'absence, confirmée par l'IEF de Dagana, d'études à mi-parcours au sujet de l'application de la réforme à l'échelle départementale. Ce manquement n'a pas facilité l'accès à des informations spécialisées de première main.

A cela s'ajoute l'inaccessibilité des résultats d'inspections ordinaires censés attester de la maîtrise de l'APC.

Au reste, nous soulignons que l'exigence de mener de front des activités d'enseignant « craie en main » et des activités de recherche a été vécue comme une contrainte réduisant considérablement le temps nécessaire à l'administration des outils d'enquête.

Hormis les enseignants rencontrés au hasard de nos voyages dans certaines localités du pays, la plupart de ceux qui ont constitué notre échantillon exerçaient dans la même aire géographique (commune de Richard-Toll et alentours). Ce qui, à notre avis, peut être perçu comme un biais pouvant rendre difficile l'extrapolation de nos résultats à l'ensemble des enseignants concernés. Cependant, nous avons pu, dans une certaine mesure, corriger ce manquement en rencontrant des enseignants nouvellement affectés dans la zone et ayant déjà une expérience concrète au sujet du CEB.

TROISIÈME PARTIE

ANALYSE ET INTERPRÉTATION DES RÉSULTATS

CHAPITRE V

Présentation – Analyse et interprétation des données

Notre hypothèse principale dans le cadre de cette recherche pose que « L'application de l'approche par les compétences – base méthodologique du CEB -, souffrant à la fois de non-effectivité et d'insuffisance d'appropriation par les enseignants dans leurs pratiques de classes, notamment dans la conduite de leçons de lecture et de résolution de situations problèmes mathématiques, n'a pas amélioré les performances des enseignants et des apprenants à l'élémentaire durant la période 2005-2013 ». Pour tester cette hypothèse, nous nous sommes fixés comme objectif de déterminer et d'analyser les effets de l'incidence du CEB sur les enseignements-apprentissages fondamentaux. De manière spécifique, nous nous proposons d'analyser l'évolution (2005 à 2013) du taux d'achèvement et celle des performances des apprenants dans les activités de lecture, de production d'écrits et de résolution de problèmes lors des évaluations standardisées. Puis, nous avons apprécié le degré d'application et de maîtrise du curriculum par les enseignants ainsi que les opinions des structures partenaires sur la réforme en cours.

Le cadre opératoire suivant a permis de confronter l'hypothèse à la réalité empirique, par le passage des concepts abstraits à des indicateurs observables et mesurables :

V.1. RAPPEL DU CADRE OPERATOIRE

Dimensions	Concepts (variables)	Indicateurs
Apprentissage	Evolution du taux d'achèvement Performances scolaires	Taux de redoublement et taux d'abandon Taux de maîtrise en français et en maths aux évaluations Taux de réussite aux examens du CFEE et à l'entrée en 6ème Résultats d'essais communaux
Enseignement	Degré d'appropriation du CEB Application duCEB	Résultats des inspections ordinaires Résultats des visites de classes Témoignages/Entretiens

V.2. Donnees du questionnaire standardise, couplees aux resultats des entretiens

Nos différents entretiens nous ont permis de recueillir les témoignages des différents acteurs, ciblés par l'échantillonnage. Des enseignants aux autorités en charge de la gouvernance de l'école en passant par les parents, les syndicats et les partenaires.

Les avis sur l'incidence de l'application du CEB et l'analyse qui en a été faite, en renforçant les résultats issus de l'administration de notre questionnaire standardisé, ont été déterminants dans la formulation de nos résultats partiels. Plus de dix ans après la relance de la mise à l'essai en 2005, les enseignants et les inspecteurs sont unanimes à reconnaître la pertinence des fondements conceptuels et scientifiques du curriculum. Dans ce dernier programme, la promotion de l'approche par les compétences et la démarche socioconstructiviste sous-jacente sont d'autant plus innovantes qu'elles devraient permettre de révolutionner les pratiques d'enseignement et d'apprentissage dans le sens d'une efficacité plus accrue.

Cependant, plusieurs facteurs doivent être pris en considération dans l'évaluation des résultats de cette réforme. Son implantation a été critiquée par la plupart des enseignants qui dénoncent l'implication d'un tout petit nombre d'entre eux et l'insuffisance de la sensibilisation au niveau des circonscriptions régionales, départementales et communales. A ce propos, il semble que nous avions été bien loin de la grande campagne de médiatisation concernant la tenue des Assises de l'Education nationale même si, là aussi, nous trouvons à redire sur la composition du comité national de pilotage et sur la suite des recommandations qui en sont issues.

Au sujet de la généralisation du curriculum, l'insuffisance du temps de formation et le manque d'outils nécessaires pour appliquer effectivement une telle réforme sont décriés. Inspecteurs et enseignants ont mentionné l'importance de la planification à travers un rappel incessant des orientations fondamentales qui ont précédé la mise en œuvre de la réforme. Ces acteurs majeurs de l'Education nationale nous donnent leur propre vision des succès et des échecs de changements importants attendus d'une réforme à cheval sur la réussite de tous les élèves. L'opinion que les enseignants ont du curriculum est étroitement liée aux objectifs qu'ils se proposent d'atteindre en exerçant le métier qu'ils ont choisi d'entre plusieurs du fait de sa « noblesse ». Cette image du métier qui se fonde sur la notion de vocation est largement commentée par les enquêtés, comme en témoignent leurs réponses à la question de savoir si le curriculum leur semble adapté comme programme d'enseignement au Sénégal.

Tableau 21 : Données relatives à la question de la pertinence du CEB

		OUI	NON	NSP	Total
Instituteurs		74	08	00	82
Professeurs		14	04	00	18
Total		88	12	00	100

Source : Résultats du questionnaire standardisé

Sur 100 réponses, 88 enseignants de l'élémentaire et du collège considèrent le curriculum comme programme adapté à l'école au Sénégal. Selon ces enseignants, le curriculum cherche à corriger les insuffisances des programmes qui le précèdent et est, de ce point de vue, un plus par rapport à ce qu'on a connu de bien avant.

Ces enseignants reconnaissent que, quoiqu'il soit un programme théoriquement bien fait, le curriculum reste difficile à appliquer dans la mesure où il exige une maîtrise de l'approche par les compétences et la disponibilité de manuels en quantité suffisante et adaptés aux réalités nationales.

Les enseignants, au nombre de 12, qui sont d'un avis contraire, s'opposent à toute idée d'importer un programme. Pour eux, le curriculum venu d'ailleurs n'est pas adapté à certaines réalités de l'école et de la société sénégalaise. Ils en veulent pour preuves les difficultés que la plupart d'entre eux rencontrent, notamment dans l'application de la méthode de lecture dite globale et dans la concrétisation des notions d'autonomie des élèves et de centralité de leur place dans la relation pédagogique. Comme pour se résigner devant leur impuissance à se faire entendre des décideurs publics, ils cherchent à faire preuve de réalisme dans leur posture et parlent plutôt de leur rôle dans l'éducation des enfants. Pour eux, c'est surtout dans l'action d'éducation que les enseignants s'imaginent le plus volontiers.

Il nous faut dire qu'au-delà de la question relative à l'adaptation ou non du curriculum en tant que programme scolaire au Sénégal, tous les enquêtés semblent faire la différence entre l'action d'enseigner et celle d'éduquer comme missions relevant de leurs prérogatives.

« Passionnant mais difficile. Le plus beau de tous les métiers. » (M.D., Instituteur)

Tels sont les termes dans lesquels les enquêtés parlent de leur métier, indépendamment du type de programme mis en œuvre.

« Le curriculum va dans la même direction que les autres programmes, puisqu'il s'agit toujours de conduire les enfants vers un but, d'éduquer les enfants, et de former de futurs hommes et femmes au service de leurs communautés et du pays. » (A.S., Instituteur)

De ces commentaires, se dégage une préoccupation sociale : participer à l'élaboration et au devenir de la société. L'ambition des enseignants incite certains d'entre eux à considérer leur métier comme une « vocation », un « apostolat ». Ces termes n'impliquent-ils pas l'idée de sacrifice, de don de soi à un idéal ? Ceci rapproche du modèle éthique rappelé par la législation scolaire et qui veut que l'enseignant soit un modèle vivant de ce qu'il exige de ses élèves. La notion de vocation en filigrane exprime une idéologie qui est une des caractéristiques du corps enseignant. Elle est traditionnellement un facteur d'unité et oriente la morale pédagogique enseignée à l'EFI. A la formation initiale, on part du principe qu'un enseignant a choisi son métier par vocation, c'est-à-dire par amour de la culture, de l'enfance et de la démocratie sociale.

La plupart des instituteurs interrogés disent n'avoir jamais lu les textes relatifs aux instructions officielles et aux lois d'orientations de l'Education nationale. Leur venue dans le métier repose pour beaucoup sur l'image qu'ils ont toujours gardée de leurs anciens maîtres qui étaient des modèles de vertu, de courage et d'abnégation. Etant devenu enseignant, ils soutiennent que le système n'est pas si exigeant en termes de recherche et de documentation.

> « J'ai du mal à lire un livre jusqu'à la fin. Je crois aussi que je ne suis pas le seul enseignant dans ce cas. Pour enseigner, je crois que je n'ai pas tant besoin de lire même si je sais que la lecture c'est bien. » (O.D., Institutrice)

Plus ouvertement, ils disent que la lecture ne fait pas partie de leurs activités tant dans la vie privée que professionnelle. Tout se passe chez ces enseignants comme si la pédagogie pourrait être figée dans un environnement scolaire et social pourtant en constante évolution.

En vérité, plus que d'autres, les enseignants sont des passeurs à qui il incombe de transmettre leurs connaissances à l'ensemble de la société. C'est donc pour eux un perpétuel défi que d'actualiser leurs connaissances et de les adapter au progrès de la science et l'évolution de la société. De nos jours, la nécessaire ouverture sur les nouvelles technologies est bien le signe que rien n'est jamais acquis, que l'on ne saurait enseigner comme il y a 10, 20, 30 ans.

C'est sans doute pour cette raison qu'il est constamment rappelé aux enseignants l'adoption d'une sorte de morale ascétique qui doit faire donner le pas à la vie professionnelle sur la vie privée. Il est dit, par exemple, que l'instituteur doit compenser la modicité de son salaire par la conscience du rôle de mission sociale et culturelle qui lui est dévolu. Dans cet ordre d'idées, nous insistions, dans *« L'école sénégalaise. Faut-il totalement désespérer »*[26] sur le fait que le métier d'enseignant mobilise toute l'énergie de l'individu, accapare tout son temps, oriente ses distractions et ses loisirs, et lui impose dans sa vie privée, une règle morale jamais prise en défaut. L'instituteur doit mettre en pratique la morale qu'il enseigne ; il se présente constamment à son entourage comme un exemple à suivre.

---

[26] Ouvrage publié par les Editions l'Harmattan, 140p.

Dans la réflexion sur le curriculum, nous relevons que les difficultés supposées, en termes de maître de l'approche par les compétences, d'insuffisance de manuels scolaires et de pléthore des effectifs, ont aussi tendance à saper la vocation attachée à l'exercice de la profession. S'y ajoute le sentiment d'une formation tronquée ou donnée à la va-vite et l'idée d'une généralisation précipitée. Toutes choses qui créent des résistances quant à l'application effective du curriculum. En classe de CM2, en effet, les exigences quantitatives de résultats au CFEE et à l'entrée en sixième semblent l'emporter sur la mise en œuvre d'une entrée par les compétences qui devrait faire apprendre plus utilement.

Des professeurs de collège ont déploré le fait que les enseignants du collège n'aient pas été formés à l'APC en même temps que leurs collègues de l'élémentaire. Ce défaut d'harmonisation aurait comme principale conséquence de rendre difficile la transition du CM2 au Collège.

« La communication autour du curriculum aurait dû être plus importante. Au collège, où j'étais encore en activité en 2009-2010, les discussions sur le curriculum étaient quasi inexistantes. Les collègues n'en avaient qu'une connaissance imparfaite et vague. Le curriculum au collège peine à sortir du stade de la prescription. C'est dire que l'implantation de ce nouveau programme n'a pas été réussie. Pour ce qui est de son impact, il est peut-être trop tôt pour en parler, mais d'ores et déjà, nous pouvons dire que le niveau des élèves, surtout en français, dégringole lamentablement. » (M. ND., Professeur de collège à la retraite en 2009)

Nous verrons dans la suite que les réponses à la question de savoir si les performances des enseignants et des apprenants sont améliorées avec le curriculum, sont assez caractéristiques des commentaires sur la maîtrise de l'APC, et au-delà, sur l'opportunité de la réforme curriculaire.

Tableau 22 : Données relatives à la question de l'efficacité du CEB

	OUI	NON	NSP	Total
Instituteurs	23	74	03	100
Parents	09	64	27	100
Total	32	138	30	200

Source : Résultats du questionnaire standardisé

La plupart des parents d'élèves restent convaincus que le niveau de leurs enfants a sensiblement baissé ces dernières années. Ils le perçoivent par leur niveau de français jugé faible à l'oral comme à l'écrit.

« Le niveau de français des élèves n'est pas bon. Ils ne parlent plus français et ne savent pas lire. » (P.D.F., Instituteur)

A l'exception d'une dizaine d'entre eux, la plupart des parents d'élèves interrogés disent ne pas être au courant de l'application de la réforme du curriculum et ne sentent pas l'impact de son application sur les études de leurs enfants. Fréquemment, nous avons entendu dire que les enfants n'apprennent plus ou encore qu'ils ne comprennent pas ce qu'on leur enseigne. Si de tels propos sont révélateurs de l'appréciation très mitigée des performances des élèves par les parents, ils en disent long sur les performances des enseignants car dans notre perspective l'enseignement est étroitement corrélé à l'apprentissage.

Sur les causes de la faiblesse du niveau des élèves, les réponses recueillies montrent que les parents et les enseignants sont loin de s'entendre. En effet, pour les parents, si les élèves sont faibles, c'est aussi parce que leurs maîtres le sont de plus en plus. Soixante quatre (64) sur cent (100) parents interrogés soutiennent que les enseignants n'ont plus la formation d'antan et, comme leurs élèves, ils se laissent aller à des légèretés inadmissibles tant dans l'expression que dans la conduite.

Ces critiques ne sont pas sans rappeler les avis émis par les enseignants eux-mêmes sur leur rôle dans l'éducation de l'enfant.

> « L'enseignant travaille sur de la matière humaine. Il œuvre pour l'avenir des enfants et c'est de lui que dépend l'avenir du pays. L'homme de demain sera celui que nous avons façonné. » (B.N., Directeur d'école)

Cette responsabilité que l'enseignant doit assumer, tant envers l'individu qu'envers la société, reflète bien certaines persistances des conceptions socio centriques et finalistes de l'éducation. Les propositions d'« élève, au centre du système éducatif » ou encore « d'élève, artisan de son propre savoir » ne trouvent un écho favorable auprès des enseignants que si elles sont attachées à l'idée que toute éducation comporte aussi une part de tradition. C'est là une difficulté majeure dans la compréhension que certains enseignants ont d'un curriculum qui néglige selon eux, les héritages à transmettre. L'enseignant se sent investi d'une mission parce que la société lui passe une partie de ses pouvoirs, et le rôle de l'instituteur devrait améliorer celui des parents. Ainsi, l'enseignant se présente non seulement comme un substitut du père mais aussi comme investi de pouvoirs par la société. Il se porte garant de la permanence et de la transmission des valeurs sociales. Il est un facteur de stabilité. Son rôle est de faciliter l'insertion de l'homme dans une société bien définie.

Les enseignants, plus anciens dans le métier, que nous avons interrogés sur l'amélioration des performances des élèves avec l'approche par compétences se sont montrés spontanément hésitants à répondre. Comme les parents, ils notent la baisse du niveau des élèves en français et en mathématiques. Dès lors, aucun n'a envisagé la nécessité de la réforme du curriculum et l'efficacité de l'approche qu'elle propose sous l'angle d'une mise en question de la pertinence de pans entiers de la pédagogie traditionnelle. Ces enseignants, plus couramment appelés doyens, disent vouloir garder et transmettre de leur métier une image rassurante que la pédagogie traditionnelle leur semble plus exprimer qu'un curriculum qui bouleverse un ordre établi depuis bien longtemps. Aussi, plutôt que de prendre à la lettre les notions de créativité, d'autonomie voire de responsabilité attachées à l'acquisition par l'élève d'un savoir dont il doit aussi être l'artisan, ces enseignants veulent-ils préserver et assumer leurs responsabilités.

Le terme « responsabilité » revient en effet 78 fois du propos des enquêtés qui disent se sentir responsable envers la société. Du reste, c'est aussi du fait de cette responsabilité que les parents (55 sur 100) tiennent les enseignants pour principaux responsables des contre-performances des élèves. A partir de ce jugement qui fait entrevoir la nature des rapports entre parents et enseignants, nous avons constaté, chez certains enseignants, la difficulté de concevoir clairement les rapports entre l'école et la famille. Si tous les enseignants sont d'accord pour établir une continuité entre l'éducation à l'école et l'éducation dans la famille, il apparaît, dans les arguments qu'ils invoquent en faveur de leur choix, de multiples réticences et de nombreuses limitations.

Par ailleurs, des réponses à la question de savoir si la réforme du curriculum de l'éducation de base au Sénégal a été implantée de manière à produire les résultats escomptés. (Cf. thème I du guide d'entretiens en annexes), nous notons un haut degré de convergence tant au niveau pédagogique qu'administratif.

« La réforme du curriculum est imparfaite dans son parcours d'implantation et de généralisation, mais pertinente dans ses fondements théoriques. Le curriculum est un bon programme. Il vient remplacer les anciens programmes et le programme des classes pilotes de 1987. Mais, en tant que directeur d'école, je peine à le faire appliquer systématiquement par certains enseignants encore réticents. Je crois qu'il y a un problème. » (B. D., Directeur d'école).

« Le temps consacré à l'implantation du curriculum devait permettre d'impliquer plus sérieusement les enseignants. La plupart des collègues n'ont découvert le curriculum qu'au moment de la courte formation reçue dans les écoles à partir de 2005. Le gouvernement a précipité l'implantation et la généralisation. Les vieilles habitudes des enseignants persistent. La plupart d'entre nous sont encore aux anciens programmes. » (A. S., Institutrice en activité)

« Les enseignants n'ont plus d'excuse en ce qui concerne l'application systématique du curriculum même si l'on sait qu'il manque le décret présidentiel pour que le curriculum devienne officiellement un programme en vigueur. L'option du gouvernement est irréversible avec le curriculum qui est novateur dans son dispositif conceptuel. On peut discuter de son parcours d'implantation et même de sa généralisation en cascade. Mais tout cela est maintenant derrière nous. Je crois qu'il faut commencer à l'appliquer et chemin faisant travailler à l'améliorer. » (I. ND., Inspecteur de l'enseignement élémentaire)

La Commission Nationale de Réforme de l'Education et de la Formation née au lendemain des EGEF, en jetant les bases d'une école nouvelle, a confirmé l'importance pour le Sénégal de s'adapter aux réalités d'un monde en profonde mutation. La réforme du curriculum qui découlera, en 1996, de la session d'évaluation des E.G.E.F. a commandé un puissant changement des paradigmes relatifs à l'enseignement et surtout à l'apprentissage.

La perception de la pertinence de l'application de la réforme du CEB a été négative chez les enseignants et, plus encore, chez les parents d'élèves du fait de l'absence d'un plan efficace de communication. Elle laisse libre cours à l'idée d'une approche par les compétences qu'il serait difficile de mettre en œuvre en ce qui concerne l'enseignement des valeurs, mais aussi et surtout à l'idée d'une réforme en plus de toutes celles inefficaces et abandonnées. Au terme de la généralisation, l'appréciation que ces acteurs ont de l'incidence de l'application de l'approche par les compétences sur les performances scolaires confirme ce qui, au début, n'était encore que supposition parfois mêlée de crainte.

La baisse décriée des niveaux à la fois d'exigence et de maîtrise a contribué à renforcer les idées préconçues au sujet d'une réforme dont l'opportunité de la mise en œuvre est aujourd'hui remise en cause. L'idée de réformes ponctuelles sur les aspects non fonctionnels des enseignements-apprentissages est davantage opposée à celle d'une réforme radicale telle que le curriculum a semblé le préconiser selon certains enseignants. A en croire la plupart d'entre eux, les réformes nécessaires devraient surtout concerner le volet pédagogique et donc la manière d'enseigner qui oriente la manière d'apprendre. Sans pour autant méconnaître l'importance de la place de l'élève dans la relation pédagogique, nous pensons que ce point de vue rappelle les controverses autour de la centralité placée en l'apprenant dans les méthodes dites actives dont l'approche par les compétences. Sans doute que devant la complexité du processus d'apprentissage dont la maîtrise reste encore insuffisante chez les enseignants, l'idée de subordonner la manière d'enseigner à celle d'apprendre au regard de telles méthodes mérite d'être approfondie. Au sujet de la baisse du niveau de maîtrise des acquisitions scolaires nous pensons, pour le tenir de nos observations de terrains, à l'absence d'information claire relative à l'évaluation des compétences ainsi qu'à l'élaboration et à la mise à disposition tardives de manuels scolaires en quantité et de qualité.

Des discours politiques qui se sont succédé quant à l'objectif même de la réforme (refonder l'école, redéfinir les finalités de l'école, requalifier les enseignants), aux difficultés relatives à l'enseignement du français, notamment de la lecture, à l'accent remis sur les connaissances plutôt que sur les valeurs et à la forme d'évaluation par notes ou par cotes n'ont pas aidé à modifier la perception initiale des acteurs tant civil que professionnel. Pas plus que la perception des médias n'a été modifiée quand on sait qu'ils ont régulièrement rapproché la réforme aux faibles résultats de ces dernières années aux examens nationaux du CFEE, du BFEM voire du BAC.

Malgré tout, le ministère de l'Education nationale affirme à maintes reprises sa foi dans cette réforme tout en reconnaissant la nécessité d'identifier au fur et à mesure de sa mise en œuvre les améliorations ou correctifs à apporter. Les personnels administratif et enseignant ont ainsi été incités à faire de même et, bien sûr, beaucoup d'enseignants ont su démontrer un enthousiasme et beaucoup de professionnalisme dans leur engagement à faire réussir l'application de la réforme. Ainsi, ils ont davantage donné de la signification aux apprentissages des élèves, dans le sens d'une ouverture sur le monde, d'une plus grande capacité à travailler en équipe et en pluridisciplinarité. Dans une telle perspective, le discours officiel reste méliloratif et invite à tirer les leçons d'une réforme imparfaite dans son parcours d'application. La réforme curriculum de l'éducation de base a le souci de favoriser l'émergence d'une école résolument nationale tournée vers la promotion de nouvelles pratiques de classes pour l'accès et la réussite du plus grand nombre voire de tous. Au constat, tout ce qui a été envisagé n'a pas été accompli, mais certaines actions méritent d'être soulignées. Ainsi, la décision de loger, dans un compte, ouvert au nom de l'école, des fonds destinés à la mise en œuvre du contrat d'amélioration de la qualité qui fédèrent les enseignants, les inspecteurs et les parents d'élèves autour d'une gouvernance plus transparente et plus concertée, de même que la suppression systématique du redoublement entre étapes à l'élémentaire expriment une conception de justice scolaire de la part des réformateurs. Le relèvement, à partir de 2013, du niveau d'exigence pour l'admission au CFEE va dans le sens du relèvement du niveau de maîtrise des apprentissages.

Au collège, la formation des enseignants à l'approche par les compétences participe du souci de mettre un terme à la limitation du curriculum à l'enseignement primaire. Ce qui fera éviter l'énorme gâchis que peut constituer l'investissement colossal sur une réforme qui sera abandonné au fur et à mesure de la scolarité.

Par ailleurs, l'implication du privé dans la mise en œuvre de la réforme traduit le souci d'équité des réformateurs désirant revoir le statut de l'enseignement dans ce secteur Le discours officiel enjoint les écoles privées, confessionnelles ou non, à l'application systématique du curriculum et les encourage à accueillir davantage d'élèves, qu'ils soient handicapés ou en difficulté d'adaptation ou d'apprentissage. Cependant, sur le terrain, c'est surtout la politique des moyens financiers (rémunération des enseignants et autres prestataires de services, acquisition de matériels didactiques, équipements et entretien) qui est limitative des ambitions des responsables du privé pour l'enrôlement massif d'enfants issus de familles préférant le privé au public, mais ne disposant pas de ressources suffisantes pour concrétiser leur choix.

Au sujet de la justice scolaire, il faut dire qu'à l'encontre de la peur du nivellement par le bas, cette conception va de pair avec une conception exigeante de la culture scolaire (celle transmise par l'école), laquelle nous semble s'écarter nettement, à certains égards, de la culture familiale des enfants. Certes cela signifie une insistance sur l'apprentissage des matières essentielles, dont le français et les mathématiques, mais aussi et surtout une insistance sur l'introduction d'une perspective culturelle dans toutes les matières.

Le débat sur les langues nationales s'avère opportun et leur introduction dans le système éducatif trouverait ici toute sa raison d'être en dialogue, non en conflit, avec le français pour un bilinguisme plus fécond et plus en accord avec les préoccupations d'enracinement et d'ouverture. Toutefois, l'absence de statistiques nationales au sujet du décrochage scolaire, la résistance constatée chez la plupart des enseignants quant à l'application systématique de l'approche par les compétences et la rigidité du système qui n'envisage la classe exclusivement qu'entre quatre murs avec une tôle de zinc sur la tête quelle que soit la période sont autant d'écueils qui risquent de réduire les chances de concrétiser les fondements théoriques du curriculum.

Dans la stratégie d'implantation de la réforme, trois questions se sont posées : la première est celle de l'évaluation des compétences, la seconde porte sur l'opposition du professionnalisme des enseignants à l'État-Pédagogue qui prescrit dans le détail le travail d'un enseignant et la troisième oppose le socioconstructivisme, l'apprentissage autorégulé et les situations complexes, à l'enseignement structuré, la pédagogie de la maîtrise et les situations simples. Ces questions sont au cœur de l'application de la réforme dans les classes. Elles exigent une mise en œuvre mieux comprise et négociée avec les enseignants et les parents.

Le pari de la réforme était d'institutionnaliser une école juste et exigeante. Il demeure plus actuel que jamais.

Tableau 23 : Données relatives à la question de la gouvernance (relation Ecole-Milieu)

	Parents	Enseignants	Total
Pas de séparation	67	76	**139**
Séparation	33	24	**53**
NSP	00	00	00
Total	100	100	200

Source : Résultats du questionnaire standardisé

La majorité des enseignants et des parents interrogés, respectivement 76 enseignants sur 100 et 67 parents sur 100 estiment que l'Education forme un tout et que les instances chargées d'éduquer les enfants doivent mutualiser leurs actions pour que leurs objectifs spécifiques soient plus facilement atteignables. Pour eux, c'est seulement quand le maître ou la maîtresse à l'école pourra prendre la place du père ou de la mère à la maison que l'école pourra réussir sa mission. Sinon, disent-ils, ce sera toujours très compliqué pour les enseignants de consolider, de corriger ou même, dans certains cas, de donner l'éducation reçue ou non à la maison.

> « Si parents et maîtres se contredisent mutuellement, l'enfant ne saura qui croire et ne respectera plus celui auquel il donne tort, suivant les avis des camarades. Les deux éducations doivent donc être liées. Par exemple, si le maître enseigne la politesse à un enfant, ses parents devront tout d'abord être polis et approuver le maître ; sinon l'enfant dira : pourquoi le maître m'apprend-il cela si mes parents ne le font pas ? » (S.G., Directeur d'école).

Il ressort de ce propos que si la maison n'approuve pas l'école, les enfants, qui seront désarçonnés parce que ne sachant pas à qui se fier, peuvent être plus à l'écoute de leurs camarades. Or, une telle attitude ne les tire guère d'affaire puisque, comme pour eux, la voix de leurs camarades n'est point autorisée en matière d'éducation.

> « Il doit y avoir concordance entre l'école et la maison. L'éducation donnée à la maison devrait être la même que celle donnée à l'école. Mais si la famille ne soutient pas l'école, l'enfant devient un cancre, un paresseux, un insolent, sachant que ses parents ne diront rien des incartades qu'il tient pour règles de ses pairs » (A.F., Parent d'élève).

Par l'intermédiaire de l'enfant, l'école étend sa mission éducative à la famille. Les exemples cités laissent transparaître la crainte des enseignants de voir leur prestige atteint par des jugements tels que ceux énoncés par les parents les tenant responsables de l'émergence d'une « école de la médiocrité ».

Cependant, pour 33 parents et 24 enseignants, le rapport entre l'école et la famille est envisagé en termes de séparation. Ces enquêtés soutiennent que l'école n'est pas ouverte au milieu et que les parents ne sont pas impliqués dans ce qui se passe ou se fait à l'école. Pour ces enseignants, les parents ne viennent à l'école que pour prendre ou retourner le cahier de composition de leurs enfants ou bien pour de sérieux problèmes de discipline concernant leurs enfants. Les parents, qui partagent l'opinion des enseignants au sujet de la séparation « visible » entre l'école et la famille, soutiennent eux qu'ils ne sont invités à l'école que pour les raisons qui viennent d'être évoquées.

> « L'idéal serait que l'éducation à l'école et celle dans la famille soient complémentaires par un rapprochement des parents d'élèves et des maîtres. Mais ceci paraît difficile car beaucoup de parents critiquent le rôle éducateur de l'école » (O.S., Instituteur).

> « En dépit de ces constats de séparation ou non entre école et famille, enseignants et parents s'accordent à dire qu'il davantage d'ouverture de l'école au milieu. Cela passe, pour eux, par une communication et une collaboration franche entre acteurs ainsi que par une présence plus marquée des parents à l'école. En ces temps où les enseignants sont diabolisés par le pouvoir, jamais récompensés ni décorés, la présence des parents à leurs côtés est une source de motivation » (C.A.S, syndicaliste ».

Le débat sur la nécessité du dialogue entre acteurs sur l'école n'est pas récent. Au Sénégal, au niveau déconcentré, la mise sur pied de l'Association des Parents d'Elèves (APE), de la Cellule Ecole-Milieu (CEM) au lendemain des Etats Généraux de l'Education et de la Formation (EGEF) et plus récemment du Conseil de Gestion de l'Etablissement (CGE) et du Conseil Local de l'Education et de la Formation (CLEF) dans les années 2000 procède de cette volonté d'ouverture de dialogue. Ces structures qui sont dites de gestion et de concertation sont composées d'acteurs divers (parents, enseignants, inspecteur, syndicalistes, partenaires) et ont pour mission d'accompagner les enseignants et les inspecteurs dans la réalisation de leurs rôles respectifs d'enseignement et d'éducation, et de supervision et d'encadrement.

Avec le Programme d'Amélioration de la Qualité, de l'Equité et de la transparence (PAQUET), le ministère de l'Education nationale mise sur le Contrat d'Amélioration de la Qualité (CAQ) pour plus d'efficacité dans la gestion de l'école. Comme son nom l'indique, le CAQ est une sorte de charte de qualité qui lie l'ensemble des acteurs et cherche à les mobiliser autour de la réalisation de plans d'actions. A cet effet, des fonds destinés au soutien scolaire et au renforcement des apprentissages fondamentaux (lecture, mathématiques, science) sont périodiquement alloués aux écoles et virés dans un compte ouvert à leur nom.

Le Plan de Travail Annuel (PTA) et le Plan d'Action Volontariste (PAV) qui sont les deux instruments à travers lesquels le CAQ vise une gestion axée sur les résultats. Cependant, sur le terrain, il existe énormément d'avatars qui compromettent les chances du CAQ de se réaliser : absence de plan d'action pertinent, actions plus motivées par une consommation des crédits en souffrance que par l'atteindre de résultats, absence d'indicateurs de mesures de la performance, leadership faible dans la direction des écoles, absence de projets d'école réalistes et réalisables, aucune définition de chartes de qualité ou de plans de réussite, pas d'ouverture de l'école au milieu de manière à faire adhérer toute la communauté et absence d'une culture de l'évaluation des programmes et projets afin de faciliter la mesure de leur impact. Sous ce rapport, nous sommes bien loin des exigences de la Gestion Axée sur les Résultats (GAR) qui veut que chaque programme se déroule selon la chaîne des résultats, c'est-à-dire la nécessité de mettre de la cohérence entre les finalités, les objectifs à atteindre et la façon de mesurer et d'évaluer les résultats ainsi que d'instituer une réflexion sur la meilleure stratégie de mise en œuvre. Or le financement du CAQ semble perpétuer l'idée que le monde scolaire est plus souvent habitué à une obligation de moyens qu'à une obligation de résultats (LESSARD, 2008).

Le développement d'une culture de l'évaluation – ce n'est pas ce que nous avons vu - devrait permettre aux enseignants de se préoccuper non pas seulement de leur activité mais aussi de ce qu'elle apporte à la communauté.

Les difficultés dans les rapports entre l'école et les familles sont suffisamment connues pour que les réticences des parents apparaissent partiellement fondées. Tout en admettant l'intérêt qu'il y aurait à établir de bons contacts avec les enseignants, ils sont dans une attitude défensive, et leur circonspection aboutit en fait à séparer les domaines éducatifs de l'école et de la famille, ou à amoindrir l'importance de l'éducation qui est donnée hors de la maison.

Le constat de la baisse du niveau en français ne sera pas démenti par les enseignants. Mais, alors que les parents l'associent à une dégradation de la fonction enseignante, les enseignants, eux, attribuent ces insuffisances à la méthode d'enseignement de la lecture préconisée par le curriculum et à l'absence de suivi à la maison.

La méthode globale dont il est ici question serait « difficile » voie « impossible » à mettre en œuvre pour des enfants dont le français n'est pas la langue maternelle ; ce qui a déjà été soutenu concernant la lecture au CP. Mais certains enseignants soutiennent que les élèves de CP qui arrivent à lire à partir de la méthode globale lisent mieux que leurs camarades qui y sont parvenus avec la méthode syllabique. Pour ces enseignants, la méthode globale confère un gain substantiel de temps et permet d'installer plus durablement la compétence de lire au sens de « construire du sens sur un message dont on a besoin pour faire autre chose que lire ».

La critique de la méthode globale et par conséquent du programme qui le promeut n'est fondée chez ces enseignants que lorsqu'elle permet de s'interroger sur la ventilation des activités dans l'emploi du temps et sur le volume horaire imparti à la lecture et aux activités de français qui lui sont rattachés.

> « Il y a beaucoup d'activités qui ne sont pas utiles au CP. Au CP, l'accent doit être mis essentiellement sur les activités de français avec comme dominante la lecture, base des apprentissages ultérieurs. L'enseignant au CP doit se sentir autonome dans la priorisation des activités de classe. » (L. TH., Instituteur)

De telles réponses à la question relative aux méthodes de lecture effectivement mises en œuvre à la première étape illustrent les craintes que beaucoup d'enseignants expriment au sujet de la possibilité qu'ils ont de moins en moins de faire « bien lire » au CP.

Rappelons que la réforme s'appuie sur l'approche par les compétences, laquelle considère que l'acquisition de connaissances conduit à la maîtrise de compétences qui permettent à un apprenant de pouvoir les utiliser dans des situations d'apprentissage ou de la vie courante. Elle doit inciter au travail d'équipe, à tenir compte du rythme d'apprentissage de chaque élève et à favoriser des approches pédagogiques diversifiées. Bien des pratiques de terrain s'écartent de ces exigences sans le respect desquelles il ne nous semble pas approprié de parler de l'incidence de la réforme.

Parlant de marge de manœuvre des enseignants dans l'évaluation de leurs élèves, force est de constater que le barème de notation n'est pas toujours maîtrisé, surtout en ce qui concerne l'évaluation des leçons de français et d'éveil. Pour ce qui est des leçons de mathématiques, des indicateurs et des critères passent partout sont fréquemment, utilisés, quasiment instinctivement et indépendamment de l'activité de mathématiques (géométrie, activités de mesures, résolution de problèmes ou activités numériques). La négociation des barèmes de notation n'est jamais faite. La définition des critères et indicateurs vérifiables n'est pas maîtrisée par une bonne partie des enseignants qui s'y essaient. La plupart se l'avouent et nous l'avouent, hélas. Ils s'en désolent et finissent toujours par avouer que « C'est fastidieux d'évaluer avec un barème négocié, quand cela doit prendre 10 minutes du temps d'une leçon de 30 minutes ». Cette marge de manœuvre qui est donc largement diminuée, commande des ajustements et rend beaucoup moins grande la place que pourrait occuper leur appréciation du travail de leurs élèves. Confrontée à cette réalité, l'application de la réforme connaît des ratés, mais a quand même fait un bout de chemin qui devrait servir d'assise pour accentuer le travail de mobilisation. Il est essentiel de mettre à contribution les acteurs du milieu pour que la réforme curriculaire ne devienne pas un simulacre de renouveau qui nous entraînerait en arrière, au détriment des élèves.

Considérant que la réforme a tout de même fait un bout de chemin, il ne faut pas s'éloigner de l'objectif fondamental qui est de donner à tous les élèves une chance égale de réussir. Nous croyons que c'est en ce sens que les acteurs du milieu doivent travailler. Cela demande encore une fois la mobilisation et le soutien de tous, mais aussi la cohérence entre les ordres d'enseignement et la stabilité dans la mise en œuvre du programme. Au demeurant, la mise en place d'un contrat d'amélioration de la qualité, par l'implication des structures de gestion et de concertation que sont le CGE, l'APE et le CLEF, est une initiative très salutaire en ce qui concerne la gouvernance scolaire. Au-delà de la traditionnelle équipe pédagogique, une telle collaboration permet d'instituer une équipe éducative plus large et plus susceptible de créer les conditions d'une gestion de proximité. C'est sous ce rapport que la notion de gouvernance est de plus en plus évoquée dans les cercles de la prise de décisions politique, administrative et pédagogique au sujet de l'école. L'analyse des politiques éducatives sous l'angle de la gouvernance et de son évolution permet de formuler des hypothèses à partir de questions relatives à la manière dont s'exerce le pouvoir sur l'éducation, selon le cadre législatif et réglementaire en question.

Au niveau scolaire, l'institutionnalisation de la participation communautaire à travers le CGE, par exemple, permet de s'interroger sur l'expression de la volonté du législateur à travers la mise en œuvre de la réforme du curriculum de l'éducation de base.

La gouvernance, que nous préférons à la gestion, est dans l'air du temps et, incluant la gestion, elle nous semble plus indiquée pour montrer que les pouvoirs publics n'ont pas ou plus le monopole de la puissance légitime au sujet de l'école. D'autres instances peuvent et même doivent plus activement contribuer au bon fonctionnement du système éducatif. En ce sens, la gouvernance est liée à la capacité de coordonner des activités interdépendantes et elle traduit l'élargissement du cercle décisionnel à d'autres acteurs, secteurs ou organisations.

Elle donne à penser que la légitimité des décisions et l'efficacité de leur application sont accrues. Elle est une façon de concevoir une structuration de la politique éducative fondée sur des réseaux d'organisations et d'acteurs qui pénètrent divers lieux de pouvoir, locaux et centraux. Dans cette vision politique, l'État est un partenaire associé à d'autres acteurs avec lesquels il assume une coresponsabilité, partage de l'autorité, des risques et investit comme eux des ressources. L'État devient aussi plus stratège.

Chercher à passer de la gestion à la gouvernance révèle le souhait d'un Etat qui reconnaît ses limites dans le pilotage de l'école et qui tend la main à ses partenaires à qui il permet de s'approprier davantage de pouvoirs. A l'évidence, le constat d'une école sénégalaise en crise incrimine l'Etat en tant qu'il définit les finalités et les orientations en matière d'éducation, tout autant qu'il est le garant de l'accès à une éducation de qualité pour tous. Sous ce rapport, la crise peut être vue comme une fracture entre l'augmentation de la demande d'éducation et le manque de ressources de l'Etat.

Pour sortir de cette crise qui rend l'école sénégalaise de plus en plus difficile à gouverner le législateur, réaffirme l'importance de la place de toutes les instances de socialisation au sein de l'école et exige, avec la mise en application de la réforme du curriculum de l'éducation de base, l'implication effective de structures telles que CGE, APE, CLEF, associations, entreprises et autres partenaires appelés à jouer un rôle plus significatif dans la réalisation du projet éducatif national. Pour le ministère de l'Education nationale, la concrétisation des contrats d'amélioration de la qualité, qui passe par la réalisation d'un plan d'action volontaire et d'un plan, plus inclusif, de travail annuel, traduit la vision d'un Etat marqué au sceau des thèses décentralisatrices. La gouvernance, ainsi que la décrit Van HAECHT, couvrirait un ensemble de phénomènes révélateurs d'une perte de légitimité et de centralité de la sphère publique et de la moindre efficacité de l'action publique. Au plan prescriptif, la « bonne » gouvernance indique une voie de sortie de crise pour l'État. Cette « bonne » gouvernance voudrait que l'État dorénavant cède une part de ses compétences à d'autres acteurs, se transforme en médiateur et travaille en réseaux. Ainsi, la nouvelle gouvernance de l'école se caractérise par le passage de la tutelle au contrat, de la centralisation à la décentralisation ou encore de la guidance publique à la coopération des acteurs publics et des acteurs privés.

Cependant, de nombreux goulots entravent la marche de l'école sénégalaise vers plus de présence du milieu en son sein ou vice versa. En ce qui concerne la gestion des fonds destinés à la réalisation des contrats d'amélioration de la qualité, par exemple, la plupart des directeurs d'écoles décident, au nez et à la barbe des membres du CGE, des dépenses éligibles ou non et des activités les justifiant.

Pour rappel, la création du CGE dans les premières années de 2000 procède d'une volonté des pouvoirs publics d'associer les communautés locales à la marche de l'école. Composé du directeur d'école et de responsables issus des différents organes du corps social (le religieux, le politique, l'économique, l'associatif…), le CGE est décisionnel sur des objets importants : le projet de l'école, sa marge de manœuvre curriculaire, ses démarches d'autofinancement et de partenariats locaux, etc. Il peut être convoqué à délibérer sur des questions relatives à la résolution de conflits de toutes sortes. Cependant, dans le cadre de la réalisation du contrat d'amélioration de la qualité, le trésorier du CGE dont la signature est requise pour pouvoir décaisser des fonds, n'a aucun avis sur l'opportunité des dépenses prévues encore moins sur la pertinence des actions en vue. Nous pourrions dire la même chose du plan d'action volontaire et du plan de travail annuel que le terrain ne nous a pas donné l'occasion de rencontrer sous forme de documents dûment écrits. En outre, le CGE a été critiqué du fait qu'il est apparu comme un outil de l'administration centrale - dans sa volonté d'intégration verticale d'échelons d'autorité sur des normes externes de rendement et d'efficacité -, compte tenu de l'obligation qui lui a été dévolue de produire des projets d'école tenant compte des paramètres quantitatifs de la réussite scolaire fournis par la hiérarchie au niveau départemental ou régional.

Par ailleurs, la visite de l'inspecteur, si elle a lieu, se fait une fois par an. Devant leur absence conjuguée à l'incompétence de certains directeurs à trancher de sérieuses questions pédagogiques opposant leurs adjoints, la plupart des enseignants avouent faire dans le tâtonnement et les errements. Au niveau local, le comité local de l'éducation et de la formation, dont le maire est le président de fait, est ignoré de la plupart des enseignants. L'éducation étant une compétence transférée, l'inscription dans le budget municipal du soutien à l'éducation ne se traduit que par l'octroi annuel de fournitures scolaires en quantité insuffisante. Ce que confirment les propos suivants de parents d'élèves rencontrés à ce sujet :

> « La mairie peut faire plus que ce qu'elle fait avec les fournitures qui ne sont distribuées qu'après que les parents ont fini de les acheter. Même si c'est un seul cahier qu'il faut donner, il faut le donner à temps. » (O.S., parente d'élève)

> « La mairie doit aider les parents que nous sommes. Les fournitures c'est bon mais ça ne suffit pas. Les écoles ont besoin de fournitures. C'est vrai. Mais elles

doivent aussi avoir de l'électricité, de l'eau courante et des gardiens car certaines écoles sont des refuges pour prostitués. » (P.A.D., Parent d'élève)

Rappelons qu'au Sénégal, dans la gouvernance du système éducatif, l'autorité centrale est en charge de définir les orientations, les priorités du système et les services éducatifs offerts aux élèves. Elle promulgue les normes de formation et de recrutement des personnels enseignants et prescrit les finalités et objectifs des programmes d'études. De même, elle formule les modalités d'évaluation des élèves et de sanction de leurs études. Cette disposition fait penser à une forte régulation verticale du système éducatif national. Et, comme pour le curriculum, les propositions en faveur de la gouvernance de l'école sénégalaise continuent de venir d'en haut à travers des lettres circulaires que les échelons inférieurs sont chargés de faire parvenir aux établissements scolaires pour leur exécution. La plupart des enseignants rencontrés perçoivent ces injonctions de la hiérarchie comme du « harcèlement textuel » et comme une remise en cause de leur intelligence des enjeux et défis de l'heure. Cependant, comme nous le constatons sur le terrain, la tendance est au renforcement de l'autorité centrale en ces matières et non à leur atténuation au profit des instances extrascolaires.

Le tableau qui vient d'être dépeint s'agissant de la réalité de la gouvernance scolaire dans les écoles élémentaires que nous avons visitées peut faire penser que la notion de gouvernance n'est que d'usage rhétorique, ne réussissant pas toujours à vaincre la résistance de la vieille notion de gestion ponctuelle et parcellaire. Cet état de fait ne milite pas en faveur de la correction de la faiblesse de la participation communautaire liée à la faible intégration de certains groupes. Ce qui ne valorise pas la construction de compromis et de consensus locaux sur des questions brulantes qui divisent au sujet de l'école.

A partir de 2010, la gouvernance de l'éducation, antérieurement entendue au sens de gestion dans le programme décennal de l'éducation et de la formation, prend une nouvelle orientation. Dans les propositions contenues dans le programme d'appui à la qualité à l'équité et à la transparence, censé poursuivre et atteindre les objectifs du PDEF, la gouvernance est axée sur les résultats et l'imputabilité. Le contenu du PAQUET est on ne peut plus explicite dans la mise à exécution de trois pôles : « qualité, équité et transparence ». Cet ensemble se traduit par deux actions à savoir, d'une part, l'évaluation du rendement des élèves, notamment en mathématique et en lecture (rendement interne) et, d'autre part, la collecte de données empiriques sur l'utilité des compétences acquises au primaire, dans la poursuite des études ou dans l'apprentissage d'un métier (rendement externe). Par le haut de sa pyramide, l'école sénégalaise est donc pénétrée par son éthique de la performance, de l'équité et de la transparence. Avec le temps, l'évolution des exigences en matière de gouvernance de l'éducation est bien réelle sur le papier. Cette évolution a eu lieu dans un moment de remise en question des modèles administratifs traditionnels du secteur public. De fortes interrogations ont été exprimées sur la bureaucratisation de l'éducation et sur l'efficacité de la gouvernance par les inspections départementales de l'Education nationale (IDEN). En effet, ces dernières, devenues inspections de l'éducation et de la formation (IEF), sont à la fois des organes de la gouvernance et sont investies de missions d'encadrement des enseignants. Un cumul de fonctions qui obstrue l'efficacité de leurs interventions et qui, à certains égards, remet en question les prérogatives des structures para et périscolaires telles que l'équipe pédagogique ou le CGE. Toutefois, au niveau communal, la décentralisation a encore besoin de la centralisation pour se déployer puisque la commune, par les compétences qui lui sont transférées, bénéficie d'un financement centralisé. On peut y voir une manière de limiter les coûts de l'éducation en transférant des charges au niveau local, mais la centralisation du curriculum et de l'évaluation standardisée semble une tendance générale à laquelle les communes n'échappent pas. Cette forte tendance est caractéristique de la gouvernance axée sur les résultats.

Si les rôles du CGE sont entravés par les prérogatives des IEF, entités politiques et administratives de plus en plus éloignées des milieux locaux, il peut paraître approprié de créer et de renforcer la participation parentale à la gestion des établissements scolaires. C'est ce qui a été fait au lendemain des EGEF de 1981.

Comme pour le CGE et le conseil municipal, la problématique de la participation des parents et de la communauté locale n'est pas nouvelle. Les EGEF conçoivent l'école sénégalaise comme une institution communautaire, devant refléter les valeurs du milieu ; ce qui donne droit de parole aux parents.

La nouveauté des années 1990 est de rendre à la fois les parents plus actifs dans l'amélioration du cadre scolaire et des résultats des élèves et l'école –et ses acteurs– formellement imputables de leurs actes auprès d'instances externes.

Le développement des associations de parents d'élève soulève alors plusieurs questions. Entre autres, il s'est agi de se demander si leur création ne procédait pas d'une stratégie pour limiter le pouvoir et l'influence des acteurs internes de l'école à savoir les enseignants et les directeurs, au profit des élèves et des parents. In situ, tout porte à croire que, sauf exception, les associations de parents d'élèves ne constituent ni de véritables contre-pouvoirs ni des pouvoirs dotés d'une capacité politique d'autonomie par rapport au CGE ou d'une capacité pédagogique par rapport aux équipes enseignantes. Du moins pour le moment. Du reste, à la question de savoir si les écoles, grâce au contrat d'amélioration de la qualité, ont gagné des marges de manœuvre et des degrés de liberté par rapport à l'inspection départementale, il nous est difficile de répondre pour l'ensemble des écoles visitées.

Par contre, il est possible de soutenir que la dynamique des relations entre enseignants, communautés locales et inspecteurs change pour plusieurs raisons, dont certaines ne sont pas liées au contrat d'amélioration de la qualité. Par exemple, l'avènement de la gestion décentralisée à l'échelon de l'établissement transforme les rapports entre le CGE et l'inspection. Dans ce cadre, il revient aux écoles de définir leurs priorités et leurs besoins et à l'inspection de fournir le soutien nécessaire. Les établissements se prennent en charge et assument la responsabilité de leurs résultats, l'inspection assurant en théorie les moyens et en supervisant l'utilisation.

Les politiques éducatives récentes accordent plus de pouvoirs aux enseignants et aux parents sur les orientations et le fonctionnement des écoles. Elles instaurent, à travers le contrat d'amélioration de la qualité, une concurrence entre les établissements et les obligent à adopter des stratégies pertinentes de réussite du plus grand nombre voire de tous les élèves. L'atteinte de tels objectifs suppose d'ouvrir l'école au milieu dans la perspective d'un processus de pénétration et de transformation par des logiques extérieures, de sorte que l'école soit celle de son époque et de la société qui lui confie sa mission d'éducation et de formation.

Il est clair que ce processus dépouille les enseignants d'une partie de leur autonomie professionnelle et les soumet à des critères de performance qui ne sont pas établis par les seules équipes pédagogiques. Tout se passe comme si la centralisation curriculaire, la standardisation de l'évaluation, les contrats d'amélioration de la qualité, en se combinant avec la place accrue des parents au sein du CGE et de l'APE et les partenariats, forcent les acteurs du système éducatif à faire évoluer leurs pratiques dans le corridor des politiques et des pressions externes.

En définitive, il est indéniable qu'une éducation de qualité par tous et pour tous, pour être accessible, suppose la modification des rapports de pouvoir entre les acteurs internes et les acteurs externes du système éducatif, au profit de ces derniers. Seulement, là aussi, nous restons au stade des théorisations qui peinent à se matérialiser sur le terrain.

Au Sénégal, vers la fin des années 1990, les décideurs politiques et les partenaires au développement ont résolu de revoir les pratiques d'enseignement-apprentissage en vue d'obtenir une meilleure qualité de l'offre éducative en termes de performances et la réussite de tous les élèves. Pour ce faire, il sera envisagé de renouveler les conditions, les structures et les contenus d'enseignement, d'apprentissage et d'évaluation de l'apprentissage, mais aussi de construire des écoles partout où le besoin éducatif se fait sentir. Avec l'avènement du CEB, l'approche socioconstructiviste s'avère incontournable. Elle réaffirme l'importance du milieu dans la construction des savoirs et met l'accent sur la centralité de l'élève dans tout processus d'apprentissage. En 2012-2013, l'ouverture de l'école au milieu qui se mesure tant par la flexibilité des programmes et leur adéquation aux réalités nationales que par la pratique de la classe autrement qu'entre quatre murs et à son ouverture à des intervenants extérieurs compétents dans leurs domaines reste encore au stade de la prescription. Le programme comporte des problèmes évidents de mise en œuvre et l'absence de communication avec les parents d'élèves sur ces questions ne fait que renforcer leur incompréhension relative au type de Sénégalais que l'école se propose de former. Aujourd'hui, plus de 20 ans après la première mise à l'essai du curriculum au Sénégal, le renouveau pédagogique attendu de la réforme peine à se concrétiser dans la plupart des conduites de classe qu'il nous a été donné d'observer.

Voici donc quelques précieuses leçons que nous pouvons tirer de cette expérience.

1. Avant d'entreprendre une réforme d'envergure, les critères d'évaluation doivent être clairement établis et bien compris par tous les acteurs du système.

2. Des documents de communication rédigés dans une ou plusieurs langues nationales à l'intention des parents doivent être transmis avant la mise en œuvre de la réforme.

3. Les contenus programmatiques doivent être revus et uniformisés dans tous les ordres d'enseignement puisqu'une réforme majeure du système de la maternelle à la fin du secondaire ne peut être entreprise sans l'établissement de passerelles d'un niveau d'étude à un autre.

4. Pendant toute la période de mise en œuvre de la réforme, il faut éviter de créer une certaine instabilité dans la conduite des classes par l'introduction de programmes extrinsèques, surtout lorsqu'ils comportent des procédés pédagogiques différents de ceux préconisés dans ladite réforme.

5. Des cours de perfectionnement professionnel portant sur les nouvelles approches pédagogiques doivent être donnés au moins 12 mois avant l'instauration du nouveau curriculum afin de former et de préparer le mieux possible le personnel enseignant.

6. Un comité d'initiative composé d'enseignants, de directions d'écoles (en activité ou à la retraite), d'experts en communication et de parents, doit être mandaté pour faire face aux résistances et autres difficultés qui ne manquent pas de surgir à toute tentative de changement en éducation.

Les nombreux programmes introduits dans l'optique d'une consolidation de l'application du curriculum ont engendré de la confusion et, notamment, pris en otage les enseignants qui devaient sans cesse s'ajuster, particulièrement au niveau des apprentissages. Le terrain a montré que ce n'est pas en utilisant d'autres programmes, en l'occurrence le PREMST, le PALM et le PAM pourtant supposés venir en appoint à la réforme que les enseignants s'approprient et appliquent vraiment le curriculum dans leurs classes. L'introduction de tels programmes – certains présentent d'autres manières de conduire certains apprentissages - a surtout contribué à désarçonner les enseignants qui ont eu du mal à les concilier avec les exigences du curriculum.

Tableau 24 : Données relatives à la question de l'efficacité
de la méthode de lecture dite « globale »

	Méthode syllabique	Méthode globale	Méthode mixte à point de départ global	Total
Enseignants	51	21	28	100

Source : Résultats du questionnaire standardisé

Nos recherches nous renseignent que 51 enseignants affirment qu'ils utilisent encore la méthode syllabique dans leurs classes. Ils avouent se sentir plus à l'aise avec cette méthode qu'ils ont utilisée pendant des années et qui a fait ses preuves.

« La méthode syllabique permet la conversion du graphème en phonème et cela est très important pour l'enfant. Le B –A : BA, en permettant la construction de mots, enrichit le dictionnaire de l'enfant. La méthode syllabique facilite le passage du mot à la phrase et au texte. » (ND. G., Institutrice au CP)

Nous constatons que 21 enseignants disent utiliser la méthode globale non parce qu'elle est facile à mettre en œuvre mais parce que le curriculum recommande son emploi.

« La méthode globale comme son nom l'indique part du global, c'est-à-dire du texte et de sa compréhension globale pour aboutir aux unités lexicales et syntaxiques. Avec la réforme du curriculum, la leçon de lecture doit partir d'un texte à partir duquel les élèves doivent relever des indices. » (ND.D., Directeur d'école).

« Comment un élève qui n'a pas de bagages suffisants en lecture va-t-il arriver à comprendre l'idée générale d'un texte ? » (D. G., Institutrice en classe de CE1).

Les enseignants qui recourent à la méthode mixte (28) avouent qu'ils sont plus dans la méthode syllabique du fait de la prépondérance du B-A : BA. Pour ces enseignants, ce qui compte en fait c'est d'utiliser une méthode avec laquelle l'enseignant est à l'aise et qui permet de faire lire. Un enseignant s'interrogera :

« La meilleure méthode n'est-elle pas celle qui est la plus efficace ? » (M.L.N, Instituteur au CM1).

Au-delà des différences constatées dans l'emploi de méthodes de lecture, c'est la question de l'application du curriculum qui est posée en des termes que le tableau 26 résume :

Tableau 25 : Données relatives à la question de l'applicabilité – conformité du CEB

	Maintenir tel quel	Maintenir et améliorer	Abandonner	Total
Instituteurs	00	74	26	100

Source : Résultats du questionnaire standardisé

Nous constatons à la suite de nos enquêtes que 74 enseignants pensent que le curriculum est théoriquement un bon programme, et que le socioconstructivisme qui en est la perspective n'est pas en contradiction avec les finalités de l'école sénégalaise. Cependant, ils préconisent de le rendre plus flexible et opérationnel en améliorant le ratio élève-manuel qu'ils jugent encore insuffisant (2 manuels par élève).

« Pour faire des résultats avec l'APC, il faut des moyens. L'APC nécessite, pour être efficace, que le maître puisse individualiser son enseignement. » (GN., Directeur d'école, chargé de cours).

« Dans l'application du curriculum, une grande place doit être accordée à l'autonomie des enseignants dans la mise en œuvre de situations d'apprentissages en rapport avec les exigences de l'environnement scolaire. » (D. B., Directeur d'école).

A côté de ceux qui penchent pour le maintien d'un curriculum amélioré, 26 enseignants sont d'avis que le curriculum doit être abandonné parce « rien n'est obtenu de ce qu'il était censé apporter comme amélioration par rapport aux insuffisances des précédents programmes. Ils pensent que l'école devait simplement être réformée en des aspects sur lesquels tout le monde s'accorde pour dire qu'il y a urgence.

« Les exigences de réussite en masse ne sont pas conciliables avec l'installation d'un maximum de compétences. Les difficultés dans l'apprentissage de la lecture ne sont pas pour autant vaincues. Les effectifs pléthoriques et l'impréparation des enseignants à la conduite de grands groupes rendent encore plus improbable l'individualisation des parcours qui ne s'oppose pas au travail en équipe. » (MB. N., Directeur d'école, chargé de cours)

Aucune réponse n'a été enregistrée en ce qui concerne le maintien tel quel du curriculum en cours d'application. Les enseignants qui sont favorables à son abandon justifient leur choix par le fait que, pour eux, les résultats scolaires baissent d'année en année sans que les améliorations attendues ne soient perceptibles. Ils évoquent une directive ministérielle qui recommande de prendre jusqu'à quatre-vingt (80) élèves dans une classe, et, au niveau local, la mesure de l'IEF de Dagana « d'arrêter les révisions » tout niveau confondu, au début du mois de novembre. Nous avons retenu des observations des pratiques scolaires, l'impression d'activités minutieusement réglée ; d'une grande méfiance vis-à-vis des hasards de la spontanéité. Ce qui me pousse à m'intéresser aux opinions relatives à l'idée que l'enfant doive être artisan de son savoir. Le tableau suivant résume les réponses des élèves à la question de savoir si, avec l'APC, ils sont mis dans des conditions d'apprentissage telles que l'on puisse effectivement affirmer qu'ils sont plus « artisans de leurs savoirs » que jamais. Ici, nous avons pris l'option de n'interroger les élèves que sur le degré de leur implication à la construction de leur savoir. Pour plus de fiabilité dans les réponses, compte tenu des indicateurs utilisés, les enseignants n'ont pas été une cible pertinente à mes yeux. Ils sont tenus de faire faire aux élèves des travaux de groupes en plus de l'accent qu'ils doivent mettre sur les notions de travail individuel, d'innovation, d'autonomie et de créativité de l'élève. Contraints par les textes de se conformer à ces exigences de l'application de l'APC, nous avons craint, sur cette question, de ne recueillir que des réponses biaisées de la part des enseignants. Pour atteindre les objectifs que les réformateurs se sont fixés, une nouvelle répartition des pouvoirs était prévue ainsi que des bouleversements importants dans les façons de faire.

Dans la répartition des pouvoirs, nous pouvons conclure, avec le recul, que les contrats d'amélioration de la qualité dans chaque établissement scolaire sont un gain intéressant pour la démocratie scolaire participative. Pour les parents, ils sont un lieu qui leur fait valoir leur point de vue et leur donnent la possibilité de prendre des décisions contribuant à la bonne marche de l'établissement. Toutefois, les désaccords constatés dans la ventilation des dépenses nécessaires à l'amélioration des conditions d'apprentissage polluent souvent le climat social. A cela s'ajoute l'absence d'évaluation de tels contrats qui ne permet pas toujours de se prononcer objectivement tant sur la bonne gestion des fonds que sur leur incidence dans l'efficacité des enseignements-apprentissages. En ce sens, c'est le mouvement de décentralisation de la gestion financière vers les établissements scolaires et celui d'autonomisation des enseignants et des parents dans leurs choix concertés des meilleures conditions d'apprentissage qui avortent ainsi. Là aussi, nous notons que la réforme a effectivement été l'occasion de bouleversements importants causant une forte polarisation des acteurs engagés dans la réalisation du projet d'éducation. Parmi les principales critiques envers la réforme du curriculum, nous notons le rythme trop rapide de son implantation, le non-redoublement au primaire et l'évaluation des compétences transversales. Pourtant, du côté des décideurs politiques, au niveau décentralisé comme au niveau déconcentré, ces manquements ne semblent pas susciter la frayeur, à en juger par l'absence de directives claires et de propositions d'actions concrètes de leur part en faveur d'améliorations nécessaires et urgentes de divers aspects du curriculum.

Le ministère semble s'être progressivement distancé de cette réforme en tentant de reléguer aux oubliettes ses aspects plus controversés comme l'évaluation des compétences transversales ou le débat sur la place des connaissances dans l'évaluation des compétences ou encore la méthode d'enseignement de la lecture. Au même moment, les parents d'élèves crient leur désarroi devant l'échec de leurs enfants et la baisse notoire de leur niveau de maîtrise. L'inquiétude que la réforme du curriculum ne puisse faire réussir tous les élèves se substitue aux promesses de moins en moins affirmées d'égalité des chances de réussite.

Tableau 26 : Données relatives à la question de l'efficacité interne de l'APC

	Travail de groupes	Suivi individuel (Remédiations)	NSP	Total
Elèves	62	20	18	100

Source : Résultats du questionnaire standardisé

Il y a 35 élèves sur 62 élèves qui affirment qu'ils ont une seule fois été mis dans des conditions de travailler en groupe. Mes investigations m'ont permis de constater qu'à chaque fois qu'un enseignant était candidat au CEAP ou CAP, la classe était organisée de manière à favoriser le travail de groupe qui n'était réel que quand l'enseignant était convaincu de l'arrivée imminente d'une commission d'examen.

Le travail de groupe évoqué par les élèves semble être moins la réponse à un besoin de communication et d'interactivité propre à susciter la participation individuelle de chaque enfant dans ce qu'ils présenteront ensuite comme le résultat d'un travail non pas en groupe mais de groupe. L'organisation de la classe en groupes de travail semble rythmée par les ordres du maître qui ponctuent les différentes activités des élèves. Le cérémonial « On arrange les tables-bancs... », « Le maître fait des groupes pour travailler... » occupe, dans l'exposé de ces élèves beaucoup plus d'importance que l'idée que les maîtres s'en font d'une bonne stratégie pour mieux enseigner et mieux faire apprendre.

« En classe de CE2, le maître nous donnait des exercices et il disait de faire le travail en groupe. Après cela, un camarade va au tableau pour écrire le travail de groupe. Quand on travaille en groupe, on parle beaucoup et le maître dit qu'on doit se taire et travailler. En mathématiques, on fait le travail de groupe et en sciences aussi. » (Abdou, Elève en classe de CM2)

« Le maître nous dit qu'on travaille en groupe cette année. Je ne savais pas ce qu'il faut faire. Le maître dit qu'on doit arranger les tables-bancs. Il dit qu'il y a des invités qui vont venir dans notre classe pour voir notre travail qui est bien ou non. Le maître dit que chaque élève doit rester à sa place chaque jour. » (Absa, Elève en classe de CM1)

Les réponses (20) enregistrées au sujet des activités de remédiations et donc du suivi des élèves les moins bons montrent que l'enseignement n'est pas différencié et reste globalement dominé par la routine des corrections sans mémoire. La correction des exercices et la tenue systématique de séances de remédiation semblent absentes des activités de classe surtout au CM2. L'enseignement continue d'être dispensé sans tenir compte des ruptures qu'appelle le curriculum.

« Le maître nous donne des exercices. Après les devoirs on corrige et le maître dit il faut corriger si vous ne trouvez pas. Tous les élèves recopient la correction. » (Moussa, Elève en classe de CM2)

Les réponses « NSP » (18) témoignent d'une certaine réticence mêlée de crainte malgré nos assurances de respecter l'anonymat des enquêtés. Toutefois, le nombre limité de ces mentions est significatif d'un changement davantage perceptible dans les rapports entre enseignants et élèves. Il semble bien que nous ne sommes plus au temps jadis où l'élève n'osait se risquer à parler du travail de son maître si ce n'est de bien l'apprécier voire d'en faire l'apologie.

Le schéma de TORSHEN représenté sous forme de tableau (tableau 28, page suivante) est une indication de ce qu'un enseignant peut faire pour remédier à des lacunes ou à des apprentissages non assimilés. Dans la perspective du curriculum, un tel schéma est d'autant plus important qu'il donne une orientation suffisamment claire de ce qu'il faut faire en termes d'évaluation diagnostique, de renforcement et d'évaluations formative et ou sommative.

Tableau 27 : Exemple d'activité de remédiation suivant le schéma de TORSHEN[27]

Causes	Prescription
Evaluation insuffisante des antécédents socioculturels du nouvel apprenant	Adaptation de stratégies nivellatoires en vue de l'installation de capacités minimales
Absence d'une organisation de la classe prenant en charge l'absence de deux formes d'homogénéité : Age, Passage ou non par un cycle préscolaire	Identifications des faiblesses – ajustements par la pratique des travaux de groupes : s'appuyer sur les plus avancés pour inciter les moins avancés
Détection des catégories de faiblesses : Absence de savoir, Insuffisance dans le savoir-faire	Se doter de repères pour apprécier la performance, les rendements : Enseigner les prérequis non installés
Temps insuffisant	Aménager des moments de renforcement (et non de répétition)
Prise de conscience insuffisante au niveau de l'enseignement de ce qui est fondamental, de ce qui est accessoire	Traiter la hiérarchie établie au sujet des compétences initiales, intermédiaires et finales
Manque d'intérêt observé chez les élèves pour certains apprentissages	Inventer des stratégies d'incitation, une pédagogie du soutien (voir BLOEK et ANDERSON)
Problèmes d'ordre psycho-social dans le groupe	Mieux organiser les interrelations entre élèves et veiller à une bonne utilisation des leaders comme éléments d'impulsion et d'équilibre
Visibilité des vraies performances	Au nom de critères connus et partagés, toute la classe doit savoir qui a bien, assez ou mal travaillé. Ces résultats doivent être communiqués aux familles
Instrumentation du contrôle de la performance	Evaluer les performances intermédiaires en ayant en vue le profil de sortie
Evaluation par rapport à l'égalité des chances notamment par rapport aux sexes.	Variable à prendre en charge tant que les filles seront moins classées que les garçons

---

[27] Césaire BIRZEA : La pédagogie du succès, PUF l'éducateur, 1982, p.47.

V.3. DONNEES STATISTIQUES D'ORIGINE ADMINISTRATIVE ET TEMOIGNAGES ISSUS DES ENTRETIENS

Le taux d'achèvement, pour une année donnée, est le pourcentage d'enfants qui atteignent la dernière année du cycle primaire (CM2) sans redoubler. Largement influencé par les taux d'abandon et de redoublement, il est un des indicateurs pertinents pour mesurer le rendement interne dans un système éducatif.

Dans notre cas, c'est à travers l'analyse de l'évolution du taux de redoublement que nous avons tenté de cerner les effets de l'évolution du taux d'achèvement dont des statistiques fiables n'ont pas été disponibles à l'échelle communale. Les chiffres affichés sont les moyennes des taux uniformisés au niveau des trois étapes de l'élémentaire.

Tableau 28 : Evolution du taux de redoublement à l'élémentaire dans la commune de Richard-Toll

Années	2005	2006	2007	2008	2009	2010	2011	2012
% Garçons	15.3	15.54	16.36	17.15	9.25	7.45	6.06	4.04
% Filles	19.31	16.24	13.90	9.75	9.26	10.05	10.20	11.96

Source : CODEC de Richard-Toll

La tenue de la deuxième évaluation nationale (2013-2014) à partir du curriculum ayant coïncidé avec la dernière étape de notre travail de recherche, nous nous sommes proposé, au-delà de la période indiquée dans le sujet, de relever, pour les analyser, les taux de redoublement au CFEE de 2103 et de 2014.

A l'observation des données, le taux de redoublement évolue globalement à la baisse indépendamment de l'indice de parité. Chez les filles, jusqu'en 2010, ce taux baisse sensiblement avant de commencer à augmenter légèrement. Une hausse de 2 points a ainsi été notée entre 2009 et 2011. Chez les garçons par contre, le taux de redoublement tend vers la hausse, à l'exception de la période 2009-2011 où il baisse sensiblement de 8 points.

A l'analyse, l'admission massive des filles en classes supérieures serait en grande partie liée à l'action militante de la cellule SCOFI de Richard-Toll, laquelle mène chaque année, de concert avec le CODEC et l'APE, des actions de sensibilisation à l'endroit des parents. Dans la même veine, les enseignants reçoivent régulièrement des directives visant à encourager l'enrôlement des filles à l'école. Sans disposer de chiffres exacts en ce qui concerne le taux brut de scolarisation des filles au niveau communal, nous avons constaté que la tendance est à l'avantage des filles dans la plupart des écoles visitées.

La période 2010-2011 est marquée par une hausse du taux de redoublement des filles corrélativement à un essoufflement noté dans le fonctionnement de la cellule SCOFI de Richard-Toll dont la plupart des membres ont décrié *« l'absence du soutien des autorités compétentes »*.

Pour les directeurs d'écoles, l'application du curriculum n'influe pas directement sur ces taux (redoublement, abandon) qui sont « des marges fixées par l'Etat dans le cadre plus global du respect de l'objectif 2 des OMD qui est d'assurer une éducation primaire pour tous d'ici 2015 ». C'est ainsi qu'à partir de 2005, il a été mis un terme au redoublement dans une étape donnée. Concrètement, tous les élèves du CI doivent être admis au CP, quel que soit leur niveau et ainsi de suite pour les deux autres étapes (CE1-CE2 et CM1-CM2).

Entre le souci de former des élèves compétents et l'obligation d'une admission massive en dépit de la faiblesse du niveau de l'apprenant, beaucoup d'enseignants avouent leur *« impuissance »*. Aussi, s'adonnent-ils, du moins dans certaines écoles, à des pratiques frauduleuses sur l'état civil de certains apprenants. Des révisions de naissance sur fond de réductions d'âges sont surtout notées au CM 2. L'objectif d'une telle pratique étant, nous a-t-on dit :

> « de permettre à des élèves trop âgés avant d'arriver au CM2, suite à des redoublements à répétition, de pouvoir se présenter aux examens de fin d'études élémentaires. » (A. D., Enseignant en activité).

L'admission de tels candidats aide ainsi à gonfler les taux de réussite. Ce qui est déterminant dans l'image que les parents se font de certaines écoles voire de certains enseignants réputés *« spécialistes »* du CM2. Selon l'inspection départementale, disparaît avec l'APC l'opinion selon laquelle l'élève est faible s'il n'a pas eu la moyenne à une évaluation donnée. Dans l'esprit de l'APC, la question de savoir pourquoi un élève doit être proposé au redoublement « donne lieu à une prise en charge spécifique dans le cadre d'une remédiation systématique et différenciée, en totale rupture avec une tradition qui consistait jusque-là à faire reprendre une classe par l'élève sans mettre l'accent là où se situent ses réelles insuffisances ». (D. A. B., Directeur d'école).

Les parents d'élèves ont été nombreux à approuver la suppression du redoublement dans une étape, mais non sans reconnaître que le niveau de leurs enfants devenait faible d'année en année. Pour eux, le gain de temps que procure la baisse du taux de redoublement ne profite pas toujours aux apprenants qui peinent à réussir au collège.

En 2010-2011, un taux d'achèvement de 70% a été noté à l'échelle de la commune. Ce taux, qui dépassait la moyenne nationale de 65%, était consécutif à la baisse du taux de redoublement de cette année-là. Ce qui montre une tendance certes satisfaisante, mais qui tranche nettement d'avec un fort taux de redoublement que l'observation des « cuisines internes »[28] des enseignants nous a permis de découvrir. De l'avis des enseignants, le taux d'achèvement ne reflète que la vision des pouvoirs politiques plus soucieux de « faire correspondre les statistiques aux normes fixées par les bailleurs de fonds et autres institutions internationales ». Ce taux est selon eux le résultat d'une politique d'éducation de masse qui n'exclue le redoublement jusqu'au CM2 que sur le papier.

Pour les principaux des collèges, l'obligation scolaire primaire ne s'accompagne pas d'une qualité des enseignements-apprentissages, et la plupart des apprenants qui arrivent aux portes de la 6ème ont un niveau très faible qui les expose au redoublement ou à l'exclusion.

Comme nous l'avons dit plus haut, le taux d'achèvement est un indicateur déterminant du rendement interne mesuré par le pourcentage d'élèves qui réussissent au CFEE chaque année. Les données relatives à la moyenne des taux de réussite au CFEE et à l'entrée en 6ème pour l'ensemble des écoles de la commune de Richard-Toll et celles concernant les taux de réussite du CM2 aux essais standardisés (niveau communal et national en 2013 et 2014 respectivement) constituent, à nos yeux, des indicateurs déterminants dans l'analyse que nous nous proposons de faire (tableau 30 et tableau 31).

Tableau 29 : Evolution du taux de réussite au CFEE et à l'entrée en 6ème à Richard-Toll

Années	05-06	06-07	07-08	08-09	09-10	10-11	11-12
% CFEE	59, 15	63	73, 31	75	74, 97	88, 05	86
% en 6ème	69	71, 35	72, 89	85, 66	89, 83	94, 22	95,25

Source : Bureau des examens et concours de l'IEF de Dagana

Tableau 30 : Taux de réussite du CM2 lors des essais nationaux et communaux à partir du curriculum

Années	2013	2014
Taux de réussite du CM2 aux essais communaux	32%	1ère essai : 43% a 2ème essai : 46%,
Part communale du taux de réussite du CM2 aux essais nationaux	17%	29%

Source : CODEC de Richard-Toll

A la fin du cycle primaire, il est organisé un examen national sanctionnant l'obtention d'un CFEE et l'admission en 6ème. Le CFEE est un des meilleurs indicateurs du rendement interne de l'école et par ricochet des performances des apprenants.

---

[28] Proposition de redoublement réellement pratiquée dans les classes et différente de celle officiellement destinée à la tutelle (IA ou IEF).

A Richard-Toll, l'ouverture d'un troisième collège à Ndiangué-Ndiaw, deux quartiers populaires de la commune, a été vue comme une réponse à la forte demande de scolarisation résultant de la croissance des taux de réussite à l'entrée en 6ème.

Dans notre tableau, alors que la tendance est à une croissance très nette dans les deux cas, les forts taux enregistrés à l'entrée en 6ème contrastent avec ceux obtenus au CFEE durant la période 2005-2012.

A partir de l'année 2009, la croissance des taux d'admission en 6ème est spectaculaire. Un bond de 10 points est obtenu en trois ans (2009-2012), alors que l'évolution entre 2005 et 2008 n'avait permis de progresser que de 3 points. Au même moment, l'évolution du taux de réussite au CFEE reste constante.

De manière générale, ces forts taux de réussite sont, de l'avis de l'inspecteur départemental adjoint, « le résultat d'une politique éducative volontariste qui, en rapprochant l'école des populations, met l'accent sur l'atteinte de la scolarisation universelle en 2015 conformément aux prévisions du PDEF ». (I. ND., Inspecteur de l'enseignement élémentaire).

Pour la plupart des enseignants, ces taux cachent d'énormes disparités entre écoles et des insuffisances criardes quant à la maîtrise des compétences minimales en lecture et en mathématiques. Ils évoquent, pour le déplorer, que les baromètres d'évaluation et d'admission soient réduits à une arithmétique qui plutôt cherche un équilibre entre les places disponibles aux nombres d'élèves devant y être accueillis. Jusqu'en 2012, le niveau d'exigence a été d'autant plus bas que l'admission en 6ème ne dépendait que du nombre de places disponibles. Cet état de fait a été à l'origine de l'admission en 6ème de beaucoup d'élèves n'ayant pas obtenu le CFEE. Cette politique de scolarisation universelle sera qualifiée par certains enseignants de *« GOANA scolaire »*, une réplique, sur le plan agricole, de la Grande Offensive pour l'Agriculture, la Nourriture et l'Abondance (GOANA) lancée en 2009 par le président Abdoulaye WADE. Le rapprochement entre la « GOANA scolaire » et la GOANA est interprété comme le signe d'une *« démesure »* voire d'une *« utopie »* caractéristique de la plupart des programmes politiques du gouvernement de la première alternance démocratique. Ainsi, sous prétexte d'une admission massive, les collèges de proximité, construits un peu partout, accueillent des élèves qui savent à peine déchiffrer ». Les enseignants évoquent un couloir de l'illettrisme que traverse l'Education nationale. Six à neuf ans d'école et à l'arrivée cinq élèves sur dix ne maîtrisent ni la lecture, ni la production d'écrits.

Des chiffres contestés ou contestables, mais qu'importe. Déjà à l'entrée en 6ème, bon nombre d'élèves ont un grand retard en lecture. Ce que confirment les avis suivants de principaux de collèges et de professeurs au CFTP.

Pour les responsables des établissements d'enseignement moyen, la faiblesse du niveau de français à l'arrivée en 6ème constitue une des causes de la difficulté pour beaucoup d'élèves de poursuivre leur scolarité sans risquer de redoubler ou d'être exclus au pire des cas. Dénonçant la faiblesse du niveau d'exigence, un principal nous avoue avoir été contraint en 2010 d'admettre en 5ème et en 4ème des élèves ayant obtenu une moyenne annuelle de 9/20. Dans le même temps, ce sont des centaines d'élèves qui, chaque année, sont autorisés à s'inscrire en classe de seconde sans le BFEM.

Par ailleurs, un manque de cohérence et de continuité semble exister entre les trois niveaux d'enseignement que sont le préscolaire, l'élémentaire et le moyen. Selon certains professeurs,

> « le curriculum devrait s'inscrire dans la perspective de développement d'une éducation de base dont il est nécessaire de bien marquer l'unité ».

Les professeurs au CFTP, estiment, quant à eux, que l'apprentissage d'un métier devient de plus en plus « problématique » du fait que les apprenants qui leur parviennent n'ont pas toujours « le minimum de connaissances fondamentales requises pour réussir ». Les notions élémentaires en géométrie, en mesure et en arithmétique ne sont généralement pas assimilées. Ce qui corrobore l'avis des principaux de collèges pour qui,

> « Le manque de maîtrise du français déteint négativement sur les autres types d'apprentissages tels que les mathématiques et les sciences ».

Durant toute la période 2005-2012, les résultats enregistrés au CFEE et à l'entrée en 6ème seront plus ou moins bien appréciés selon que l'objectif ait été la scolarisation universelle ou la qualité des enseignements-apprentissages.

Les examens annuels de 2013 et de 2014 - précédés par des essais standardisés - seront les premières occasions pour évaluer les élèves à partir du CEB. En deux ans, la baisse des résultats, avec en toile de fond d'énormes disparités entre écoles, a été sans précédent. Pour autant ces « contre-performances », notamment au CFEE, n'affecteront pas les taux de redoublement : les collèges de proximité accueillent le flux d'élèves entrant, avec ou sans le CFEE.

En six ans d'expérimentation du curriculum, la baisse des résultats lors des différents essais a été tellement spectaculaire qu'au niveau communal des voix se sont élevées, exigeant qu'une réflexion approfondie soit menée sur la réforme en cours. A ce propos, l'inspecteur en charge de la réforme à Dagana, dira :

> « L'approche par les compétences apparaît novatrice, mais reste mal maîtrisée, pas appliquée par la plupart des enseignants voire difficile à appliquer au niveau de la première étape surtout pour ce qui est de l'enseignement du français ». (I. ND., Inspecteur de l'enseignement élémentaire)

Il estime que si les outils didactiques aident (à condition d'être disponibles en nombre, ce qui est très loin d'être le cas d'une école à une autre et d'une activité à l'autre dans une même école), un critère est plus important : celui de la pratique, laquelle, dans les observations de classes, *« apparaît plus proche du cours magistral des anciens programmes »*.

La réponse aux exigences du curriculum en termes d'enseignement différencié et de rendement interne est à chercher dans une pratique maîtrisée, couplée à une disponibilité d'un matériel adéquat et en quantité suffisante. A l'école élémentaire privée catholique de Richard-Toll, la disponibilité d'une photocopieuse pour la reprographie à grande échelle des cahiers d'intégration, des cahiers d'exercice et des fiches d'évaluation sera une parfaite illustration de l'impact d'un matériel suffisant sur les résultats scolaires. Globalement, si les résultats au CFEE sont en nette baisse comparés à ceux d'avant curriculum au niveau de la commune, les élèves de cette école privée semblent s'être mieux comportés aux dernières évaluations (essais standardisés et examens nationaux) que leurs camarades des écoles publiques. En effet, alors que la moyenne communale du taux de réussite aux essais standardisés se situe à 24,5% en 2013 et 39,33% en 2014, l'école privée catholique obtient respectivement 86,11% et 74,62%. Cette tendance qui s'est légèrement maintenue au CFEE laisse donc apparaît qu'à des niveaux équivalents de formation sur le curriculum, la disponibilité d'outils didactiques appropriés est déterminante dans le rendement scolaire. Parallèlement à cela, nous retiendrons de nos entretiens que « la nouveauté du mode d'évaluation préconisé par le CEB est particulièrement en cause dans la baisse des résultats scolaires ». Selon des responsables du CODEC, « les enseignants ne maîtrisent ni le choix des indices ni la distribution des points dans les barèmes de notation ». Or c'est avec ces barèmes que les productions dans les différentes activités sont évaluées. Ce qui pose l'épineux problème de l'évaluation de la compétence.

Interrogés sur la faiblesse des taux de réussite, certains directeurs d'écoles fustigent le manque de maîtrise de l'APC par les enseignants. Pour eux, ces résultats sont symptomatiques des difficultés vécues par les enseignants dans l'application du CEB, relativement à l'élaboration de Situations Significatives d'Intégration (SSI) et de barèmes de notation, à l'évaluation des compétences et à la tenue de séances de renforcement ou de remédiation.

Les appréciations des directeurs impliqués dans les commissions d'inspections ordinaires et visites de classes, ne dérogeront point à ce constat d'insatisfaction quant à l'appropriation de l'APC.

Les propos des personnes interogées sont assez révélateurs :

« L'implantation de la réforme du curriculum de l'éducation de base procède de bonnes intentions, mais le résultat de son application est mitigé. » (B. D., Enseignant en activité).

« L'application de l'approche par les compétences n'est pas facile. Au moment de l'intégration des acquis, par exemple, il est difficile de faire mobiliser des apprentissages ponctuels pour résoudre une situation problème. » (F. B., Enseignant en activité).

« Ce qui rend l'approche par les compétences plus difficile, c'est le manque de supports didactiques. Tous les élèves n'ont pas de livres, ce qui rend la tâche plus compliquée. Je crois qu'il faut remédier à cela le plus rapidement. Sinon, il ne servira à rien de parler de curriculum car les enseignants ne pourront pas l'appliquer. » (F. D., Enseignante en activité).

Projet porteur d'innovations et de changements importants, la réforme du curriculum de l'éducation de base a, en effet, produit le renouvellement attendu des programmes. Certes le discours pédagogique change dans sa tonalité, mais, en ce qui concerne les réels changements de pratiques dans la classe, il faudra sans doute patienter encore quelques années avant de crier victoire.

Un demi-succès, dirait-on, résultant à notre avis du fait que la réforme du curriculum a fait ressortir les limites de l'approche socioconstructiviste, notamment au niveau de la différentiation, des besoins des enfants à prise en charge spéciale et de l'évaluation des compétences. Aborder la question de l'incidence de l'application du curriculum de l'éducation de base par le biais d'une démarche scientifique permet de confronter de telles limites et d'y apporter des hypothèses de solution

Si la réforme n'a pas porté tous ses fruits, c'est à cause d'un programme d'implantation mal ficelé, d'une stratégie en constante mouvance et d'un manque de supervision de la part des échelons d'autorités chargés de la faire appliquer systématiquement. Conséquemment, les directeurs d'école ont peiné à mobiliser leurs équipes pédagogiques autour de concepts et de situations d'apprentissage faisant l'objet de telles polémiques. En outre, des éléments conjoncturels liés à l'obligation des pouvoirs publics de rendre compte aux bailleurs de fonds pour leur contribution non négligeable dans le financement des besoins en éducation ne laissent pas entrevoir la situation réelle sur le terrain. En effet, les statistiques généralement présentées au niveau macro en termes d'indicateurs de flux (taux d'achèvement et de scolarisation) ne permettent pas une lisibilité claire de phénomènes dont les conséquences néfastes ne sont malheureusement visibles que plus tard et, sans doute, trop tard, au bout de plusieurs années. C'est, nous le pensons, le cas du décrochage scolaire à partir du CE2 à cause de la non-maîtrise de la lecture. Ce risque d'être le cas du discrédit envers l'école lisible dans les choix d'apprentissage de plus en plus de familles qui optent pour l'apprentissage d'un métier. Ce peut enfin être le cas du risque encouru d'être amené à abandonner un jour le curriculum faute d'évaluations. De même, l'introduction de l'approche de gestion axée sur les résultats (GAR) préconisée par le ministère, en mettant l'accent sur les indicateurs chiffrés, les moyennes de groupe, ne nous semble pas de nature à juguler de tels risques. Les changements pédagogiques attendus ne sont donc pas séparables des changements dans les pratiques de gestion et de gouvernance du système éducatif dans son ensemble. Or, les enseignants tenants de modèles traditionnels, la résistance des parents aux changements structurels et le manque de rigueur dans les politiques de supervision et d'évaluation sont autant d'écueils qui s'affirment encore aujourd'hui avec une prégnance telle qu'ils font penser à *statu quo*.

Force est de reconnaître que les solutions pour éviter la perte du sens initial du renouveau pédagogique se trouvent dans le curriculum lui-même. À l'instar de ses auteurs, des experts du monde de l'apprentissage et de la communication, il faudra se dégager du discours théorique, mettre en place des moyens concrets d'application systématique et impliquer les intervenants autour de la poursuite d'une réflexion pédagogique évolutive et dynamique.

Dans la commune de Richard-Tol, les différentes écoles s'efforcent de progresser ensemble suivant une planification à l'échelle communale et des épreuves standardisées sont administrées à chaque niveau en vue de déterminer objectivement le degré de maîtrise dans les domaines du français et des mathématiques. Les performances enregistrées dans le tableau 32 sont des moyennes calculées, de 2005 à 2012, sur la base des résultats dans chaque classe au terme de deux évaluations communales.

Tableau 31 : Taux de maîtrise du français et des mathématiques aux évaluations standardisées à Richard-Toll

Cours Années	CI	CP	CE1	CE2	CM1	CM2
2005	Fr. 71. 55 M.48. 96	Fr. 70. 25 M.54. 27	Fr. 62. 80 M.56. 40	Fr. 48. 27 M.33. 43	Fr. 58. 11 M. 46. 03	Fr. 52. 14 M. 47. 38
2006	Fr. 73. 55 M. 49. 23	Fr. 70. 95 M. 53. 97	Fr. 65 M. 55. 09	Fr. 47. 96 M. 35. 25	Fr. 56. 87 M. 44	Fr. 54 M. 47. 5
2007	Fr. 73. 89 M. 51. 63	Fr. 75 M. 55	Fr. 65. 98 M. 55. 75	Fr. 55. 14 M. 35. 65	Fr. 55. 87 M. 44. 77	Fr. 59. 08 M. 47
2008	Fr. 75. 17 M. 53. 06	Fr. 75. 09 M. 57. 18	Fr. 67.10 M. 59. 25	Fr. 57. 03 M. 34. 97	Fr. 58. 20 M. 47	Fr. 57. 33 M. 46. 96
2009	Fr. 78. 5 M. 53. 79	Fr. 77. 65 M. 58. 35	Fr. 66. 69 M. 57. 07	Fr. 59. 70 M. 44. 36	Fr. 55. 96 M. 45. 73	Fr. 63. 00 M. 49. 65
2010	Fr. 77.95 M. 55	Fr. 77.14 M. 61. 8	Fr. 70.14 M. 60. 4	Fr. 63.00 M. 46.51	Fr. 61. 5 M. 49. 5	Fr. 66.66 M. 51.15
2011	Fr. 85 M. 55. 45	Fr. 80. 56 M. 59. 68	Fr. 75. 56 M. 58. 64	Fr. 65. 49 M. 55. 20	Fr. 63. 87 M. 53	Fr. 71. 9 M. 55. 25
2012	Fr.75.25 M. 65. 20	Fr. 79. 05 M. 63. 36	Fr. 79. 95 M. 55. 15	Fr. 80. 33 M. 57. 50	Fr. 81 M. 61. 45	Fr. 80. 56 M. 59. 07

Source : CODEC de Richard-Toll
T.M. : Taux de Maîtrise- Fr. : Français - M. : Mathématiques

Un seuil minimum de maîtrise représentant le nombre d'élèves ayant réalisé un score moyen de 50% en français ou en mathématiques a été défini.

Le tableau ci-avant présente des taux moyens globaux calculés à chaque niveau à partir des données disponibles dans 19 écoles de la commune de Richard-Toll, de 2005 à 2012.

En français, l'analyse par niveau permet de constater que les taux de maîtrise sont élevés en ce qui concerne les deux niveaux (CI / CP) de la première étape. Par contre, à partir de la deuxième année de la deuxième étape (CE2), les taux de maîtrise sont en nette baisse. Malgré les forts taux enregistrés à la première étape, nos entretiens révèlent que les élèves ne maîtrisent pas la lecture à l'arrivée au CE1. De plus, les taux de maîtrise en lecture qui sont confondus dans les taux globaux de maîtrise du français tournent autour de 25 à 30% au CP et restent quasi stationnaires au-delà de ce niveau. Sachant que la maîtrise de la lecture est fondamentale dans la poursuite avec succès de la scolarité, nous nous sommes proposé de faire une observation plus fine des résultats de l'évaluation en lecture au CE2 en 2012. Ainsi, nous étions assurés que les élèves concernés avaient appris à partir du curriculum depuis la classe de CI et que leur niveau en lecture pouvait refléter l'incidence de l'enseignement reçu. Un échantillon de 200 élèves a été ciblé. Ces derniers ont été pris dans des écoles réputées pour les bons résultats qu'elles font lors d'évaluations à l'échelle communale voire nationale. Les données recueillies ont été analysées sans tenir compte du sexe et de l'âge qui ne nous ont pas semblé pertinents dans l'analyse. Les tableaux 33 et 34 montrent la distribution des scores en lecture et en mathématiques sur une échelle de 0 à 100.

Tableau 32 : Distribution des scores du CE2 en français sur une échelle de 0 à 100 (évaluation standardisées à Richard-Toll)

Scores	<15	[15-30[	[30-45[	[45-60[	[60-75[	>75
Effectifs	04	36	62	47	29	22
Fréquence	2	18	31	23,5	14,5	11
Fréquence cumulée	2	20	51	74,5	89	100
Appréciations	Très Faible	Faible	Médiocre	Moyen	Bien	Excellent

Source : CODEC de Richard-Toll, 2012.

102 élèves, soit plus de la moitié de l'effectif concerné (51%), ont obtenu un score inférieur à 45 points. Dans ce groupe on peut distinguer :

Ceux qui ont des notes très faibles, c'est-à-dire inférieures à 15 et représentant 2%

Ceux qui ont entre [15-30] constituent 18% de l'effectif global soit un nombre de 36 élèves sur les 200 ayant subi les épreuves. Cela représente un effectif de 20 élèves sur 100 qui sont jugés faibles en lecture. Les enseignants interrogés sur cette contre-performance mettent en cause l'entrée par les textes dans l'enseignement de la lecture. Ce que semble confirmer l'analyse des disciplines outils qui révèle qu'au CE2 les élèves ne maîtrisent pas la syntaxe. Manifestement, ce groupe a besoin d'un suivi encadrement plus rapproché avec l'implication si nécessaire des parents ou des tuteurs.

Il y a 62 candidats sur 200 soit 31% de l'effectif total appartiennent à la catégorie d'élèves qui ont réalisé des scores se situant entre [30-45]. Ils sont plus nombreux que les élèves des deux premières catégories et se rapprochent de la moyenne. La non-maîtrise de la lecture par plus de la moitié des élèves du CE2 ayant effectivement subi les épreuves est un indicateur pertinent qui invite à la prudence dans la lecture des forts taux de réussite en français dans le tableau 32. En rapprochant les données des tableaux 32 et 33, notamment le contraste frappant entre les taux élevés de maîtrise en français au CI/CP et ceux en nette baisse à partir du CE2, nous ne pouvons manquer de nous interroger sur la pertinence de la méthode de lecture dite « méthode globale » et sur sa maîtrise par les enseignants. Le CI/CP est par excellence l'étape à laquelle l'élève apprend à lire. A la sortie du CP, l'apprenant sait lire en principe. Dans notre exemple, la baisse des taux de maîtrise de la lecture au CE2 est la preuve que les élèves du CP, admis au CE1 et devant passer sans redoubler au CE2, ne savaient pas lire.

Pour les directeurs d'écoles et les enseignants de la première étape, la méthode d'enseignement de la lecture à cette étape est principalement en cause. En effet, selon eux, la méthode à point de départ global appliquée en lecture au CI-CP n'est pas adaptée à des enfants qui ont le français comme langue étrangère et seconde. S'il est admis avec E. CHARMEUX que « Lire c'est construire du sens sur un message dont on a besoin pour faire autre chose que lire », les enseignants sont unanimes à reconnaître la difficulté voire l'impossibilité pour certains d'atteindre cet objectif en fin de CP. Ainsi, même décriée, la méthode syllabique reste encore largement utilisée par la plupart des enseignants interrogés.

En outre, certains interlocuteurs soutiennent que le faible niveau d'expression (orale comme écrite) des élèves au CM est imputable à un manque de maîtrise de la lecture dès le CE1.

Il apparaît donc que les taux élevés de maîtrise en français ne traduisent pas une maîtrise de la lecture et de l'expression, pourtant base des apprentissages.

En mathématiques, comparés à la maîtrise en français, les taux de maîtrise des apprentissages en mathématiques sont moins élevés. Globalement, les taux de maîtrise ne dépassent pas 60%. Au CE2, de faibles taux en deçà de 50% ont été enregistrés sauf en 2011 et en 2012 où les taux respectifs augmentent légèrement (55,20 et 57,5). Ici aussi, comme en français, notre analyse des taux globaux de maîtrise est couplée à une analyse centrée sur les scores en mathématiques de 200 élèves au CE2 en 2012. Le tableau suivant montre la distribution des scores sur une échelle de 0 à 100.

Tableau 33 : Distribution des scores du CE2 en mathématiques sur une échelle de 0 à 100 (évaluations standardisées à Richard-Toll)

Scores	<15	[15-30[	[30-45[	[45-60[	[60-75[	>75
Effectifs	05	29	47	66	37	16
Fréquence	2,5	14,5	23,5	33	18,5	08
Fréquence cumulée	2,5	17	40,5	73,5	92	100
Appréciations	Très Faible	Faible	Médiocre	Moyen	Bien	Excellent

Source : CODEC de Richard-Toll, 2912.

La faible réussite révélée par les résultats globaux semble se confirmer en mathématiques où 81 élèves sur 200, soit 40,5%, ont un score inférieur à 45 points. Ces élèves semblent avoir de réelles difficultés en mathématiques. L'analyse des activités de résolution de problèmes ainsi que celles relatives à la numération fournit des éléments pertinents d'explication en ce sens que les taux de maîtrise sont des taux cumulés des activités de mathématiques. A ce niveau, l'analyse par activité donne des indications détaillées sur ce qui est vu comme un enseignement non maîtrisé des mathématiques.

Nos entretiens révèlent un enseignement de la résolution de problème exclusivement fondé sur la méthode progressive qui ne permet de mettre en exergue la compétence logique. Les techniques de résolution de problèmes ne seraient donc pas maîtrisées par les enseignants : données connues, superflues, inconnues, la méthode de Miche, les déductogrammes, les problèmes a-didactiques, les algorithmes, la méthode régressive ou le chainage en arrière, etc.

A l'insuffisance de la formation des enseignants s'ajoute, de l'avis des directeurs d'école, la maîtrise *« tardive » de* la lecture, base de tous les apprentissages. Ce que semblent confirmer les inspecteurs interrogés et qui soutiennent qu'en même temps que le curriculum est en cours d'application, d'autres programmes comme le PREMST sont mis en œuvre.

A la question de savoir si l'application du curriculum ne risque pas de souffrir de la présence d'autres projets et programmes dans le champ scolaire, l'inspecteur en charge de la réforme dira :

> « Tout est une question de choix et de dosage. Les autres types d'enseignements sont tout à fait complémentaires du curriculum qui les a prévus dans ses grandes lignes et dans l'approche par les compétences qu'il promeut ». (I. ND., Inspecteur de l'enseignement élémentaire).

A partir de la deuxième étape, les écarts entre les taux de maîtrise en français et ceux en mathématiques se réduisent considérablement. Ce constat corrobore le propos de beaucoup d'enseignants qui affirment que la maîtrise des apprentissages en mathématiques passe forcément par la maîtrise du français en général, et de la lecture en particulier. En effet, selon eux, les énoncés mathématiques sont avant tout des textes dont il faut savoir saisir le sens pour pouvoir répondre aux consignes formulées à leur propos.

Une analyse portant sur les scores par disciplines ou activités dont la maîtrise par les élèves du CE2 nous a paru insuffisante permettra de constater que globalement, en Langue et Communication, les résultats obtenus sont loin d'être satisfaisants. En effet, sur 23 objectifs spécifiques proposés (Cf. tableau 35 dans les pages qui suivent), le taux d'échec l'emporte largement sur la réussite. Les appréciations faites à propos du niveau de maîtrise en conjugaison, en grammaire, en orthographe et en lecture confirment l'hypothèse d'une maîtrise insuffisante dans ces disciplines. La technique de collecte d'informations utiles dans un texte de référence (recherche d'indices) est mise en cause en ce qui concerne la lecture.

Les difficultés constatées en production d'écrits sont vues comme la conséquence à la fois d'un déficit de ressources (champ lexical pauvre, structures syntaxiques élémentaires incomprises) et de la rareté voire l'absence de productions écrites sur des sujets qui intéressent vraiment les élèves : écrire est plus une corvée qu'un plaisir.

Les résultats faibles, notamment en orthographe (lexicale et verbale) et en grammaire ne permettent ni de mieux lire, ni de bien parler ou d'écrire. L'expérience de terrain, en s'ajoutant aux riches observations dans nos différents terrains, nous fait découvrir que, contrairement à ce qu'on affirme souvent, les formes graphiques défectueuses ne se gravent pas de manière indélébile dans l'esprit des élèves. Sinon, pourquoi les formes correctes (que l'enfant voit plus fréquemment) ne s'imprimeraient-elles pas également dans son cerveau avec la même facilité ? En fait, n'est-ce pas par de très nombreuses corrections progressives, tout au long de sa scolarité, que l'élève apprend à écrire et à orthographier ?

Dans le même ordre d'idées, s'agissant de la syntaxe, nous pensons qu'il faut éviter le découpage – souvent constaté – entre l'expression orale souvent « relâchée » des élèves et l'expression « soutenue » qui leur est souvent demandée : avant d'atteindre ce second stade, un élève du cycle élémentaire ne peut pas ne pas écrire comme il parle ; exiger de lui une forme irréprochable dès le début de cet apprentissage, c'est lui interdire d'écrire (même remarque à propos de l'expression orale). Toutefois, au C.M., pour que l'enfant apprenne vraiment à s'exprimer sur le mode écrit, le stade de l'oral « scripturé » doit être dépassé.

A ce niveau, il est fondamental que l'élève acquière progressivement, par la pratique d'exercices appropriés, une maîtrise suffisante des contraintes spécifiques à la langue écrite. Un rapport d'accident, une affiche, une recette de cuisine, une facture, le mode d'emploi d'un produit, les « bulles » des bandes dessinées, un compte rendu d'enquête, un récit, un dialogue, une annonce, la légende d'une carte, une lettre, un titre de journal, un reportage, une réclame, etc., voilà autant de situations de communication qui exigent du rédacteur une connaissance du type de texte ou du type d'écrit approprié. Tantôt c'est la nominalisation et la phrase nominale qui sont privilégiées ; tantôt il s'agit de composer des phrases brèves, à dominante verbale ; tantôt c'est une valeur temporelle particulière qui s'impose (impératif, infinitif, etc.).

En somme, l'enfant doit apprendre que l'expression écrite n'est pas une simple reproduction graphique du langage oral, et que chaque situation de communication implique un registre de langue déterminé. D'autre part, si nous croyons à l'utilité d'un « amendement » du premier « jet » en production d'écrits, nous ne pensons pas qu'il faille imposer à l'élève deux ou trois corrections successives d'un même texte, pratique courante dans certaines classes. Nous pensons même qu'il n'est pas nécessaire (quand ils sont trop nombreux) que tous les textes de l'élève soient corrigés : celui-ci peut ne mettre « au net » que les seuls textes qu'il destine à son correspondant, ou qu'il désire publier dans le journal scolaire (c'est le cas lorsque chaque élève dispose d'une page à imprimer dans le journal). Quant aux autres productions écrites, elles sont lues aux camarades, sans plus. Dans le tableau 35 qui suit, nous détaillons les scores par discipline afin de mieux apprécier ce que les précédents tableaux (Tableaux 33 et 34) nous ont globalement révélé sur la baisse du niveau en lecture et en mathématiques. Dans le programme indiqué par le guide pédagogique, le domaine « Langue et Communication » et le domaine « Mathématiques » regroupent différentes disciplines ou activités. L'analyse des résultats dans chaque discipline peut sans doute permettre de situer plus précisément les insuffisances que les scores globaux ne permettent de saisir qu'imparfaitement.

Tableau 34 : Analyse des scores par disciplines ou activités (évaluations standardisées au CE2 à Richard-Toll.

Objectifs spécifiques	A : Compléter par ces ou ses	B : Ecrire au pluriel : L'écolier a chanté.	C : Accorder le verbe : Demain, Ali chant
Réponses justes	94	29	50
Réponses fausses	106	171	150
Constats	53% de réponses fausses	Fort taux de réponses fausses (85,5%)	- Fort taux de mauvaises réponses : soit 75% pour le futur simple - Présences des connecteurs temporels qui sont des indicateurs pertinents de la notion du temps.
Hypothèses explicatives	L'absence de distracteurs a conduit les enfants à choisir une réponse au hasard « ces ou ses » : ce qui dénote un manque de maîtrise des mécanismes qui permettent de placer le bon mot à l'endroit indiqué.	- Incohérence dans la suite chronologique des accords demandés. - Les enfants n'ont pas l'habitude de mettre les phrases au pluriel.	- La consigne ne précise pas avec exactitude le temps de conjugaison attendu pour chaque phrase à transformer. - La présence des connecteurs peut dérouter certains enfants qui ne les ont pas appris comme inducteurs.

Objectifs spécifiques	D : Mettre une croix devant la bonne réponse (complément du nom)	E : Dresser le portrait physique d'une personne familière	F : Donner l'idée générale d'un texte
Réponse justes	64	60	20
Réponses fausses	136	140	180
Constats	Très faible taux de bonnes réponses (32%) pour le complément du nom ;	Faible taux de réussite (30%). Emploi inapproprié de certains adjectifs qualificatifs. Emploi mal à propos des indicateurs de temps tels que « d'abord », « ensuite », « puis », « enfin » Verbes laissés à l'infinitif Lexique pauvre	Très faible taux de réussite (10%) Des confusions entre « idée générale » et « actions ponctuelles ». Indices significatifs difficilement identifiables.
Hypothèses explicatives	Faible maîtrise de l'utilisation des prépositions. Confusion entre le COD et le Complément du nom.	Les critères de réussite du texte descriptif ne sont pas bien acquis : le temps des verbes tout comme l'emploi des adjectifs qualificatifs n'est pas maîtrisé pour ce type d'exercice. Un champ lexical approprié au portrait n'est pas acquis.	La méthode syllabique utilisée par certains enseignants ne prépare pas suffisamment à la compréhension générale d'un texte. Les élèves ne savent pas donner du sens à ce qu'ils lisent.
Objectifs spécifiques	D : Mettre une croix devant la bonne réponse (complément du nom)	E : Dresser le portrait physique d'une personne familière	F : Donner l'idée générale d'un texte
Réponse justes	64	60	20
Réponses fausses	136	40	180
Constats	32%) pour le complément du nom	Faible taux de réussite (30%). Emploi inapproprié de certains adjectifs qualificatifs. Emploi mal à propos des indicateurs de temps tels que « d'abord », « ensuite », « puis », « enfin » Verbes laissés à l'infinitif Lexique pauvre	Très faible taux de réussite (10%) Des confusions entre « idée générale » et « actions ponctuelles ». Indices significatifs difficilement identifiables.
Hypothèses explicatives	Faible maîtrise de l'utilisation des prépositions. Confusion entre le COD et le Complément du nom.	Les critères de réussite du texte descriptif ne sont pas bien acquis : le temps des verbes tout comme l'emploi des adjectifs qualificatifs n'est pas maîtrisé pour ce type d'exercice. Un champ lexical approprié au portrait n'est pas acquis.	La méthode syllabique utilisée par certains enseignants ne prépare pas suffisamment à la compréhension générale d'un texte. Les élèves ne savent pas donner du sens à ce qu'ils lisent.

Source : CODEC de Richard-Toll

En résumé, l'orthographe et la syntaxe doivent constituer des atouts majeurs pour l'apprentissage réussi de la langue en général. A condition qu'elles ne demeurent pas lettre morte, les suggestions que nous faisons invitent au renouvellent fécond de la pratique de la pédagogie du français à l'élémentaire. Cependant, que les ambitions du maître, en ce domaine, restent modestes. Ce qui importe surtout, c'est d'éveiller chez l'élève le goût et de créer l'habitude de mieux lire, de bien parler ou d'écrire.

Par ailleurs, comme les élèves ciblés par notre échantillon ont été choisis au hasard dans des écoles différentes de façon à obtenir un maillage le plus large possible, il ne nous a pas été facile de mettre en évidence une typologie des écoles en fonction des bons ou des mauvais résultats des élèves. Nous pensons que cela est une limite d'un point de vue méthodologique, quand on sait que l'identification de types d'écoles suivant les réussites et les échecs des élèves peut être facteur d'émulation.

Au demeurant, l'intégration, par les enseignants, des techniques innovantes de lecture semble inévitable dans le cadre d'un enseignement basé sur le curriculum. Cela permettrait de diversifier à la fois les supports didactiques et les situations d'apprentissages. La tenue régulière et systématique d'évaluations standardisées est sans doute une bonne pratique. Elle contribue à réduire les écarts entre écoles et entre élèves en permettant de progresser ensemble. Elle ne saurait être une panacée au risque de plomber l'effort individuel et d'enfermer ainsi les élèves dans l'attitude du « passager clandestin », attitude dont on sait les conséquences néfastes qu'elle cause en termes de relâchement et de mimétisme. L'analyse objective des résultats générés par ce mode d'évaluation est une garantie de sa fiabilité et contribue à lui conférer une valeur heuristique indéniable.

En mathématiques, globalement, les taux de réussite en mathématiques au CE2 sont faibles. En mesure comme en résolution de problèmes, les taux sont en deçà de 50% (Cf. tableaux ci-dessous). Les suggestions et recommandations mettent l'accent sur des difficultés déjà évoquées à l'analyse faite de l'évolution des taux de maîtrise.

La faiblesse de la maîtrise des apprentissages en mathématiques est associée à des insuffisances dans les acquisitions en français, notamment en lecture. Il est intéressant de noter que les situations proposées dans la résolution de problèmes, par exemple, sont des énoncés textuels (contextes et consignes) que l'apprenant doit pouvoir d'abord lire (au sens de les comprendre) pour bien les traiter ensuite. Les capacités de raisonnement logique en mathématiques sont indissociables de la compétence de lire, toute chose égale d'ailleurs.

Les formules mathématiques sont d'abord libellées en français avant que de l'être en « langage mathématique ». Il n'est donc pas étonnant que des difficultés en lecture soient de nature à compromettre les chances de réussite attachées à la compréhension et à l'application de règles et de formules nécessaires dans la résolution de problèmes mathématiques, aussi bien au CE2 qu'au-delà.

En ce qui concerne les enseignants, les exigences en termes de formation plus ciblée dans l'enseignement des mathématiques, d'appropriation de méthodes de résolution de problèmes et de prise en compte de la totalité que constitue l'enseignement des différentes disciplines sont au cœur de toute tentative de remédiation.

Comme pour les activités du domaine Langue et Communication, les scores obtenus dans les différentes activités mathématiques (activités numériques, activités de mesures, activités géométriques et résolution de problèmes) donnent plus de précisions dans la maîtrise des acquisitions spécifiques à chacune d'elles.

Activités numériques

Sur 200 élèves, seuls 72, soit un pourcentage de 36% d'élèves, ont réussi l'exercice. Ce résultat est loin d'être satisfaisant surtout quand il est constaté en fin de CE2, classe de consolidation par excellence. Avec un effectif moyen de 45 élèves par classe et seulement 1/10 des élèves de chaque classe autorisée au redoublement, la plupart des élèves qui seront admis auCM1 ne maîtriseront pas la notion de moitié (tableau 36, page suivante).

Tableau 35 : Scores en activités numériques

Objectifs spécifiques	Trouver le résultat de la moitié de 36
Réponses justes	72
Réponses fausses	128
Constats	- faible taux de réussite (36%) - Non assimilation de la notion de moitié
Hypothèses explicatives	L'approche utilisée par le maître n'a pas été adéquate
Suggestions/ Recommandations	Etude systématique de la notion de moitié.

Source : CODEC de Richard-Toll

Activités de mesures

Sur les trois objectifs spécifiques proposés, les taux de maîtrise sont faibles. En fin de CE2, les élèves ne maîtrisent pas le tableau de conversion. Ils ne savent ni mesurer à l'aide d'instruments ni lire l'heure. Ces insuffisances constatées à ce niveau ne sont généralement pas corrigées au CM1 classe de nouvelles acquisitions. Au CM2, les impératifs de résultats au CFEE et à l'entrée en 6ème font que les enseignants oublient, la plupart du temps, de combler les lacunes de leurs élèves. Ceux d'entre ces derniers qui passent au collège risquent alors de trainer ces lacunes pendant une bonne partie de leur scolarité ; ce qui ne manque pas d'influer négativement sur leur maîtrise des apprentissages fondamentaux. Les autres élèves qui devront quitter l'école n'auront pas eux aussi les connaissances minimales en ces matières pour bien commencer dans l'apprentissage d'un métier (menuiserie, couture, maçonnerie, etc.). Sur ce dernier point, les formateurs dans les CFTP sont formels : les fondamentaux (lire, calculer, écrire, etc.) ne sont pas bien acquis chez la plupart des élèves qui arrivent, malheureusement par défaut, à l'apprentissage ou à la formation technique (tableau 37, page suivante)

Tableau 36 : Scores en Activités de mesures

Objectifs spécifiques	Convertir 100 cm en mètres	Mesurer la taille d'un camarade à l'aide d'une toise	Lire l'heure indiquée dans une montre
Réponses justes	76	44	60
Réponses fausses	124	156	140
Constats	- Faible taux de réussite (38%) ; - Non maîtrise de la conversion du sous – multiple au multiple	- Très faible taux de réussite (22%) - Non maîtrise des instruments de mesures effectives	- Taux de réussite faibles (30%) - Difficultés de lecture de l'heure à partir d'une montre à aiguilles.
Hypothèses explicatives	- Utilisation non efficiente du tableau de conversion	- Les instruments de mesures effectives n'ont pas été utilisés ou maîtrisés - leçons souvent très théoriques	- Non maîtrise de la lecture de l'heure à partir d'une montre à aiguilles. - La méthode active n'est pas souvent sollicitée pour le déroulement des enseignements - Les élèves ne sont pas habitués à utiliser des montres à aiguilles.
Suggestions/ Recommandations	Insister davantage sur les exercices de conversion : en les variant et en tenant compte de la réversibilité.	Procéder à des exercices pratiques de mesures et les varier.	- Systématiser la lecture de l'heure en variant les supports. - Recourir aux enseignements / apprentissages par la méthode active.

Source : CODEC de Richard-Toll

Activités géométriques

Les faibles taux de réussite obtenus des activités de traçage de figures géométriques simples dénotent soit une méconnaissance des propriétés de telles figures, soit un manque de maîtrise du maniement des instruments de géométrie. La géométrie, pourtant essentiellement de construction à l'élémentaire est généralement mal enseignée par des maîtres qui ne sont pas suffisamment bien appropriés certaines notions spécifiques à la discipline. Les termes « demi-droite », « droite », « segment », « angle » entre autres, s'ils ne sont pas mal représentés et nommés à partir des lettres de l'alphabet, sont souvent mal définis.

Par ailleurs, comme les activités de géométrie ne sont pas spécifiquement évaluées aux essais et autres examens nationaux, certains enseignants les négligent au profit de la résolution de problèmes ne faisant presque plus appel à des aptitudes en géométrie (tableau 38).

Tableau 37 : Scores en activités géométriques

Objectifs spécifiques	Tracer un rectangle dont les dimensions sont données	Tracer un triangle équilatéral	Tracer un triangle rectangle
Réponses justes	51	76	62
Réponses fausses	149	124	138
Constats	- Taux de réussite relativement bas : 25,5% - Non maîtrise des propriétés des figures simples ainsi que des attributs tels que : rectangle, équilatéral.	- Taux de réussite relativement bas : 38% - Non maîtrise des propriétés des figures simples ainsi que des attributs tels que : rectangle, équilatéral.	- Taux de réussite relativement bas : 31% - Non maîtrise des propriétés des figures simples ainsi que des attributs tels que : rectangle, équilatéral.
Hypothèses explicatives	- Utilisation non efficiente du tableau de conversion	La leçon sur les caractéristiques du rectangle et du triangle n'est pas bien acquise.	. La leçon sur les caractéristiques du rectangle et du triangle n'est pas bien acquise.
Suggestions/ Recommandations	- Faire acquérir la notion de triangle (quelle que soit sa position). - Procéder à une distinction des formes du triangle en insistant sur leurs particularités.	- Faire acquérir la notion de triangle (quelle que soit sa position). - Procéder à une distinction des formes du triangle en insistant sur leurs particularités.	- Faire acquérir la notion de triangle (quelle que soit sa position). - Procéder à une distinction des formes du triangle en insistant sur leurs particularités.

Source : CODEC de Richard-Toll

Résolution de problèmes

Les faibles taux de réussite sont révélateurs du manque de maîtrise de formules mathématiques et du sens et de la pratique de certaines opérations dont la multiplication. Des difficultés de reconnaissance de figures géométriques simples ont aussi été notées. Les élèves savent réciter les formules mathématiques de mémoire. Mais l'utilisation qu'ils en font montre qu'ils ne les comprennent pas.

De plus en plus, les élèves sont confrontés à des problèmes qui ne leur donnent plus l'occasion de raisonner, de démontrer et de rédiger. La leçon de résolution de problèmes, au lieu d'être un moment de mobilisation intériorisée et d'intégration de ressources diverses acquises à travers d'autres apprentissages, reste globalement dominée par l'application de formules mal assimilées.

Tableau 38 : Scores en activités de résolution de problèmes

Objectifs spécifiques	Calculer un gain	Calculer le périmètre d'un rectangle dont on connaît la surface et la largeur	Calculer le demi-périmètre d'un rectangle dont on connaît la longueur et la largeur
Réponses justes	68	43	54
Réponses fausses	132	157	146
Constats	- Faible taux de réussite (34%) ; - Non maîtrise du sens de la multiplication et de la pratique opératoire.	- Très faible taux de réussite (21,5%) ; - Difficultés d'identification du rectangle ; - Mauvaise application de la formule.	- Très faible taux de réussite (27%) ; - Difficultés d'identification du rectangle ; - formule non assimilée.
Hypothèses explicatives	-Formule de calcul du gain non assimilée ; - La leçon sur le sens de la multiplication et la pratique opératoire n'a pas été bien menée.	Non maîtrise de la formule de calcul du périmètre du rectangle.	- L'exercice comporte deux difficultés : reconnaissance de la figure et application de la formule ; - Absence d'observation dynamisée dans la présentation des figures géométriques.
Suggestions/ Recommandations	- Mettre l'accent sur le sens de la multiplication ; - Varier les exercices de la multiplication ; Habituer les élèves à résoudre des problèmes sur les gains.	Faire travailler sur les correspondances possibles entre les dimensions d'une figure géométrique simple.	. Associer plus dynamiquement les leçons de mesures à celles de géométrie

Source : CODEC de Richard-Toll

Que ce soit en langue et communication, ou en mathématiques, il ne faut pas perdre de vue que les élèves sont trop différents les uns des autres pour qu'une même méthode soit la meilleure pour tous. Cette diversité des esprits enfantins implique, dans une même classe, la plus grande variété des techniques et des procédés voire de postures. En outre, l'analyse de la maîtrise des apprentissages en mathématiques n'est pas sans conséquence sur l'achèvement de la scolarité à l'élémentaire, mais aussi sur la poursuite des études au-delà. Nos entretiens avec des formateurs au niveau de centres de formation professionnels nous ont permis de confirmer la faible performance des élèves en mathématiques. En effet, selon ces formateurs, les apprentissages professionnels, généralement cités pour leur grande tolérance des lacunes scolaires, mettent, malgré tout, en évidence des troubles spécifiques dans les apprentissages structuraux les plus élémentaires. En mathématiques surtout, il subsiste un manque de maîtrise des automatismes (opérations et numérations), une absence d'expériences de manipulation et de construction de figures et de volumes de la géométrie élémentaire et une mauvaise maîtrise des unités de mesure et de leurs rapports. S'y ajoute une incapacité de représenter concrètement les données de problèmes simples (estimation des volumes, des formes, des poids...) et des problèmes de compréhension des consignes en rapport avec la langue de formation.

S'agissant de l'enseignement de la technologie qui est inséparable de celui des mathématiques, les formateurs nous disent que, même quand il est fait, il reste totalement inadapté pour inciter les enfants à la créativité et à l'ingéniosité. Les visites d'ateliers d'artisans ainsi que la rencontre avec des professionnels de ces secteurs sont choses rares à l'école et ne conduisent pas à une recherche et à une étude des aptitudes, des comportements, des savoirs et des objets nécessaires à la production. La description, le dessin et la schématisation d'objets utilitaires ou esthétiques techniquement réussis ont disparu des activités de l'école.

Pour les formateurs, le caractère lacunaire des contenus de l'enseignement de la technologie à l'école fait que cette dernière se prive d'un environnement stimulant l'intérêt des jeunes dans ce domaine. Selon eux, il serait donc utile d'apprendre à l'école à avoir une vision *pratique* des objets quotidiens, à savoir les utiliser et les réparer. La manipulation, la construction, le projet technique peuvent bien trouver leur place à l'école au moyen des diverses activités liées aux apprentissages mathématiques (pliages, création de figures, de volumes...) ou aux activités de pétrissage, de tressage, etc., qui obligent à faire une représentation anticipée des objets finis. L'évolution à la baisse des taux de maîtrise en français et en mathématiques semble rencontrer le constat des autorités éducatives aussi bien à l'échelle nationale que départementale. En effet, pour ces dernières, l'évaluation du PDEF fait apparaître des progrès remarquables dans le domaine de l'accès avec un taux brut de scolarisation de 93,93% et un indice de parité de 1,1 en faveur des filles en 2010. Toutefois, au niveau national, ces résultats appréciables ne se sont pas manifestés au niveau de la qualité au regard des performances des élèves en français, en mathématiques et en sciences à l'élémentaire.

A Dagana, par exemple, les niveaux de performances en français (25,90% au CP et 52,98% au CE2) et en mathématiques (53,45% CP et 32,38% CE2) sont en deçà des attentes.

C'est ainsi que, pour améliorer les enseignements-apprentissages dans ces disciplines, il est prévu, dans le cadre du PAQUET, l'établissement d'un CAQ entre les IEF et les écoles élémentaires pour la période 2013 - 2017.

A l'heure où le rendement du système éducatif est devenu un objectif prioritaire dans les discours officiels sur l'éducation, les différents agents (institutions internationales, gouvernements, syndicats, parents d'élèves, partenaires) ont sans doute intérêt à œuvrer ensemble dans la définition et l'appréciation des indicateurs pour décrire et mesurer l'incidence du curriculum sur les enseignements-apprentissages.

Nos entretiens révèlent que dans le débat au Sénégal, les familles, pourtant usagères principales de l'école, ne sont que peu sollicitées pour déterminer cette exigence de résultats. Or, leurs pratiques de scolarisation montrent bien souvent leur autonomie vis-à-vis des politiques mises en place et donc l'importance de la prise en compte de leurs représentations. Le dialogue entre l'école et la communauté nous semble plus actuel que jamais pour l'instauration d'un climat de confiance entre les deux. Qu'en est-il de la dimension socio-affective de l'apprentissage ? Permet-elle de partager des valeurs dans l'esprit de l'APC ?

Avant de répondre à cette question, nous rappelons qu'une valeur est, selon ROKEACH, une conviction durable selon laquelle une fin d'action ou de vie, ou bien une manière de se comporter ou d'agir est considérée comme souhaitable ou non. Les valeurs induisent des attitudes qui accompagnent tant les démarches socio-affectives que celles cognitives.

Le problème qui se pose aux enseignants, dans le cadre de l'application de l'APC, est de savoir comment faire acquérir aux apprenants la capacité d'exercer ces démarches socio-affectives. D'abord, il ne faut pas perdre de vue que cette capacité ne s'acquiert pas en une seule fois, dans un temps bref. Ensuite, l'enseignement de valeurs nécessite toujours une analyse et un débat sur les valeurs qu'il faut imposer, sur celles qu'on peut promouvoir et sur celles qui exigent de l'enseignant une attitude de neutralité. Dans la pratique, les leçons du « vivre ensemble » ou encore ceux du « vivre dans son milieu », qui sont les moments privilégiés d'acquisitions d'opérateurs socio-affectifs, sont tout simplement improvisés, s'ils ne sont pas traités en parents pauvres dans la planification des activités de classe. Là-dessus, nos entretiens, comme pour rejoindre les conclusions d'une étude sur l'APC, mettent en cause l'esprit de cette approche jugé incompatible avec les valeurs. Selon nos interlocuteurs, les compétences sont, par construction, des combinaisons d'opérations mentales élémentaires, ce sont des réponses à des

« situations ». De l'avis des auteurs de l'étude précitée, nous pouvons mentionner :

> « Pour l'APC, le chemin qui mène de la connaissance à la compétence est celui de l'utile : il y a compétence quand on appelle la bonne connaissance à bon escient. Mais ce que la connaissance signifie pour l'homme ou la société n'est pas une problématique pour l'APC. » (C. A. SENE, syndicaliste).

Par conséquent, le curriculum, à travers l'APC, ne permet pas d'instaurer le dialogue entre l'école et la société car ce dialogue exige un partage de valeurs que l'APC n'intègre pas.

La tendance à l'homogénéité du groupe en face, observée dans la conduite de classes, ne saurait être féconde car elle risque d'entraîner les enseignants dans la disqualification des notions d'efforts et d'apprentissage. Elle peut aussi contribuer à enfermer les élèves dans ce qu'ils sont au lieu de les ouvrir à l'apprentissage de ce qui n'est pas soi. Il ressort de ce qui vient d'être dit que ce qu'il convient de mettre au centre du système éducatif, ce n'est pas l'élève ou le maître ou les savoirs seuls, mais d'évidence les relations entre l'élève et les savoirs d'une part, et celle entre l'élève et le maître d'autre part.

Dans le premier cas, il s'agit de revenir à l'impératif de travail qui est celui des élèves ou pour le dire autrement à la citoyenneté du travail, et dans le second cas, à la restauration de l'autorité de l'enseignant, gage d'accessibilité et d'intérêt pour l'élève de l'enseignement transmis. En effet, selon cette approche, le citoyen est celui qui est libre lorsqu'il vote la loi et contraint cependant par cette même loi, dès lors qu'il l'a approuvée – on retrouve ici les deux moments liberté et discipline que le travail réconcilie en lui. Dans cette perspective, il serait impossible de parvenir à connaître le monde, à pratiquer un art ou un sport, mais tout autant à s'approprier les éléments fondamentaux de l'histoire, des langues ou de la littérature, sans passer par une certaine discipline du corps et de l'esprit, une rigueur intellectuelle et manuelle, un effort de réflexion et de pensée en l'absence desquels la culture scolaire est non seulement inaccessible, mais parfois rebutante. Ce n'est qu'au-delà d'un certain seuil qu'elle dévoile sa richesse et son intérêt, et c'est cela qu'il faut avoir la capacité et l'autorité de faire comprendre aux apprenants. La clé du succès en ce domaine sied à une reconsidération des rapports de l'apprenant au savoir, reconsidération qui sera sous-tendue par une reconnaissance permanente d'une dissymétrie des rapports enseignant-enseigné. Au regard de la culture scolaire, disons que le monde de l'enseignant n'est pas celui de l'élève ; l'enseignant détient le savoir qu'il peut et doit transmettre à l'élève qui ne le possède pas encore ou le possède de manière imparfaite.

Lorsque nous avons demandé à des élèves de collège, en classe de sixième et de cinquième, de donner, par un dessin ou un simple schéma, une représentation globale de l'intérieur de leur corps, d'y retracer, par exemple, les grands moments de processus tels que la digestion ou la circulation sanguine, les résultats ont été fort amusants. Certaines inventions ont été ingénieuses, d'autres touchantes, toutes ont été significatives, sur le plan psychologique et symbolique, de la vision que l'enfant a de lui-même. Mais il faut le dire nettement : sur le plan scientifique, qui en l'occurrence intéresse d'abord l'école, elles ne se situent pas au même niveau et ne possèdent pas la même valeur que les explications données par l'enseignant. Et cet exemple simple, métaphorique, vaut dans toutes les autres disciplines. Les enseignants font-ils comprendre et admettre aux élèves et à tous ceux qui en douteraient, que l'univers culturel des adultes est, du moins bien sûr dans ce qu'il a de meilleur et que les programmes s'efforcent d'identifier, plus vrai, plus profond et plus intéressant que celui auquel on risque d'en rester si, comme Peter Pan, on s'accroche à l'enfance ?

En ce sens, il nous faut admettre que la finalité de la culture scolaire est de préparer les élèves à entrer dans un univers d'adultes qui peuvent s'enorgueillir de ce qu'ils peuvent transmettre et léguer aux jeunes générations pour leur permettre de s'inscrire à leur tour dans un monde qu'elles seront appelées, elles aussi, à habiter, à enrichir et à transformer. Et, c'est ici le lieu de signaler la pertinence d'une interrelation des apprenants à travers la valorisation des travaux de groupe et l'entraide mutuelle. Il s'agit, en d'autres termes, de dépasser le constructivisme qui met en relation le sujet connaissant et l'objet de connaissance pour le socioconstructivisme qui introduit une nouvelle dimension dans le processus d'enseignement-apprentissage : la médiation sociale.

Dans notre ouvrage sur l'école, nous avons donné un exemple simple de ce qu'il est possible de faire dans le cadre d'une éducation aux médias que nous ne cessons d'appeler de nos vœux. Nous pensons qu'en plus d'être une école de son milieu, l'institution scolaire devrait aussi être celle de son temps. A l'ère des TIC, un renouvellement des contenus-programmes et une réflexion sur les procédés et méthodes d'enseignement s'imposent. C'est du reste ce qui donne en principe son actualité et sa pertinence au CEB dont l'analyse de l'incidence de l'application sur les performances des enseignants et des élèves nous a permis d'arriver aux conclusions partielles contenues dans la section suivante.

V.4. CONCLUSIONS PARTIELLES

L'option d'une réforme curriculaire par l'approche par les compétences au Sénégal est l'aboutissement d'un processus de quête d'une école de qualité et porteuse de développement.

De nombreuses concertations nationales et internationales ont nourri l'idée de la réforme en faisant le constat de la détérioration de la qualité du système éducatif. Elles ont, en général, mis en exergue les difficultés suivantes de l'institution scolaire sénégalaise :

- La baisse de niveau scolaire se traduisant par des échecs massifs aux différents examens ;
- La faiblesse de niveau scolaire et les difficultés d'apprentissage dans les disciplines fondamentales telles que le français et les mathématiques ;
- Le caractère livresque et encyclopédique de l'approche par les contenus, pédagogie alors en vigueur, dénoncé par les praticiens et les théoriciens ;
- L'inadaptation de la structure du système scolaire aux défis du moment ;
- La désaffection grandissante de l'école par la communauté.

Même si la construction d'une vision sénégalaise nouvelle de l'éducation de base et, par conséquent, l'idée d'une réforme curriculaire ont découlé de ces concertations, il convient de noter que le choix précis de la réforme curriculaire par l'approche par les compétences a incombé exclusivement aux techniciens, experts et décideurs politiques de l'éducation.

Le choix de l'APC au Sénégal a reposé sur un souci d'adaptation de l'école aux mutations intervenues dans l'environnement national et international. Les initiateurs de la réforme ont estimé que « le début du troisième millénaire est marqué par une dynamique accélérée de mondialisation et la nécessité pour les ressources humaines d'un pays quel qu'il soit d'être de plus en plus compétentes. L'option de l'approche curriculaire adoptée par le Sénégal a pour but principal de « permettre au système éducatif sénégalais d'entrer de manière appropriée dans la modernité ».

Introduite en 1996, la réforme curriculaire par l'APC a pour but la formation de citoyens en phase avec leur environnement socio-économique et culturel, ouverts à la civilisation universelle, mais surtout acteurs de développement. Il s'agit, à travers le nouveau curriculum, de dépasser la traditionnelle accumulation de connaissances et de favoriser l'assimilation de compétences susceptibles d'être exploitées pour la résolution de problèmes immédiats. Ce curriculum par l'approche par les compétences se fonde sur deux théories : le constructivisme et le socioconstructivisme ; tous deux concevant respectivement qu'il n'y a de connaissance que construite par l'expérience et que l'interaction sociale dans l'expérience fonde la connaissance. Dans cette logique, le curriculum par l'APC vise le développement de compétences chez les apprenants tout en privilégiant la pédagogie de l'intégration. Cette pédagogie consiste à aider l'élève à apprendre et à mobiliser ses connaissances et savoir-faire dans un contexte social, éthique et moral afin de résoudre des situations problèmes qui ont du sens pour lui.

Aujourd'hui, il est apparu que les ressources humaines sont le facteur le plus important de la croissance économique parce qu'entrant directement dans la production : créativité, inventivité, productivité. Des pays sans ressources naturelles comme le Japon, la Corée du Sud, le Taiwan et le Singapour ont montré que le développement est possible en investissant massivement dans l'éducation et la formation. Celles-ci constituent donc des enjeux importants dans tout processus de développement en ce début du millénaire marqué par une dynamique accélérée de mondialisation. La pertinence et l'efficacité d'un système éducatif se mesurent à sa capacité de répondre aux besoins des populations qu'il sert. Sous ce rapport, une réforme du système éducatif, en vue de le rendre plus adapté aux réalités socioculturelles du pays et plus efficace à la fois à l'interne qu'à l'externe, est sans doute salutaire. Le Sénégal qui s'est inscrit dans cette dynamique n'a pas lésiné sur les moyens (humains, matériels et financiers) pour l'élaboration, la mise à l'essai et la généralisation du curriculum de l'éducation de base. Dans ce contexte de mondialisation, la réforme du curriculum de l'éducation de base est définie par les autorités politiques comme une nécessité pour ancrer l'école aux réalités et valeurs nationales tout en l'arrimant aux standards internationaux en matière de compétitivité, d'efficacité et de qualité d'une éducation pour tous et par tous. Un équilibre sans doute difficile mais que les autorités en charge de l'Education nationale se proposent d'atteindre.

Depuis 1996, la réforme du CEB est au cœur de la politique éducative du Sénégal. Tous les textes à caractère officiel soulignent la nécessité de rompre avec un système marqué par des méthodes pédagogiques dirigistes et l'apprentissage par cœur. Pour assurer la réussite de la réforme, il convient de former des citoyens d'un genre nouveau. C'est à l'école qu'incombe cette responsabilité à travers un modèle d'éducation « centré sur l'élève » inculquant l'esprit critique, le sens des responsabilités et des valeurs. Inspiré par de tels principes, le curriculum de l'éducation de base semblait voué à connaître un franc succès. Qu'en est-il aujourd'hui, plus de quinze ans après sa première mise à l'essai ? Que dire de son parcours d'implantation ? Quelle application en font les enseignants ? Pour quels résultats au niveau des apprentissages ? Quelles appréciations les parents ont-ils du niveau de maîtrise de leurs enfants ?

Reposant sur une approche par compétences, en provenance du monde occidental, le curriculum trouve tout de même un terrain favorable au Sénégal. Les principes sur lesquels reposait la pédagogie par objectifs de résultats qui le précède, valorisant le développement de l'esprit critique chez les élèves, ne pouvaient qu'accueillir d'un œil favorable la proposition de faire de ces derniers les acteurs de leur apprentissage. Beaucoup des principes sur lesquels repose le projet de réforme du curriculum ne sont donc pas nouveaux dans le système éducatif sénégalais. Notre analyse ne prétend à aucune exhaustivité sur la question du curriculum, mais elle cherche plutôt à déterminer l'incidence, de 2005 en 2013, de l'application de ce nouveau programme par les enseignants dans les pratiques quotidiennes de classes. A travers ce sujet, nous nous sommes intéressé aux conditions de réalisation de la vision politique attachée à l'adoption d'une formation axée sur l'acquisition de compétences à l'école. A cet effet, nous nous sommes attardé sur les distorsions dont les propositions de la réforme ont été victimes.

Les critiques formulées envers le curriculum relèvent de deux logiques : logique interne relative à la cohérence formelle d'une part, logique externe relative aux conditions concrètes de mise en œuvre d'autre part. Les options politiques permettent de rendre compte du formalisme qui caractérise la mise en place du CEB. Et, bien que la rhétorique officielle présente ce dernier comme étant centré sur l'approche par les compétences et, par-là, en rupture avec la pédagogie des contenus et la pédagogie par objectifs, la réalité semble assez éloignée de cette description idyllique. Cette réalité fait apparaître le curriculum davantage comme le produit d'une réflexion universaliste et formaliste analysant *a priori*, c'est-à-dire hors de tout contexte concret, l'apprentissage et ses conditions.

La mise en œuvre nationale révèle des inadéquations qui appellent une nécessaire souplesse à introduire en termes de remédiations et ou d'ajustements. Ce qu'une évaluation d'envergure pourrait confirmer ou infirmer et que notre travail s'efforce modestement de faire saisir.

Devant les dysfonctionnements et les obstacles rencontrés, la question de l'amélioration significative, celle de l'abandon pur et simple ou encore la question du maintien du curriculum se posent à des degrés variables dans les milieux enseignants. La plupart des enseignants pensent que ce serait un énorme gâchis que de se débarrasser d'une réforme qui a mobilisé énormément de moyens. Selon eux, malgré les écueils réels que présente l'application de l'approche par les compétences, le curriculum devrait être maintenu et amélioré en ses divers aspects sur lesquels la plupart des acteurs professionnels s'accordent pour dire qu'il faut reconsidérer l'adéquation entre la théorie et la pratique.

Les principales conclusions partielles de ce travail sont relatives au formalisme excessif marqué par l'introduction de nombreux concepts nouveaux qu'il convient de mettre à la portée d'enseignants mal préparés, et à la persistance de l'application, dans les classes, des anciens programmes sous prétexte que le curriculum ne fait que les répéter à travers un appareillage rhétorique fort peu soucieux d'apporter les changements promis. Au regard des résultats issus de l'appréciation des situations d'apprentissage, la critique paraît fondée en ce sens.

La réforme du curriculum signifiait un changement important de culture, une modification significative des méthodes d'enseignement de manière à favoriser notamment les stratégies d'apprentissage. A ce niveau, loin de nous poser en expert, nous parlerons davantage de ce que nous avons vu, entendu dire et compris. Sans prétendre à l'exhaustivité, nous avançons qu'à partir de l'analyse de données statistiques et des informations issues d'enquêtes qualitatives, le curriculum apparaît comme une avancée pédagogique au plan conceptuel en ce sens qu'il propose une reconsidération de certains aspects primordiaux de la pratique de classe notamment la systématisation d'un moment clé du processus d'apprentissage appelé *« intégration »*. A côté de ce constat qui ne dit rien sur l'incidence de l'application généralisée depuis 2005, ce travail d'analyses documentaires et d'entretiens avec des acteurs de l'éducation, notamment des enseignants, des directeurs d'écoles, des professeurs de collège, des formateurs techniques et professionnels, des syndicalistes, des parents d'élèves, des élèves et des partenaires sociaux, enrichi d'observations une vingtaine d'écoles dans la commune de Richard-Toll, a fourni une somme de données extrêmement riches. Les conclusions qui suivent en découlent. Nous espérons qu'elles seront utiles au Sénégal dans sa quête de qualité du système éducatif en éducation de base.

Constat 1 : Les politiques nationales au sujet de la réforme du curriculum se caractérisent par un faible contrôle au niveau déconcentré et par une évaluation située bien plus au niveau de l'*« output »* que de l'*« input »*. Dans ces conditions, on peut craindre qu'une pédagogie trop portée à la conceptualisation et tentée par des approches en fait plus thématiques que scientifiques n'entraîne des conséquences fâcheuses à la longue. Les bienfaits et les forces de l'application de la réforme sont noyés par une gestion approximative et dépourvue de contrôle de la part de la hiérarchie (directeurs et inspecteurs). Les visites de classes sont irrégulières voire inexistantes. Si elles sont effectuées et permettent in situ d'identifier les difficultés de mise en œuvre de certains aspects pédagogiques, par exemple, la tenue des remédiations préconisées fait défaut. La plupart des enseignants disent ne pas se sentir suffisamment accompagnés dans la mise en œuvre effective du curriculum prescrit. Or, pour implanter une réforme et la faire appliquer, nous pensons qu'au-delà du temps, des moyens et des outils qu'il faut nécessairement se donner, des évaluations systématiques par les corps de contrôle et d'encadrement sont indispensables pour apprécier, à leur juste valeur, les effets produits et y préconiser, le cas échéant, les remèdes appropriés.

Constat 2 : Le credo réitéré et justifiant la réforme du curriculum de l'éducation de base au Sénégal repose sur le postulat selon lequel ce dernier programme serait doté de la capacité de rendre les enseignements-apprentissages plus qualitatifs. On ne peut manquer d'être surpris quand on sait que la qualité de l'éducation est, aujourd'hui encore, très controversée au regard de la baisse du niveau de maîtrise des apprenants.

Constat 3 : A n'en pas douter, contre les manquements et contre les obstacles au travers de l'avènement de l'école sénégalaise promise par le curriculum, la culture d'une tradition universitaire plus portée à valoriser la recherche empirique en éducation fait défaut. Une telle culture doit être encouragée car elle fera éviter de se déployer en vain au travers de milliers de pages que d'interminables rapports sans prises avec les réalités du terrain servent assez souvent sur l'école. Nous y contribuons à travers cette recherche, en espérant que l'écho de notre propos tombe dans l'oreille des décideurs.

Constat 4 : Lors de notre investigation empirique sur la perception du curriculum auprès des enseignants de la première et de la deuxième étape, notamment au CP et au CE, nous relevons que la diversité des situations fait que l'interprétation du curriculum varie considérablement d'un maître à l'autre. Nous notons aussi que la préparation de ces derniers à la réforme est largement insuffisante dans sa forme institutionnelle tout en faisant apparaître un clivage entre partisans et détracteurs du curriculum. Pour ces derniers, la négligence des contraintes du réel justifie les insuffisances constatées dans l'application de la réforme. Ce que nous soulignons.

Constat 5 : Faute de manuels suffisants, l'approche par compétence n'est pas effective dans les pratiques de classes. Les critiques, en soulignant le risque de perpétuer un enseignement encyclopédique dépourvu de sens, pratiqué par des enseignants livrés à eux-mêmes, mal préparés et pas outillés, mettent ainsi en avant l'importance du matériel didactique. L'application de l'approche par les compétences suppose de doter les enseignants et les élèves de manuels suffisants. Les manuels scolaires constituent la garantie minimale d'un enseignement de qualité palliant les carences de maîtres insuffisamment formés pour élaborer eux-mêmes leur matériel didactique, comme l'attestent les témoignages de directeurs d'écoles et d'inspecteurs de l'éducation et de la formation. Pour ces derniers, l'insuffisance de manuels est réelle et compromet gravement la réussite de l'application effective du curriculum. Dans les écoles que nous avons visitées, le ratio est d'un album de lecture pour trois à quatre élèves. Les espaces de promotion de la lecture tels que les bibliothèques sont quasi inexistants. Certaines écoles dotées de bibliothèques peinent à les animer au profit des élèves. Sur le plan politique, la fourniture des manuels s'inscrit dans un processus complexe d'évaluation, de choix, d'élaboration de catalogues d'appels d'offres qui entraîne des retards considérables dans les délais de livraison.

Constat 6 : S'agissant de la formation des enseignants, le modèle « cascade »[29]utilisé, malgré l'avantage qu'il a conféré de toucher rapidement

---

[29] Cette technique a été créée et mise en application en France pour la première fois, pendant la période révolutionnaire. Dans le cadre de l'École normale de l'an III elle visait à former à Paris un délégué de chaque district pendant quatre mois avant qu'il ne retourne dans son

un grand nombre d'enseignants, présente l'inconvénient d'écourter la durée de la formation. Ainsi, les formateurs ne maîtrisent pas suffisamment le cadre conceptuel à transmettre aux enseignants. Il en est résulté une perte d'information préjudiciable à une application effective de la réforme dans les classes. Certains témoignages recueillis auprès d'inspecteurs mentionnent le faible niveau d'information des inspecteurs-formateurs parfois obligés de renvoyer à la lecture des guides pédagogiques. Beaucoup de questions nées de controverses à l'occasion des animations pédagogiques et qui attendent d'être tranchées par les inspecteurs demeurent encore sans réponses, si bien que les attentes des parents s'en trouvent déçues au regard des effets néfastes observés dans les apprentissages scolaires. L'application de la réforme du curriculum crée la confusion chez la plupart des enseignants. Les situations d'apprentissages qu'ils proposent, si elles ne sont pas trop compliquées, sont de moins en moins authentiques et donc moins intéressantes pour les élèves.

Constat 7 : La formation initiale des enseignants est insuffisante dans sa durée mais aussi et surtout dans son contenu. Le niveau la formation initiale n'est pas en mesure de permettre aux jeunes enseignants d'adopter une attitude critique à l'égard de certains principes ou procédés pédagogiques, de repenser les croyances sur la profession et d'adopter de nouveaux comportements. Les pratiques de classe, si elles s'appuient sur le curriculum, tendent à reproduire à la lettre les indications du guide pédagogique ; l'idée étant de se conformer scrupuleusement à ce qui est reçu (prescrit) et supposé parfait du niveau hiérarchique. Dès lors, il peut être permis de penser qu'une plus grande implication des enseignants comme des formateurs dans la réflexion sur le curriculum pourrait contribuer à accroître la pertinence du contenu de la formation et partant rendre plus efficaces les enseignements-apprentissages. L'idée d'une politique d'éducation qui encourage la poursuite d'études supérieures par les enseignants qui le souhaitent en vue de mieux contribuer au perfectionnement des outils de travail trouve ici toute sa raison d'être. Au-delà d'améliorer les compétences des ressources humaines, une telle politique assurerait une meilleure respiration du système. La mise en place de formations continues adéquates pourrait être on palliatif à la carence d'une formation initiale de faible qualité. Mais, là aussi, il est à noter que les formations dites continues – si elles existent -, sont de courtes durées (quelques semaines, jours, voire heures) et sont planifiées au niveau central par le ministère de l'Education sur des thèmes qui rencontrent rarement les besoins réels des enseignants sur le terrain. Les directeurs d'école ne sont pas suffisamment préparés à cette fonction ; ce qui rend leur soutien faible aux yeux des enseignants. Les inspecteurs qui devraient suivre régulièrement

---

district pour y répandre la bonne parole. C'est sur ce modèle qu'est instaurée l'implantation du curriculum, du centre vers la périphérie. Dans les inspections départementales, on procède par regroupement du personnel de plusieurs établissements pour des sessions de formation.

les enseignants n'ont pas les moyens matériels (moyens de transport en particulier) pour assurer cette activité. De plus, le ratio inspecteur-enseignants est faible (plus de 200 enseignants pour 1 inspecteur dans la commune de Richard-Toll, par exemple).

Constat 8 : Malgré les efforts dans les formations pour promouvoir l'approche par les compétences, la pédagogie utilisée reste majoritairement frontale avec la présence encore forte de la récitation et de la mémorisation. L'observation de pratiques d'enseignement montre que l'apprentissage par l'erreur est encore illusoire : les élèves sont passifs et développent des aptitudes en deçà de la compréhension (récitation de mémoire ou répétition). Les enseignants utilisent encore les anciennes approches. Ils adoptent notamment celles avec lesquelles ils se sentent le plus à l'aise. La capacité supposée de la réforme du curriculum à faire évoluer les pratiques d'enseignement et d'apprentissage et les injonctions de la tutelle dans le sens de son application systématique sont à relativiser. Nous pouvons donc légitimement nous interroger sur la valeur ajoutée pédagogique de la réforme du curriculum qui ne semble pas favoriser des enseignements et apprentissages de qualité.

Constat 9 : Des difficultés relatives à l'application du curriculum sont confirmées ; l'accent ayant été particulièrement mis sur l'absence de moyens matériels ainsi que sur les effectifs pléthoriques. Le curriculum prône la signification des apprentissages et leur transfert dans la vie réelle. Mais les moyens matériels nécessaires à la réalisation de cet objectif font défaut. Certains enseignants sont parfois obligés de prendre de leur propre poche ou de faire cotiser les enfants pour la reprographie de certains documents par exemple. Dans un pays où les moyens de subsistance font souvent défaut, où les enseignants se plaignent régulièrement d'être sous-payés, une telle situation ne favorise pas l'application effective attendue d'un curriculum exigeant en moyens. Il est évident que toutes ces difficultés sont inter-reliées, car les unes entraînent souvent les autres : les effectifs pléthoriques (60 élèves voire plus par classe) peuvent expliquer l'insuffisance des supports didactiques ; ce qui peut obliger les maîtres à reproduire les modèles dans les cahiers et au tableau pour pouvoir travailler ; ce qui peut causer des pertes de temps et ainsi de suite.

Constat 10 : Plutôt que d'imposer un type d'approche pédagogique, il est plus bénéfique de permettre aux enseignants de pouvoir, sans risque d'être sanctionnées négativement par la hiérarchie (la direction ou l'inspection), dépasser cette bipolarisation entre méthodes traditionnelles et méthodes modernes. Une telle attitude est nécessaire pour faire profiter des avantages considérables que procurent certaines expériences réussies. L'opportunité de la réforme au sens de refondation de l'éducation de base s'en trouverait mise en cause au profit de réformes plus ponctuelles, ciblant des problèmes encore aujourd'hui au cœur des préoccupations des enseignants au regard des difficultés liées à certains apprentissages notamment celui de la lecture, de la production d'écrit et des mathématiques (géométries et résolution de problèmes). Au terme de dix années d'une application généralisée à l'échelle nationale, la réflexion à des adaptations s'impose donc pour garantir les bénéfices de la réforme. Les enseignants ne sont pas plus autonomes qu'ils ne l'étaient avant la réforme du curriculum, pas plus que ce programme n'a offert plus de flexibilité dans son application.

Constat 11 : L'absence d'études officielles ou de bilans à mi-parcours quant à la réalité des besoins et des attentes est contraire à l'esprit d'un curriculum dont le contenu se veut en phase avec l'évolution du réel.

Au regard de ces conclusions partielles parmi les plus saillantes, l'hypothèse selon laquelle l'application généralisée du CEB n'a pas amélioré les enseignements-apprentissages s'avère vérifiée. Bien que l'analyse des résultats de la réforme sénégalaise soit restreinte par l'absence d'un document de cadrage définissant les objectifs de départ et résultats visés, et une estimation financière globale du coût de la réforme, il nous est possible de discuter les points qui suivent

V.4.1. Discussion des résultats de notre recherche à la lumière d'indicateurs de qualité d'un curriculum

V.4.1.1. La pertinence de l'APC

En réponse aux besoins prioritaires de diminution des abandons scolaires à l'enseignement de base et de formation des élèves en adéquation avec un monde en bouleversements rapides, l'APC constitue une réponse dite pertinente par presque tous les différents acteurs dans leur majorité. De même, parce que ses objectifs s'accordent avec les orientations du PDEF et du PAQUET (documents d'orientation de politique éducative) et du document stratégique de réduction de la pauvreté (DSRP), la réforme curriculaire par l'approche par les compétences peut être jugée opportune, actuelle et en phase avec les besoins nationaux et particulièrement avec la demande sociale d'éducation. Cependant les doutes émis par bon nombre d'enseignants quant à l'utilité d'exploiter l'erreur ou de développer des savoir-agir amènent les enseignants à s'interroger sur leur véritable perception de l'APC. Nous pensons que plusieurs maladresses dans la généralisation de l'APC empêchent encore actuellement les enseignants d'être vraiment fixés sur sa pertinence. La formation trop brève donnée aux enseignants n'a pas permis la démonstration que l'échec n'est pas une fatalité et que l'erreur peut être source d'apprentissage. Quant au savoir-agir, il faut certes beaucoup de temps pour que les attentes, aussi bien celles des parents que celles des enseignants ne soient plus celles de savoirs encyclopédiques.

V.4.1.2. La cohérence de l'APC

L'analyse des objectifs, des réalisations et des moyens de la réforme nous permet de dégager un certain nombre d'éléments et de situations portant atteinte à sa cohérence.

Il nous apparaît ainsi que l'état matériel actuel des établissements scolaires, la qualité et la quantité des ressources humaines de l'éducation constituent des conditions difficiles pour développer des compétences. Avec le recul, on constate que la décision de généraliser la réforme est venue hâtivement parce qu'elle n'a pas permis de consacrer le temps nécessaire à la formation des enseignants, particulièrement si l'on prend en considération l'importance des changements de paradigmes. L'insuffisance du volume de temps de formation des enseignants à l'APC et le niveau de formation de nombreux enseignants contractuels n'habilitent pas les enseignants pour répondre pleinement aux défis pédagogiques de l'APC. De plus, selon plusieurs, l'approche pédagogique utilisée auprès des enseignants aurait très peu fait appel à leurs acquis antérieurs et serait, de ce fait, allée à l'encontre des principes socioconstructivistes. Dans ce contexte d'urgence, aucun relevé des pratiques existantes n'a été fait, relevé qui aurait permis d'établir les véritables besoins de formation continue. Nous avons pu observer que plusieurs enseignants, partagés entre l'approche par objectif et l'approche par compétences, sont encore maintenant à la recherche de points de repère. De même, il aurait été souhaitable de conclure des ententes négociées avec les syndicats des enseignants avant de procéder à la généralisation puisque la réforme engagée allait indirectement ou directement toucher les conditions de travail.

Par ailleurs, l'insuffisance des moyens financiers, les difficultés budgétaires liées, entre autres, aux procédures d'appels d'offres ne participent pas de la cohérence entre les moyens existants et la réalisation effective de la réforme. Enfin, l'absence d'un engagement politique affiché en faveur de la réforme est un élément peu propice à la cohérence de la réforme au Sénégal. Malgré ces facteurs d'incohérence, la réforme comporte des réalisations porteuses de cohésion telle l'introduction de l'APC dans la formation initiale des inspecteurs et la projection de son introduction dans la formation des enseignants.

V.4.1.3. L'efficacité de la réforme curriculaire par l'APC

La réforme curriculaire par l'APC au Sénégal peut cependant constituer une satisfaction pour ses initiateurs et les bénéficiaires en de nombreux points. L'APC a favorisé chez les acteurs de terrain une volonté de changement qualitatif de l'enseignement. L'adhésion à la dynamique d'innovation pédagogique des acteurs impliqués est très visible. La réforme a réussi la mise en place d'un capital de ressources humaines propres au système éducatif sénégalais, aguerries dans la production curriculaire (conception, rédaction, révision et validation).

La réforme a réussi la formation à l'APC de 8000 enseignants dans le cadre de la mise à l'essai, même si le volume horaire de cette formation reste insuffisant. Elle a effectué la production de 62 titres sous diverses formes de supports (livret de compétences, guide pédagogique, cahier d'activités, cahier d'exercices ou cahier de l'élève), alors que le système scolaire disposait de 31 titres avant le lancement de la réforme. Cependant, les acquis scolaires des classes APC ne sont pas substantiels, comparativement au niveau scolaire des classes traditionnelles. Cette analyse prend force dans l'idée que nos échantillons n'évoluent pas dans des conditions favorables et particulièrement différentes de ceux de l'ensemble du système éducatif. Les ratios élèves/manuel, élèves/classe et la formation des enseignants recrutés en sont révélateurs.

V.4.1.4. La viabilité de l'APC

À la lumière de l'observation des pratiques enseignantes et des réflexions des enseignants, il est apparu que des problèmes d'appropriation et de mise en œuvre effective de l'APC subsistent. Cependant, si les modalités de remédiation et d'amélioration en sont revues avec le concours indispensable des enseignants, aussi avec l'implication des communautés éducatives et des pouvoirs publics locaux, l'APC pourra, à notre avis, conduire à des changements positifs durables. Dans les planifications, les situations d'apprentissage sont contextualisées ; dans certains cas observés, ces contextes agissent comme amorce lors des leçons, et se révèlent alors aux yeux des enseignants comme des moyens efficaces pour motiver les élèves et donner un sens aux apprentissages. Le décloisonnement disciplinaire, qu'il soit vécu lors de projets imposés par l'école ou initiés par l'enseignant et si minime soit-il, semble aussi en voie de convaincre des enseignants des avantages de l'APC. Certains de ces acquis sont plus fragiles que d'autres et ils ne sont pas le fait de tous les enseignants, mais ils sont porteurs d'espoir, s'ils sont encouragés et soutenus. Par contre, si l'APC demeure limitée à l'enseignement de base, des transitions devraient certainement être aménagées entre l'enseignement primaire, l'enseignement dans les collèges et le secondaire.

Au Sénégal, il n'y a pas eu d'estimation des coûts globaux de la réforme en amont et il n'y en a pas de trace dans le budget national. Cela n'étonne guère puisque le financement de la réforme est largement subordonné aux appuis extérieurs, notamment canadiens[30].

---

[30] L'appui du Canada devait initialement se faire à travers le Projet d'appui à la mise en œuvre du curriculum (PAMISEC), prévu pour 2002-2003 à 2006-2007 pour un montant de

En somme, divers éléments favorisent la pérennité de la réforme, des mécanismes et moyens mis en place pour l'amélioration des résultats obtenus :
- La construction du curriculum a mobilisé des ressources humaines propres au système éducatif sénégalais, au lieu de faire exécuter le travail pour lui ; cette option a favorisé une appropriation graduelle de la méthodologie de l'APC, incluant la conception, la rédaction, la révision et la validation de toutes les productions curriculaires.
- L'option de formation en cascade a permis une meilleure appropriation du processus par les pédagogues des différentes échelles du système éducatif (inspecteurs, directeurs d'école, enseignants) et donc la formation d'un noyau dur de ressources humaines formées à l'approche par les compétences.
- L'énonciation de la réforme dans le PDEF, le plan d'action national EPT-Sénégal et le PAQUET par la suite, assure le lien entre la réforme et les grandes orientations éducatives nationales.

Remarquons que le manque d'affirmation et d'expression officielle de la volonté politique soutenant la réforme peut fragiliser les facteurs de la viabilité de la réforme. Aussi, il y a besoin d'un approfondissement de la mobilisation sociale autour de la réforme, notamment la poursuite de la mutualisation du curriculum entamée par le secrétariat technique permanent de la réforme.

A ce niveau de la réflexion, il ne fait pas de doute que, du moins pour l'instituteur et le chercheur que nous sommes, ce travail ouvre les perspectives d'une collaboration entre acteurs professionnels de l'école et universitaires voués à la recherche dans ce domaine. Il devra être perçu comme le résultat d'une recherche-action qui génère un intérêt professionnel certain.

---

9 572 000 $. Ce projet fut annulé et il a fallu attendre novembre 2006 pour voir la signature d'un protocole d'entente, ce dernier d'une valeur de 4 860 000 $CAD pour le financement du Projet d'Appui au Curriculum de l'Education de Base (PACEB) (UNICEF, Pôle de Dakar, juin 2009, Rapport Pays, p.30).

CONCLUSION GÉNÉRALE

Vers la fin des années 1980, les spécialistes de l'éducation au Sénégal constatent que le système éducatif n'était pas performant avec l'entrée par les objectifs, alors proposée pour pallier les insuffisances de l'entrée par les contenus. Pour y remédier, les réformateurs vont proposer le curriculum dont l'objectif est de faire acquérir des compétences à des apprenants plutôt que de transmettre des connaissances à des élèves.

Cette réforme, tant vantée pour la cohérence de sa conception théorique, se propose alors d'apporter des modifications substantielles, notamment du point de vue pédagogique. Par exemple, en lieu et place de l'enseignement des leçons d'« éducation morale », d'« éducation sanitaire » et d'« éducation civique », l'« éducation au développement durable » est prescrite. Elle inclut la dimension du « vivre ensemble » et celle du « vivre dans son milieu ». En remplacement de la traditionnelle « leçon d'observation », l'« initiation à la science et à la technologie » fait son entrée dans le nouveau programme.

Au plan méthodologique, l'approche globale est recommandée notamment en lecture, au détriment de la méthode syllabique jugée obsolète. L'enseignement différencié est vivement préconisé ; ce qui suppose de réduire les effectifs d'élèves par classe afin de pouvoir les suivre plus efficacement en fonction de leurs besoins et de leurs dispositions personnelles. Parallèlement, les situations d'apprentissage changent dans leur formulation, de même que l'erreur change de statut. Ce faisant, la réforme du curriculum redéfinissait les priorités dans les contenus-matières et dans les procédés pédagogiques, et plaçait un intérêt certain dans l'individualisation des parcours.

Au stade exploratoire de la recherche, une part importante des critiques à l'encontre de la réforme semble fustiger des problèmes de présentation et de communication au moment de l'implantation de l'innovation. Dans le même sillage, les enseignants mettent en cause l'insuffisance d'outils didactiques et l'absence d'évaluation, de suivi et d'accompagnement au sujet de l'application de l'approche par les compétences, base méthodologique du CEB.

Si nous sommes d'avis que toute réforme est perfectible, alors nous pourrons affirmer que le renouveau pédagogique suggéré par le CEB ne constitue en rien une fin en soi. Il suppose, pour être atteint et maintenu, que les enseignants chargés de son application et les inspecteurs qui doivent en superviser l'effectivité de l'application travaillent de concert avec les parents pour mieux expliquer et faire s'approprier les modifications indispensables tant au plan scolaire que social.

Cette réflexion veut répondre concrètement aux défis d'une éducation de base de qualité pour et par tous, en se fondant sur des expériences de terrain. Réformer l'école, en redéfinir le sens et les missions ne signifie nullement que nous devions disserter abstraitement sur des concepts et des grands principes qui ne valent que s'ils permettent d'ouvrir des chantiers. Réforme de l'école ou réformes à l'école, les enjeux sont évidemment immenses et nous concernent tous. Ils doivent commander de mettre l'école en situation de répondre concrètement aux attentes des Sénégalais, dans un monde qui se construit autour de nouvelles perspectives scientifiques et de l'importance des technologies de l'information et de la communication. Cela passe par une ouverture de l'école au milieu, mais également par l'établissement d'un climat de sérénité et de confiance mutuelle entre le ministère, les syndicats d'enseignants et les organisations partenaires de l'école. Cette dernière ne peut être pensée sans référence à celle de la société.

Sans doute, le curriculum n'est-il rien en dehors d'une application maîtrisée et adaptée aux spécificités de la classe et de l'environnement scolaire. Aussi, notre appréciation de son efficacité passe-t-elle naturellement par la réponse aux questions relatives aux compétences des enseignants et surtout à celles des apprenants dont le faible niveau de maîtrise des acquis, notamment dans les apprentissages fondamentaux, est contraire aux objectifs du curriculum prescrit.

L'analyse montre que l'application généralisée du curriculum de l'éducation de base au Sénégal n'a pas amélioré, selon les attentes, les performances des enseignants et des apprenants. La faible maîtrise de l'approche par les compétences ainsi que les difficultés relevées dans les domaines « Langue-Communication » et « Mathématiques », notamment dans la pratique de la lecture et, par ricochet, dans la mise en œuvre de techniques de résolution de problèmes mathématiques, constituent des entraves à la contribution des enseignants à l'amélioration de la qualité des apprentissages. Mais la question de l'incidence du curriculum sur les enseignements-apprentissages ne doit pas être envisagée isolément des autres dimensions de l'école. La langue d'enseignement, la disponibilité de manuels adaptés et en quantité, l'ouverture effective de l'école au milieu ou l'implication active du milieu dans les activités scolaires et extrascolaires sont quelques-uns des indicateurs pertinents qui entrent en jeu dans l'analyse de l'incidence de la réforme.

Au lieu de limiter l'analyse strictement aux référents empiriques ciblés dans ce travail, nous avons proposé des pistes d'amélioration possibles à travers des expériences audacieuses et novatrices. C'est notamment le cas avec l'utilisation du journal scolaire ou la rénovation de la méthode traditionnelle de lecture.

Comme il a sans doute été remarqué, nous avons eu besoin de plus d'observations en classe et de jugements qualitatifs, notamment pour comprendre les préoccupations et les besoins des enseignants ; cela étant d'autant plus vrai que la classe reste le lieu par excellence où doit s'effectuer toute réforme véritable. L'approche qualitative nous a semblé d'autant plus pertinente qu'elle a permis de faire passer la question de savoir pourquoi les enseignants font ce qu'ils font, au lieu de nous échiner – comme c'est le cas la plupart du temps – à trouver une réponse à la question à savoir « comment améliorer la qualité des enseignements-apprentissages ? Une telle perspective, en permettant d'inclure la voix et la participation des enseignants, nous a semblé plus indiquée pour des analyses et des stratégies qui répondent à leurs réalités complexes de tous les jours. Nous n'avons pas manqué de faire recours à des données quantitatives qui ont aussi pesé considérablement dans la mesure des performances des enseignements-apprentissages.

Il est vrai qu'à peu près partout dans le monde se font entendre des débats semblables aux nôtres sur les réformes scolaires. Jusque dans des pays pourtant considérés comme modèles en éducation, se posent d'insistantes questions sur l'adaptation de l'école, sur l'organisation de ses programmes et sur ses résultats. Notre aspiration à réformer n'est donc pas discutable. En outre, le curriculum est sans doute trop nouveau pour que l'on puisse crier au désastre ou au miracle. Il a le mérite de se situer en dehors du cercle stérile dans lequel la relation pédagogique s'est longtemps enlisée selon que la centralité de l'action pédagogique mise en œuvre eût porté sur le maître ou sur l'élève. Mais le curriculum doit, encore plus au Sénégal, affronter bien d'autres problèmes. Comment les changements dans l'ordre des techniques et des méthodes peuvent-ils favoriser des changements plus profonds dans le rapport au savoir de la société en général. Comment faire retrouver à l'école sa voie entre deux missions en principe contradictoires : préserver et perpétuer les valeurs d'une société et en même temps dispenser un enseignement de plus en plus diversifié, attentif à la rapidité du progrès scientifique et technique ?

Pour nous, les réponses à de telles questions sont à chercher dans la tenue régulière d'évaluations objectives des programmes et des réformes mis en œuvre. Les réformes n'ont de sens que si elles permettent de réduire l'échec scolaire voire d'y mettre un terme en misant sur la diversification de l'offre d'éducation. Dans la configuration actuelle de notre école où les parcours en direction de l'apprentissage et de la formation professionnelle sont insuffisamment valorisés, il n'est pas surprenant que de plus en plus d'élèves frappent aux portes d'universités déjà difficilement éprouvées par une gestion de flux sans cesse croissants. Précisément à ce niveau, évaluer permettrait de savoir le nombre d'élèves qui quittent les bancs de l'école, parfois dès les premières classes du primaire, sans diplômes et sans qualifications.

Ce travail nous a édifié sur l'urgence qui sied à l'évaluation de l'appropriation du curriculum de l'éducation de base qui doit faire dépasser l'enseignement théorique toujours de mise dans les classes.

Pendant que le discours officiel met l'accent sur la revalorisation des filières scientifiques et techniques, les programmes d'études ainsi que l'environnement scolaire ne permettent de parler de science que dans l'abstrait. Ce paradoxe doit être corrigé quand on sait, de surcroît, que la perspective théorique du CEB repose sur le socioconstructivisme, c'est-à-dire sur la possibilité donnée à l'apprenant de transformer son milieu et ainsi de se réaliser à partir de la mobilisation consciente de ressources intégrées dans la résolution de situations de plus en plus complexes de la vie quotidienne.

Nous ne répondrons pas non plus aux questions précédemment évoquées si nous ne repensons pas, dans le sens d'une collaboration permanente et franche, les rapports parfois heurtés entre l'école et le milieu. A l'élémentaire, pour le moment, le curriculum n'y invite qu'en théorie. Le témoignage des parents sur le niveau des acquisitions de leurs enfants n'est jamais plus sévère et plus culpabilisateur qu'aujourd'hui. Pour la plupart d'entre eux, la transmission des valeurs semble être bloquée avec un curriculum qui ne serait attentif qu'aux compétences à faire acquérir. Dans les pratiques de classes, les leçons de « Vivre Ensemble » ou « Vivre dans son Milieu » ne sont toujours pas sorties de leur carcan de règles de vie sans âme et sans mémoire parce que vite oubliées.

Malgré l'application de l'approche par les compétences rien de bien différent, dans la pratique, d'avec ce que les approches antérieures proposaient dans les anciens programmes. Avec le CEB, le rapport de l'élève au savoir devrait être repensé quand on sait que dans notre société les parcours individuels de beaucoup de ceux qui passent pour des références aux yeux des enfants s'éloignent fort bien de la réalité d'un tel rapport.

Au reste, nous ne répondrons pas aux questions que nous nous posons sur l'opportunité du CEB si nous n'affirmons pas que la qualité des réformes est à l'aune de la qualité des hommes et des femmes qui les mettent concrètement en œuvre. Ces derniers doivent être au début et à la fin de tout processus de changement à l'école.

Ce travail nous a dessillé les yeux sur ce qu'il est possible de réaliser en termes de résultats avec des enseignants motivés pour ce qu'ils font ou cherchent à faire. La formation a beau être de qualité – ce qui est loin de l'appréciation de nos interlocuteurs - si les enseignants ne se sentent pas valorisés, les résultats ne sont que modiques voire décevants. C'est dire combien la classe est, selon nous, la seule entité qui mérite plus que tout le reste d'être réformée. Et, sur ce point précis, le curriculum semble être resté dans la prescription.

BIBLIOGRAPHIE

AMELEWONOU, Kokou ; BROSSARD, Mathieu et REUGE, Nicolas, *« Atteindre la scolarisation primaire universelle au Sénégal : éléments d'analyse de la rétention »*, Mimeo, Pôle de Dakar / UNESCO-BREDA, Décembre 2003, 18 pages.
ANY-GBAYERE, Sahou, *« Politique éducative et développement en Afrique »*. Paris, L'Harmattan, 2006, 170 pages.
BACHELARD, Gaston, *« La Formation de l'esprit scientifique. Contribution à une psychanalyse de la connaissance objective »*, Paris, Éditions Vrin, 1938, 257 pages.
BAILLARGEON, Normand, *« Contre la réforme : La dérive idéologique du système d'éducation québécois »*, Montréal : Presses de l'Université de Montréal, 2009, 174 pages.
BARON, Georges-Louis ; BRUILLARD, Eric, *« TICE : quelles compétences pour les enseignants ? »* - In : « Education et Formations », n° 56. Avril-juin 2000, pp. 153 15
BEDARD, D., M. FRENAY, J. TURGEON et L. PAQUAY, *« Les fondements de dispositifs pédagogiques visant à favoriser le transfert de connaissances : les perspectives de "l'apprentissage et de l'enseignement contextualisés authentiques" »*, Resacademica, 18(1/2), 2000, pp. 21-46.
BELLONCLE, Guy, *« La question éducative en Afrique noire »*, Paris, Karthala, 1984, 272 pages.
BERNARD, Jean-Marc ; NKENGNE-NKENGNE, Alain Patrick et ROBERT, François, *« La relation entre réforme des programmes scolaires et acquisition à l'école primaire en Afrique : réalité ou fantasme ? L'exemple de l'approche par compétence »*. Les Documents de travail de l'IREDU, 2007, pp.4-7.
BERTHELOT, Jean-Michel, *« L'intelligence du social »*, Presses universitaires de France, 1992, 249 pages.
BIRZEA, Césaire, *« La pédagogie du succès »*, PUF, 1982, p.47.
BLOOM, Benjamin, *"Taxonomy of Educational Objectives, the Classification of Educational Goals"* – Handbook I: Cognitive Domain. New York : McKay, 1956, 207 pages.

BONAMI, M. *« Logiques organisationnelles de l'école, changement et innovation »,* dans M. BONAMI et M. GARANT(dir.), *« Systèmes scolaires et pilotage de l'innovation : émergence et implantation du changement »,* Bruxelles, De Boeck, 1996, pp. 185-216.

BONAMI, M. *« Émergence et implantation du changement, un paradoxe incontournable : les réformes pédagogiques en Communauté française de Belgique »,* dans M. BONAMI (dir.), *Réformes et innovation dans l'enseignement,* Louvain-la-Neuve, Academia-Bruylant, 2001, pp. 76-86.

BOUCHARD, C. et J. PLANTE, *« La qualité : mieux la définir pour mieux la mesurer »,* Les Cahiers du Service de pédagogie expérimentale, (11/12), 2002, pp. 219-236.

BOUDON, Raymond, *« L'inégalité des chances. La mobilité sociale dans les sociétés industrielles »,* Revue française de pédagogie, vol. 32, 1975, pp. 74-78.

BOURDIEU, Pierre, *« La Reproduction – Eléments de théorie du système d'enseignement »,* Paris, 1976, 344 pages.

BOUTIN, Gérald, *« L'entretien de recherche qualitatif »,* Québec : Presses de l'Université du Québec, 2008, 189 pages.

BOUTIN, Gérald, et JULIEN Louise, *« L'obsession des compétences. Impact sur l'école et la formation des enseignants »,* Montréal : Éditions nouvelles, 2000, 107 pages.

BRU, M. *« Savoirs de la recherche et savoirs des praticiens de l'enseignement : jeu de dupes ou rencontre ouverte et constructive ? »,* dans J. DONNAY etM. BRU (dir.), *Recherches, pratiques et savoirs en éducation,* Bruxelles, De Boeck-Université, 2002, pp. 133-156.

BUCLER, A., "Reconsidering the evidence base, considering the rural: Aiming for a better understanding of the education and training needs of Sub-Saharan African teachers". International Journal of Educational Development, vol. 31, n° 3, 2011, pp. 244-250.

CAMARA, Boubacar, *« Savoir co-devenir »,* UNESCO/BREDA, 1993, pp. 167-169.

CARDINET, J. *« Évaluation externe, interne ou négociée ? »,* 1990, pp. 139-157.

CARRÉ, Philippe ; MOISAN, André ; POISSON, Daniel, *« L'autoformation : psychopédagogie, ingénierie et sociologies »,* 2ème éd. Paris : PUF, 2002, 288 pages

CASALFIORE, S. *« La structuration de l'activité quotidienne des enseignants en classe : vers une analyse en termes d'action située »,* Revue française de pédagogie, *138,* 2002, pp. 75-84.

CHARLIER J.-E., *« Les écoles au Sénégal. De l'enseignement officiel au daara, les modèles et leurs répliques »,* Cahiers de la recherche sur l'éducation et les savoirs, n° 3, 2004, pp. 39-57.

CHARLIER J.-E, *« Le retour de Dieu : l'introduction de l'enseignement religieux dans l'École de la République laïque du Sénégal »*, Éducation et Sociétés, 2002, pp. 95-111.

CLANDININ, D.J. et F.M. CORMELLY, *« Teacher as curriculum maker »*, dans P.H. JACKSON (dir.), "*Handbook of Research on Curriculum*, New York, Macmillan, 1996, pp. 363-401.

COOMBS, Philippe, *« La crise mondiale de l'éducation »* – Bruxelles, Paris : De Boeck-Université, Editions universitaires, 1989, 374 pages.

CRAHAY, Marcel, *« Danger, incertitudes et incomplétude de la logique de la compétence en Education »*, Revue française de pédagogie n°154, 2006, pp. 97-110.

CRINON, Jacques (dir.), GAUTELLIER, Christian (dir.). *« Apprendre avec le multimédia et Internet »*, Paris : Retz. 2001, 220 pages.

CROS, F. *« Émergence et installation de l'innovation scolaire : pertinence de la théorie de la "traduction" »*, dans J.-P. BRONCKART et M. GATHER TURLER (dir.), *« Transformer l'école »*, Bruxelles, De Boeck, 2004, pp. 59-78.

CROZIER, Michel, *« Le phénomène bureaucratique. Essai sur les tendances bureaucratiques des systèmes d'organisation modernes et sur leurs relations en France avec le système social et culturel »*, Paris, Editions du Seuil, 1963, 413p.

DEL REY, Angélique, *« À l'école des compétences : de l'éducation à la fabrique de l'élève performant »*, Paris, La Découverte, 2010, p.9.

DAVIES, A. et P. Le MAHIEU, *« Assessment for learning: Reconsidering portfolios and research evidence »*, dams M. SEGERS, F. DOCHY et E. CASCALLAR (dir.), "*Optimizing New Modes of Assessment: In Search of Qualities and Standards*", Dordrecht, Kluwer Academic Publishers, 2003, pp. 141-169.

D'HAINAUT, Louis, *« Comment définir un curriculum axé sur la formation fondamentale ? »*, Revue Pédagogie collégiale, vol. 3, n° 3, février 1990, pp. 33-43.

D'HAINAUT, Louis, *« Des fins aux objectifs de l'éducation »*, Bruxelles, Labor, Paris, Nathan, 1984, pp. 115-129.

DELORY, C. *« Une épreuve de fin d'études primaires, levier pédagogique ou frein d'innovation ? »*,Mesure et évaluation en éducation, 18(3), 1996, pp. 43-58.

DECROLY, Ovide, *« le programme d'une école dans la vie »*, Editions Fabert, Paris, 2009, p 24.

DEMBELE, Martial, *« Améliorer l'efficacité des écoles : l'expérience de l'Afrique »*. In : *« Le défi de l'apprentissage : améliorer la qualité de l'éducation en Afrique subsaharienne »*, Ed. by VERSPOOR Adriaan, M., Paris, ADEA-Harmattan, 2003, pp. 203–231.

DEMBELE, Martial et NDOYE, Mamadou, *« Un curriculum pertinent pour une éducation de base de qualité pour tous »*, In *« Le défi de *l'apprentissage : améliorer la qualité de l'éducation en Afrique subsaharienne »*, éd. by VERSPOOR Adrian M., Paris, ADEA-Harmattan, 2003, pp. 149–176,

De KETELE, Jean-Marie, « *Approche socio-historique des compétences dans l'enseignement* », Bruxelles : De Boeck Université, 2000, pp. 83-92.

De KETELE, Jean-Marie, « *Une pédagogie de l'intégration. Compétences et intégration des acquis dans l'enseignement.* », Artmed Editorial, Porto Alegre, Brasil, 2ème édition, 2004, 195 pages.

De KETELE, J.-M. et N. SALL, « *L'évaluation du rendement des systèmes éducatifs : apports des concepts d'efficacité, d'efficience et d'équité* », Mesure et évaluation en éducation, *19*(3), 1997, pp. 119-142.

DELORME, Charles, « *L'approche par les compétences : entre les promesses des déclarations et les réalités du terrain, reconnaissance ou négation de la complexité* ». Dans Moussadak ETTAYEBI, Renato OPERTI et Philippe JONNAERT (Dir.), « *Logique de compétences et développement curriculaire. Débats, perspectives et alternative pour les systèmes éducatifs* » *(p. 113-126)*. Paris, Harmattan, 2008, p.119.

DEMAILLY, L. « *Enjeux de l'évaluation et régulation des systèmes scolaires* », dans L. DEMAILLY (dir.), « *Évaluer les politiques éducatives : sens, enjeux, pratiques* », Bruxelles, De Boeck-Université, 2001, pp. 13-30.

DEPOVER, Christian ; NOEL, Bernadette, « *L'évaluation des compétences et des processus cognitifs : modèles, pratiques et contextes* ». Bruxelles : De Boeck Université. 2000, 351 pages.

DEPOVER, Christian ; QUINTIN, Jean-Jacques ; DE LIEVRE, Bruno, « *La conception des environnements d'apprentissage : de la théorie à la pratique, de la pratique à la théorie* », [en ligne]. In : ALSIC, Vol. 3, n° 1, Juin 2000, pp. 3-18. Disponible sur http://alsic.u-strasbg.fr/Num5/depover/alsic_n05-rec4.htm (consulté 10 juin 2015).

DEPOVER, Christian ; NOEL, Bernadette, « *Le curriculum et ses logiques : une approche contextualisée pour analyser les réformes et les politiques éducatives.* », Editions Harmattan, Paris, 2005 (hommage à Louis d'HAINAUT).

DEVELEY, Michel, « *Peut-on former les enseignants* », EST, Editions Esf Editeur, 197, 156 pages.

DURAND, M. et G. ARZEL, « *Commande et autonomie dans la conception des apprentissages scolaires, de l'enseignement et de la formation des enseignants* », dans M. CARBONNEAU et M. TARDIF (dir.), « *Les réformes en éducation, leurs impacts sur l'école et sur la formation des maîtres* », Sherbrooke, Éditions du CRP, 2002, pp. 61-78.

DURAND, M., L. RIA et E. FLAVIER, « *La culture en action des enseignants* », Revue des sciences de l'éducation, *28*(1), 2002, pp. 83-104.

DURKHEIM, Emile, *« Education et sociologie »*, Paris, PUF, 1961, 121 pages.

DURU-BELLAT, M. *« L'évaluation de la qualité du contexte scolaire : dérive managériale ou exigence démocratique ? »*, dans M. BEHRENS (dir.), *« La qualité en éducation »*, Québec, Presses de l'Université du Québec, 2007, pp. 127.

DURU-BELLAT, M. et A. MINGAT, *« La variété de fonctionnement de l'école : identification et analyse des "effets-maître" »*, dans M. CRAHAY (dir.), *« Évaluation et analyse des établissements de formation : problématique et méthodologie »*, Bruxelles, De Boeck, 1994, pp. 131-145.

ETTAYEBI Moussadak ; TAHIROU Kalilou ; GOZA Nana A ; MASCIOTRA Domenico, *« Élaboration de programmes d'études basés sur le traitement compétent des situations de vie »* (2008). Dans Moussadak ETTAYEBI, Renato OPERTI et Philippe JONNAERT (dir.), *« Logique de compétences et développement curriculaire. Débats, perspectives et alternative pour les systèmes éducatifs »*, Paris, Harmattan, 2008, pp.61-76.

EVERARD, Jean-Marc ; CHOPLIN, Hugues, *« Le formateur à distance : quels nouveaux rôles ? »* In : Les cahiers pédagogiques, n° 396. Septembre 2001. p. 31

FREIRE, Paulo, *« Pédagogie des opprimés »*, 1974 (1ère édition en 1969), 27 pages.

FULLAN, Michael. *"The new meaning of educational change"*, New York, Teacher College Press. 2007, 312 pages.

GAGNE, Gilles, *« Main basse sur l'éducation »*, Québec, Nota Bene, 1999, 212 pages.

GAGNON, Nicole et GOULD Jean, *« Un dérapage didactique : comment on a cessé d'enseigner le français aux adolescents »*, Montréal, Stanké, 2001, 206 pages.

GARANT, M. *« La direction d'établissement scolaire entre réforme et innovation »*, dans M. BONAMI (dir.), *« Réformes et innovation dans l'enseignement »*, Bruxelles, De Boeck Université, 1996, pp. 70-75.

GELINAS, A. et R. FORTIN, *« La gestion du perfectionnement des enseignants : formation-recherche auprès des directeurs d'établissements scolaires au Québec »*, dans M. BONAMI et M. GARANT, *« Systèmes scolaires et pilotage de l'innovation »*, Bruxelles, De Boeck, 1996, pp. 115-144.

HAECHT, Van, *« La notion de gouvernance en perspective critique : réflexion sur les systèmes d'éducation actuels »*, Politiques d'éducation et de formation, analyses et comparaisons internationales, 2004, pp.10-19.

HAEUW, Frédéric, *« Technologies en formation et compétence des acteurs : adaptation ou transformation ? »*. In : *« Les TIC au service des nouveaux dispositifs de formation »*. Education permanente n° 152. Arcueil : Education permanente. Octobre 2002, pp. 71-83.

HOUSE, E.R. « *Technology versus craft : A ten year perspective on innovation* »,*Journal of Curriculum Studies, 11*(1), 1979, pp. 1-15.

HUBERMAN, M. « *Un nouveau modèle de développement professionnel des enseignants* », *Revue française de pédagogie, 75*, 1986, pp. 5-16.

HUBERMAN, M. « *Networks that alter teaching: Conceptualizations, exchanges and experiments* », *Teachers and Teaching: Theory and Practice, 1*(2), 1995, pp. 193-212.

HUBERMAN, A. Michael, « *Comment s'opèrent les changements en éducation : contribution à l'étude de l'innovation* ». Lausanne : Presse centrale, 1983.

JONNAERT, Philippe et MASCIOTRA, Domenico, « *Socioconstructivisme et logique de compétences pour les programmes d'étude : un double défi* », Dans Louise LAFORTUNE, Moussadak ETTAYEBI et Philippe JONNAERT (dir.), « Observer les réformes en éducation (pp. 53-74), Québec : Presse de l'Université du Québec, 2007. 248 pages.

LANG, M., C. DAY, W. BUNDER, H. HANSEN, M.L. KYSILK, H. TILLEMA et K. SMITH, « *Teacher professional development in the context of curriculum reform* », dams M. LANG, J. OLSON, H. HANSEN et W. BUNDER (dir.), "*Changing Schools/Changing Practices: Perspectives on Educational Reform and Teacher Professionalism*", Leuven, Garant, 1999, pp. 121-131.

LAPOINTE, Jean-Jacques, « *La conduite d'une étude de besoin en éducation et en formation : une approche systémique* », Québec : Presse de l'Université du Québec, 1992, 322 pages.

LAVALLEE, Josiane, « *Contre les réformes* pédagogiques », Québec : VLB Éditeur, 2008, 320 pages.

LE BOTERF, Guy, « *Construire les compétences individuelles et collectives : les réponses à 90 questions* », 3e éd. Paris : Editions d'organisation, 2004, 244 pages.

LEGENDRE, Marie-Françoise, « *La notion de compétence au cœur des réformes curriculaires : effet de mode ou moteur de changement en profondeur ?* » Dans François AUDIGIER, Nicole TUTIAUX-GUILLON (dir.), « *Compétences et contenus. Les curriculums en questions* », Bruxelles, De Boeck Université, 2008b, pp. 51-65 ;

LEGENDRE, Renald, « *Stop aux réformes scolaires pour dénouer la crise maintenant* », Montréal, Guérin, 2002, 291 pages.

LEGROS, Denis ; CRINON, Jacques, « *Psychologie des apprentissages et multimédia* ». Paris : Armand Colin. 2002. 228 pages.

LENOIR, Yves et VANHULLE, Sabine, « *Étudier la pratique enseignante dans sa complexité. Une exigence pourla recherche et la formation à l'enseignement.* »in Abdelkrim HASN, Yves LENOIR et Joël LEBEAUME (dir.), « *La formation à l'enseignement des sciences et technologies au secondaire : dans le contexte des réformes par compétence »* (p. 193-245) . Québec : Presses de l'Université du Québec, 2006, pp.48-50.

LEITHWOOD, K., D. JANTZI et R. STEINBACH, *« Leadership and other conditions which foster organizational learning in schools »,*dans K. LEITHWOOD et K.S. LOUIS (dir.), *"Organizational Learning in Schools,* Lisse, Swets et Zeitlinger Publishers, 1998, pp. 67-90.

LESSARD, C. *« Évolution du métier d'enseignant et nouvelle régulation de l'éducation », Recherche et formation, 35,* 2000, pp. 91-116.

LEWANDOWSKI S. *« L'internationalisation » du système éducatif sénégalais : un tryptique Etat-bailleurs-société civile en trompe-l'œil ? »;* In Séminaire du Groupe de recherche interdisciplinaire sur l'éducation et les savoirs (GIRES). 2011a (15 février), Dakar. - *« Politique de lutte contre la pauvreté et les inégalités sociales à Dakar : vers un éclatement des normes éducatives ? »,* in *« inégalités scolaires au Sud : genèse, transformation et reproduction »,* Autre part, 59, 2011b, pp. 37-56

LOUIS, K.S. *« Rethinking school improvement »,* dams J. MURPHY et K.A. LOUIS (dir.), *Handbook of Research on Educational Administration,* San Francisco, Jossey-Bass, 1999, pp. 251-276.

LUYTEN, H. *« The size of school effects compared to teacher effects : An overview of the research literature »,School Effectiveness and School Improvement,14*(1), 2003, pp. 31-51.

MAROY, C. et V. DUPRIEZ, *« La régulation dans les systèmes scolaires : proposition théorique et analyse du cadre structurel en Belgique francophone »,Revue française de pédagogie, 130,* 2000, pp. 73-87.

MASCIOTRA, Domenico. *« Les compétences de la personne en action et en situation ».* Dans Moussadak ETTAYEBI, Renato OPERTTI et Philippe JONNAERT (dir*.),* « *Logique de compétences et développement curriculaire. Débats, perspectives et alternative pour les systèmes éducatifs »,* Paris : Harmattan, 2008, pp.101-110.

MILES, Matthew B. et HUBERMAN, Michael, *« Analyse des données qualitatives ».* Bruxelles : De Boeck Université, 2003, 626 pages.

NDIAYE, Diouf Djibril, *« Tous les clignotants sont au vert »,* in Le Monde de l'éducation, 2011, pp.7-9.

PAQUAY, L. *« Les axes paradigmatiques des recherches relatives au développement et à l'évaluation des innovations scolaires », Les sciences de l'éducation, 4,* 1985, pp. 3-34.

PAQUAY, L. *« Quels enseignants en 2020 ? Une synthèse des communications »,* dans F. VANISCOTTE et P. LADERRIERE (dir.), *« L'école, horizon 2020 »,* Paris, Harmattan, 2002, pp. 183-191.

PAQUAY, L. *« L'évaluation des enseignants : tensions, paradoxes et perspectives »,* dans L. PAQUAY (dir.), *« L'évaluation des enseignants : tensions et enjeux »,* Paris, Harmattan, 2004b, pp. 305-322.

PAQUAY, L. « *Devenir des enseignants et formateurs professionnels dans une "organisation apprenante" ? De l'utopie à la réalité !* », European Journal of Teacher Education, 28(2), 2005a, pp. 111-128.

PAQUAY, L. « *Vers quelles évaluations du personnel enseignant pour dynamiser leur développement professionnel et leur implication vers des résultats ?* »,Recherche et formation, 50, 2005b ? Pp. 55-74.

PAQUAY, L., N. DEFECHE et J.-L. DUFAYS, « *Comment concilier évaluation formative et évaluation certificative ? Quels apports de l'apprenant ?* », dans L. PAQUAY, G. CARLIER, L. COMMES et A-M. HUYNEN (dir.), « *L'évaluation des compétences chez l'apprenant : pratiques, méthodes et fondements* », Louvain-la-Neuve, Presses universitaires de Louvain, 2002, pp. 85-95.

PARRER, « *Normes et standards de qualité pour l'école coranique* », mai 2011 [non publié].

PASTRE, P. « *Travail et compétences : un point de vue de didacticien* », dans L. LEPLT et M. MONMOLLIN, « *Les compétences en ergonomie* », Toulouse, Octares, 2001, pp. 147-160.

PELLETIER, G. « *Les états généraux sur l'éducation au Québec : processus d'évaluation, de négociations et de décisions politiques* », dans L. DEMAILLY (dir.), « *Évaluer les politiques éducatives : sens, enjeux, pratiques* », Bruxelles, De Boeck Université, 2001, pp. 65-76.

PERETZ, Henri, « Les méthodes en sociologie : l'observation », éd. La découverte, Paris, 2004, 122 pages.

PERRENOUD, Ph. (2004). « *Obligation de compétence et analyse du travail : rendre compte dans le métier d'enseignant* », dans C. LESSARD et P. MEIRIEU(dir.), « *L'obligation de résultats en éducation*, Bruxelles, De Boeck Université, 1999, pp. 207-232.

PERRENOUD, Philippe, *"Ancrer le curriculum dans les pratiques sociales"*, Résonances, (6), 2003, pp. 18-20.

PERRENOUD, Philippe, *"L'école saisie par les compétences"*, Dans Christian BOSMAN, François-Marie GERALD et Xavier ROEGIERS, (dir.), *"Quel avenir pour les compétences ?"*, Bruxelles : Éditions De Boeck, 2000, pp. 21-22.

PERRENOUD, Ph. *"Curriculum : le réel, le formel, le caché"*, dans J. HOUSSAYE (dir.), *"La pédagogie : une encyclopédie pour aujourd'hui"*, Paris, ESF, 1993, pp. 61-76.

POUTS-LAJUS, Serge, *"Par la fenêtre"*, in Cahiers pédagogiques n° 396, septembre 2001.

ROBINSON, V. « *The centrality of the autonomy–accountability dilemma in school and professional development* », dams D.H. HARGEAVES et D. HOPKINS (dir.), *Development Planning for School Improvement*, Londres, Cassell, 1994, pp. 69-79.

ROEGIERS, Xavier, *"Une pédagogie de l'intégration"*, Bruxelles : De Boeck, 2001, 304 pages.

ROEGIERS, Xavier, *"L'approche par compétence en Afrique francophone quelques tendances"*, Paris : IBE UNESCO, 2008, pp. 82-85.

ROUSSEAU, Jean-Jacques, *"Emile ou de l'Education"*, 1762, 664 pages.

SALL, Coumba, *"L'implantation du nouveau curriculum basé sur l'approche par compétences telle que vécue par les enseignants de la première étape du primaire au Sénégal"*. Mémoire de maîtrise, Québec-Montréal, juin 2013, 122 pages.

SAMB, Mamadou Makhtar, *"De la conception au processus de généralisation du curriculum"*, in Revue pédagogique ADEF/Afrique : *"la généralisation du curriculum"*, 2006, pp. 4-9.

SAMBE B., *"L'enseignement de l'arabe et de l'islam au Sénégal : enjeux politiques et incidences sur les rapports avec le monde arabe"*, in Zakharia KATIA et Cheiban ALI (dir.), *"Savoirs et Pouvoirs : genèse des traditions et traditions réinventées"*, Paris, Maisonneuve et Larose, 2008.

SAVOIE-ZAJC, Lorraine. *"Les modèles de changements planifiés en éducation"*, Montréal, Editions Logiques, 1993, 247 pages.

SEGERS, M., F. DOCHY et E. CASCALLAR, *"The era of assessment engineering : Changing perspectives on teaching and learning and the role of new modes of assessment »,*dans M. SEGERS, F. DOCHY et E. CASCALLAR (dir.), *Optimizing New Modes of Assessment : In Search of Qualities and Standards,* Dordrecht, Kluwer Academic Publishers, 2003, pp. 1-12.

SNYDER, J., F. BOLIN, et K. ZUMWELT, *"Curriculum implementation"*, dans P.H. JACKSON (dir.), *Handbook of Research on Curriculum,* New York, Macmillan, 1996), pp. 363-401.

SONOLET, L. et PERES, A, *"Moussa et Gi-Gla. Histoire de deux petits Noirs"*, Livre de lecture courante, Paris, Librairie Armand Colin, 1916, p. 2.

SYLLA, Abdou, *"De la grève à la réforme : luttes enseignantes et crise sociale au Sénégal"*, Politique africaine, II (8), 1982, pp. 61-73.

SULLA, Abdou, *"L'École Future. Pour Qui ?"*, Dakar, Enda, [Études et Recherches, no. 108], 1987, 122 pages.

SYLLA, Abdou, *"L'École sénégalaise en gestation. De la Crise à la Réforme"*, Dakar, 1991, 491 pages.

TAO, S., *"Why are teachers absent? Utilizing the capability approach and critical realism to explain teacher performance in Tanzania"*, International Journal of Educational Development, vol. 33, n° 1, 2003, pp. 2-14.

TAYLOR Frederick Winslow, *"The Principles of Scientific Management"*, New York: Harper& Bros, 1911. 155 pages

TORRES, J.-C.. *"Hexis et poïos : essai d'une analyse conceptuelle de la qualité"*, Éducation permanente, 126, 1996, pp. 31-44.

VANDENBERGHE, V. *"L'enseignement en Communauté française de Belgique : un quasi-marché"*, Reflets et perspectives de la vie économique, 37(1), 1998, pp. 65-75.

VAN HAECHT, A. *"Les politiques éducatives, figures exemplaires des politiques publiques"*. Education et sociétés, (1998), pp. 21-46.

VOISIN, A. et J. BONAMY, *"La qualité de la formation : effet de mode ou lame de fond ?"*, Education permanente, 1996, pp. 13-30.

WUBBELS, T. et POPPLETON P. « *Knowledge about change and its effects on teachers* », dams M. LANG, J. OLSONl, H. HANSEN et W. BUNDER (dir.), Changing Schools; Changing Practices: Perspectives on Educational Reform and Teacher Professionalism, Louvain, Garant, 1999, pp. 149-156.

TEXTES REGLEMENTAIRES

Constitution de la République du Sénégal, adoptée lors du référendum constitutionnel du 7 janvier 2001, entrée en vigueur le 22 janvier 2001.

Décret n° 79 1165 du 20 décembre 1979, portant organisation de l'enseignement élémentaire au Sénégal.

Décret n° 93 789 du 25 mai 1993, portant création des IA et IDEN, modifié par le décret portant création des IEF.

Guides pédagogique de l'enseignement élémentaire, 1ère, 2ème et 3ème étape, Ministère de l'Education nationale du Sénégal, chargé de l'enseignement préscolaire, de l'élémentaire et du moyen, Dakar, 2008.

Loi n° 2004-37 du 15 décembre 2004 modifiant et complétant la Loi d'orientation de l'éducation nationale n° 91-22 du 16 février 1991.

Loi n° 91 22 du 16 février 1991, portant Orientation de l'Education Nationale.

Programmes des classes pilotes de 1981.

PERIODIQUES ET DOCUMENTS D'EVALUATION

Journal officiel de l'AOF, N° 1024 du 10 mai 1924.

Ministère de l'Enseignement préscolaire, de l'Élémentaire, du Moyen secondaire et des Langues nationales (MEPEMSLN), novembre 2009, Direction de la planification et de la réforme, *Rapport national sur la situation de l'éducation.*

Ministère de l'Enseignement préscolaire, de l'Élémentaire, du Moyen secondaire et des Langues nationales (MEPEMSLN), 2012, Direction de la planification et de la réforme, *Rapport national sur la situation de l'éducation en 2010.*

Ministère de l'Enseignement préscolaire, de l'Élémentaire, du Moyen secondaire et des Langues nationales (MEPEMSLN), juillet 2010, Direction de l'enseignement arabe, *L'enseignement arabo-islamique au Sénégal de 1960 à 2010*.

Ministère de l'Enseignement préscolaire, de l'Élémentaire, du Moyen secondaire et des Langues nationales (MEPEMSLN), 2011, Direction de l'enseignement arabe, *Étude sur l'État des lieux des écoles franco-arabes et proposition d'une stratégie d'intervention*.

Ministère de l'Enseignement préscolaire, de l'Élémentaire, du Moyen secondaire et des Langues nationales (MEPEMSLN), Inspection des *daaras*, *Le concept de* daara- *moderne*, en ligne : http://www.cnre.sn/index.php?tg=articles&topics=69.

PASEC, *"La qualité de l'éducation au Tchad. Quels espaces et facteurs d'amélioration ?"* Dakar, CONFEMEN, 2006.

PASEC, *"La qualité de l'éducation en Mauritanie. Quelles ressources pour quels résultats ?"* Dakar, CONFEMEN, 2006.

Plan national d'action de l'éducation pour tous, Ministère de l'Education nationale du Sénégal, chargé de l'enseignement préscolaire, de l'élémentaire et du moyen, Dakar, 2001.

Programme de développement de l'éducation et de la formation ; éducation pour tous. Ministère de l'Education nationale du Sénégal, chargé de l'enseignement préscolaire, de l'élémentaire et du moyen, Dakar, 2003.

Programme décennal de l'éducation et de la formation, Sénégal. Ministère de l'Education nationale du Sénégal, chargé de l'enseignement préscolaire, de l'élémentaire et du moyen, Dakar, 2010a.

Rapport national sur le programme décennal de l'éducation et de la formation, Ministère de l'Éducation nationale du Sénégal, Dakar, 2010b. Rapport mondial de suivi sur l'EPT ». Paris : UNESCO, 2010b.

Rapport national sur la situation de l'Education, Ministère de l'Education nationale du Sénégal, chargé de l'enseignement préscolaire, de l'élémentaire et du moyen, Dakar, 2010.

Revue Pédagogique ADEF/AFRIQUE *« combat solidaire en faveur de l'éducation pour tous, Spécial Curriculum de l'Education de Base »*, n° 5 de mai 2006 et n° 9 de décembre 2008.

ANNEXES

ANNEXE 1 : QUESTIONNAIRE

Identification des enquêtés
Prénom : :
Nom : :
Ecole :
Classes tenues :

Libellé et ordre des questions

I/ Adaptation et maîtrise de L'APC.
1- Le curriculum vous semble-t-il adapté comme programme d'enseignement au Sénégal ?
Oui
Non
NSP
2- L'APC vous semble-t-elle bien assimilée par les enseignants, dans leurs pratiques de classe ? Justifiez vos réponses.
Oui
Non
NSP
3- Quels sont les inconvénients liés à l'application de l'APC ?
Pensez-vous que le curriculum doit être maintenu tel qu'il est appliqué en ce moment comme programme d'enseignement au Sénégal ?
Oui
Non
NSP
Si oui, justifiez. Si non, que proposeriez-vous entre une amélioration et un abandon ?
A maintenir tel quel
A améliorer
A abandonner
4- Quelles mesures prendre pour améliorer l'application du CEB ?

II/ Appréciation des enseignements-apprentissages
1- Les performances des enseignants et des apprenants sont-elles améliorées avec l'application du curriculum ?
Oui
Non
NSP
2- Qu'est-ce qui a changé dans les habitudes d'enseignement et d'apprentissage ?
3- Le CEB permet-il de mieux enseigner ? Justifiez votre réponse.

Oui
Non
NSP
4- Avez-vous constaté des améliorations dans les acquisitions des élèves ?
Oui
Non
NSP
Si oui, dans quelles activités ?
Français
Mathématiques
Autres (à préciser)
5- Pensez-vous que le niveau des sortants de l'élémentaire est satisfaisant pour poursuive des études au collège ?
Oui
Non
NSP
Si oui, en quoi ?
Si non, justifiez.
6- Comment comprenez-vous certaines suppositions des parents au sujet de ce qui est vu comme une baisse de niveau des élèves et des enseignants ? Justifiez votre réponse.

III/ Relation Ecole-Milieu
1- Dans la perspective du CEB, que pensez-vous de la relation école-milieu ? Ya-t-il, selon vous, séparation ou non entre les deux instances au regard de leurs actions spécifiques d'éducation ? Justifiez vos réponses.
2- A qui imputer la responsabilité du climat de tension permanente entre l'école et les syndicats d'enseignants ?
3- Quelles mesures adopter pour plus de dialogue entre l'école et la famille ?
4- Le CAQ vous semble-t-il pertinent comme instrument à la fois de pilotage de l'école ?
5- Comment appréciez-vous le rôle des structures partenaires telles que le CGE ou l'APE dans l'atteinte des résultats attendus du CAQ ?

IV/ Performances des élèves lors d'évaluations
1- Quelle est la tendance de l'évolution des résultats des élèves, dans les différents apprentissages, depuis la généralisation de l'application du curriculum à la première étape (CI-CP) en 2005 ?
Croissance
Constance
Régression
2- Les élèves apprendraient-ils mieux avec le curriculum ? Maîtrisent-ils mieux ce qu'ils apprennent ? Justifiez votre réponse.
Oui
Non
NSP
3- La méthode globale préconisée par le curriculum vous semble-t-elle efficace pour l'enseignement de la lecture ? Si oui, pourquoi ? Si non, quelles autres méthodes utilisez-vous ? Justifiez.
4- Avec le curriculum, pensez-vous être plus impliqués dans les différentes activités de classe ?
5- Dans la pratique, comment appréciez-vous le travail de groupe et la réalisation d'activités de remédiation ?

ANNEXE 2 : GUIDE D'ENTRETIEN

THEME 1 : Présentation socioprofessionnelle
- Ecole de service et localité
- Niveau de recrutement dans l'enseignement élémentaire
- Diplômes obtenus et nombre d'années de service
- Classes tenues (classe simple, classe à double flux ou classe multigrade)

THEME 2 : Parcours d'implantation de la réforme et niveau d'implication des acteurs
- Information par rapport à l'implantation de la réforme.
- Expérience de l'implantation du CEB.

THEME 3 : La formation au curriculum
- La formation au curriculum
- Les formateurs et leur niveau de compréhension
- La durée de la formation et le contenu
- Les acquis de la formation et leur réinvestissement
- Le suivi après la formation

THEME 4 : Compréhension et application de l'APC
- Application de l'APC
- Nouvelles stratégies d'enseignementutilisées avec l'APC
- Exemples concrets de situations d'apprentissage
- Différence entre l'APC et les précédentes approches
- Changements dans les pratiques de classes
- Planifier vos enseignements-apprentissages
- Formes d'évaluation a
- Supports didactiques et autres documents utilisés (contenus, confection)
- Réaction des élèves et des parents
- Aspects positifs et négatifs de la réforme
- Cohabitation entre le curriculum et les nombreux projets et programmes en cours d'expérimentation à l'élémentaire
- Difficultés auxquelles les écoles sont confrontées par rapport à la maîtrise de l'APC.
- Application du curriculum et / ou retour aux anciens programmes.

THEME 5 : Appréciation des enseignements-apprentissages
- Indicateurs de la qualité des apprentissages scolaires
- Signification des enseignements-apprentissages avec l'APC
- Changement dans le contenu des apprentissages des enfants.
- Amélioration des performances des enfants en français et en mathématiques

Annexe 3 : Loi d'Orientation de l'Éducation nationale n° 91-22 du 16 février 1991

L'Assemblée nationale a délibéré et adopté en sa séance du mercredi 30 janvier 1991 ;

Le président de la République promulgue la loi dont la teneur suit :

TITRE I : DISPOSITIONS GENERALES

Article 1er

L'Éducation nationale, au sens de la présente loi, tend :

1. à préparer les conditions d'un développement intégral, assumé par la nation tout entière : elle a pour but de former des hommes et des femmes capables de travailler efficacement à la construction du pays ; elle porte un intérêt particulier aux problèmes économiques, sociaux et culturels rencontrés par le Sénégal dans son effort de développement et elle garde un souci constant de mettre les formations qu'elle dispense en relation avec ses problèmes et leurs solutions.

2. à promouvoir les relations dans lesquelles la nation se reconnaît : elle est éducation pour la liberté, la démocratie pluraliste et le respect des droits de l'homme, développant le moral et le civique de ceux qu'elle forme, elle vise à en faire des hommes et des femmes dévoués au bien commun, respectueux des lois et des règles de la vie sociale et œuvrant à les améliorer dans le sens de la justice, de l'équité et du respect mutuel.

3. à élever le milieu culturel de la population : elle permet aux hommes et aux femmes qu'elle forme d'acquérir les connaissances nécessaires à leur insertion harmonieuse dans la communauté et à leur participation active à la vie de la nation ; elle leur fournit les instruments de réflexion, leur permettant d'exercer un jugement ; participant à l'avancée des sciences et des techniques, elle maintient la nation dans le courant du progrès contemporain.

Article 2

L'Éducation nationale contribue à faire acquérir la capacité de transformer le milieu et la société et aide chacun à épanouir ses potentialités :

1. en assurant une formation qui lie l'école à la vie, la théorie à la pratique, l'enseignement à la production, conçue comme activité éducative devant contribuer au développement des facultés intellectuelles et de l'habilité manuelle des enseignés, tout en les préparant à une insertion harmonieuse dans la vie professionnelle ;

2. en adaptant ses contenus, objectifs et méthodes aux besoins spécifiques des enseignés, en fonction des âges, des étapes de l'enseignement, des filières les plus aptes à l'épanouissement optimal de leur possibilité ;

3. en établissant entre les différentes filières et les différents paliers de l'éducation les passerelles permettant les réorientations et les promotions souhaitées et jugées légitimes ;

4. en mettant en place une éducation spéciale qui prend en charge les victimes des différents handicaps ou inadaptations, pour réaliser leur intégration ou réinsertion scolaires et sociales.

TITRE II : PRINCIPES GENERAUX DE L'ÉDUCATION NATIONALE

Article 3

L'éducation nationale est placée sous la responsabilité de l'État, qui garantit aux citoyens la réalité du droit à l'éducation par la mise en place d'un système de formation. Les collectivités locales et publiques contribuent à l'effort de l'État en matière d'éducation. L'initiation privée, individuelle ou collective, peut, dans les conditions définies par la loi, concourir à l'œuvre d'éducation et de formation. L'État est garant de la qualité de l'éducation et de la formation, ainsi que des titres décernés. Il contrôle les niveaux de l'éducation et de la formation.

Article 4

L'Éducation nationale est laïque : elle respecte et garantit à tous les niveaux la liberté de conscience des citoyens. Par ailleurs, l'Éducation nationale, sur la base des principes de laïcité de l'Etat, est favorable aux établissements privés susceptibles de dispenser un enseignement religieux.

Article 5

L'Éducation nationale est démocratique : elle donne à tous des chances égales de réussite. Elle s'inspire du droit reconnu à tout être humain de recevoir l'instruction et la formation correspondant à ses aptitudes, sans discrimination de sexe, d'origine sociale, de race, d'ethnie, de religion ou de nationalité.

Article 6

L'Éducation nationale est sénégalaise et africaine : développant l'enseignement des langues nationales, instruments privilégiés pour donner aux enseignés un contact vivant avec leur culture et les enraciner dans leur histoire, elle forme un Sénégalais conscient de son appartenance et de son identité. Dispensant une connaissance approfondie de l'histoire et des cultures africaines, dont elle met en valeur toutes les richesses et tous les apports du patrimoine universel, l'Education nationale souligne les solidarités du continent et cultive le sens de l'unité africaine. L'Éducation nationale reflète également l'appartenance du Sénégal à la communauté de culture des pays francophones, en même temps qu'elle est ouverte sur les valeurs de civilisation universelle et qu'elle s'inscrit dans les grands courants du monde contemporain : par là, elle développe l'esprit de coopération et de paix entre les hommes.

Article 7

L'Éducation nationale est permanente et au service du peuple sénégalais : elle vise l'éradication complète et définitive de l'analphabétisme, ainsi que le perfectionnement professionnel et la promotion sociale de tous les citoyens, pour l'amélioration des conditions d'existence et d'emploi et l'élévation de la productivité du travail.

TITRE III : NIVEAUX, STRUCTURES ET OBJECTIFS GÉNÉRAUX DE L'ÉDUCATION

CHAPITRE PREMIER : GÉNÉRALITES

Article 8

Le système scolaire et universitaire est organisé en différents cycles, fixés ainsi qu'il suit, selon l'âge des enseignés et le type de formation recherché : - un cycle fondamental ; - un cycle secondaire et professionnel ; - un enseignement supérieur. La durée des différents cycles et de leurs subventions est fixée par décret. Les structures de l'orientation scolaire et professionnelle et de l'éducation spéciale sont organisées en tant que parties intégrantes du système éducatif.

CHAPITRE II : LE CYCLE FONDAMENTAL

Article 9

Le cycle fondamental est subdivisé en une éducation préscolaire et un enseignement polyvalent unique, comprenant successivement un enseignement élémentaire et un enseignement moyen. A l'issue de ce cycle l'élève est muni des éléments essentiels pour son adoption ultérieure à la vie professionnelle. Il accède le cas échéant au cycle secondaire et professionnel.

Article 10

L'Éducation préscolaire accueille les jeunes enfants qui n'ont pas atteint l'âge de la scolarité dans l'enseignement polyvalent. L'objet de l'éducation préscolaire est : - d'ancrer les enfants dans les langues et les valeurs culturelles nationales, en vue de consolider leur identité et de les prémunir contre les risques d'aliénation culturelle ; - de favoriser le développement de leurs différentes aptitudes psychomotrices, intellectuelles et sociales, pour leur permettre d'épanouir leur personnalité propre et construire les bases des apprentissages scolaires.

Article 11

L'Enseignement élémentaire polyvalent a pour objet : - d'éveiller l'esprit de l'enfant par des activités propres à permettre l'émergence et l'épanouissement de ses potentialités sensori-motrices et affectives ; - d'enraciner l'enfant dans la culture et les valeurs nationales ;
- de faire acquérir à l'enfant la maîtrise des éléments de base de la pensée logique et mathématique, ainsi que celle des instruments de l'expression et de la communication ;
- de revaloriser le travail manuel et d'initier l'enfant aux techniques élémentaires impliquées dans les activités de production ;
- de veiller aux intérêts et activités artistiques, culturels, physiques et sportifs, pour le plein épanouissement de la personnalité de l'enfant ;
- de contribuer, avec la famille notamment, à assurer l'éducation sociale, morale et civique de l'enfant.

Article 12

L'Enseignement moyen polyvalent a pour objet :
- de parfaire le développement chez l'élève des capacités d'observation, d'expérimentation, de recherche, d'action pratique, de réflexion, d'explication, d'analyse, de synthèse, de jugement, d'invention et de création.
- de renforcer la maîtrise de la pensée logique et mathématique de l'élève, d'enrichir ses instruments d'expression et d'étendre ses capacités de communication ; - d'effacer la hiérarchie entre activités théoriques et activités pratiques, de familiariser l'élève avec les différents aspects du monde du travail et de l'initier aux activités productives ;
- d'approfondir l'intérêt et les dispositions de l'élève pour les activités artistiques, culturelles, physiques et sportives ;
- de contribuer à compléter l'éducation sociale, morale et civique de l'élève.

CHAPITRE III : LE CYCLE SECONDAIRE ET PROFESSIONNEL

Article 13

Le cycle secondaire et professionnel reçoit les élèves issus de l'enseignement polyvalent qui désirent poursuivre leurs études et qui sont aptes à le faire. Il comporte un enseignement secondaire et une formation professionnelle entre lesquels existent les passerelles permettant les réorientations éventuelles. À l'issue du cycle secondaire et professionnel, les élèves accédant soit à l'activité professionnelle, soit à l'enseignement supérieur.

Article 14

L'enseignement secondaire, général ou technique, donne aux élèves les connaissances et aptitudes nécessaires pour l'accès aux différentes filières de l'enseignement supérieur, tout en enrichissant et approfondissant la formation acquise antérieurement.

Son objet est :
- de donner aux élèves une formation solide dans les disciplines fondamentales de la science, de la technique et de la culture ;
- de faire acquérir aux élèves une maîtrise suffisante des méthodes de la recherche scientifique et technique ;
- d'approfondir les connaissances qu'ont les élèves des processus de production ;
- de familiariser les élèves avec les grandes œuvres de la culture nationale, de la culture africaine, de la francophonie et de la culture universelle.

Article 15

La formation professionnelle, dispensée dans des écoles professionnelles moyennes ou en apprentissage, prépare à l'entrée dans la vie active en faisant acquérir aux élèves les connaissances, aptitudes et compétences théoriques et pratiques nécessaires à la maîtrise et à l'exercice d'un métier déterminé.

Les formes, contenus et objectifs de la formation professionnelle varient suivant les exigences propres aux différents métiers et les structures où elle est dispensée sont modulées selon les besoins et moyens nationaux.

CHAPITRE IV : L'ENSEIGNEMENT SUPÉRIEUR
Article 16
L'Enseignement supérieur vise à former les agents de développement dont le Sénégal et l'Afrique ont besoin pour jouer un rôle significatif dans la création et le développement de la pensée et de la science universelle.

1 – Il a pour mission :
- de former les personnels de haut niveau, scientifiquement et techniquement qualifiés, adaptés au contexte africain et du monde contemporain, conscients de leur responsabilité vis-à-vis de leurs peuples et capables de les servir avec dévouement ;
- de développer la recherche dans toutes les disciplines de la science, de la technique et de la culture ;
- de mobiliser l'ensemble des ressources intellectuelles au service du développement économique et culturel du Sénégal et de l'Afrique, et de participer à la solution des problèmes nationaux et continentaux.

2 – Il est ainsi chargé :
- de faire acquérir aux étudiants les connaissances et méthodes d'investigation les plus avancées dans toutes les disciplines de la science, la technique et de la culture et de les faire participer au développement des connaissances et à la création de nouvelles méthodes d'investigation, en les adaptant aux réalités et aux exigences nationales, et plus généralement africaines ;
- de mener des actions de formation permanente et de recyclage ;
- de travailler avec les praticiens en vue de valoriser les savoirs traditionnels, de favoriser la circulation des connaissances et des informations, de soutenir et coordonner les initiatives propres à contribuer au progrès scientifique ou à accroître la productivité du travail ;
- d'élaborer, de critiquer et de diffuser les nouvelles connaissances se constituant comme lieu d'interaction et de coopération entre le monde du travail et les centres de décisions économiques, techniques, administratifs et scientifiques ;
- d'étudier et d'élaborer les voies d'une stratégie de développement endogène et autocentré, en participant notamment à l'élaboration, l'application et l'évaluation des plans nationaux, sous régionaux et régionaux de développement ;
- d'instituer des modèles d'enseignement, de recherche et de formation qui lient la théorie à la pratique dans le cadre de rapports équilibrés entre la réflexion et l'action ;

– de promouvoir la formation d'une identité culturelle et d'une conscience nationales et africaines en favorisant chez eux qu'il forme la prise de conscience des problèmes liés à l'histoire et au développement des sociétés africaines et de la solidarité des nations et des économies du continent.

CHAPITRE V : L'ÉDUCATION PERMANENTE DE BASE

Article 17

L'Éducation permanente de base, destinée à accueillir ceux qui n'ont pu fréquenter ou qui ont dû quitter, à un moment ou à un autre, les structures proprement scolaires, est organisée selon deux niveaux :

1 – À un premier niveau, elle vise à satisfaire les besoins en formation des communautés de base. Elle a pour objectifs :
- l'alphabétisation de masse ;
- l'information et la formation initiales nécessaires à l'exercice d'un métier ou d'une fonction sociale ;
- l'initiation aux techniques de mise en valeur de production, de gestion et de communication ;
- l'éducation et la formation nécessaires à l'amélioration des conditions d'existence (santé, alimentation, habitat).

2 – À un second niveau : par les écoles professionnelles, les cours du soir, les cours par correspondance, l'éducation permanente vise le recyclage, le perfectionnement et l'élévation du niveau culturel des citoyens dotés d'une formation professionnelle : elle leur permet d'actualisée et d'enrichir leurs connaissances et leur formation en vue de leur promotion sociale. Elle joue en outre un rôle d'information et d'animation dans le processus d'adaptation des profils d'emplois à l'évolution économique et de mise en place de solutions pratiques aux problèmes posés par le développement économique et social.

CHAPITRE VI : L'ORIENTATION SCOLAIRE

Article 18

L'orientation scolaire et professionnelle, qu'il s'agisse des modalités d'évaluation des procédures de passage d'une classe à l'autre ou d'un cycle à l'autre, des examens et formations, et vers l'éducation spéciale, se fonde, à tous les niveaux, sur le souci permanent de doter chacun des possibilités les plus larges d'éducation, pour l'épanouissement optimal de ses potentialités et de sa personnalité, et sur le respect scrupuleux des exigences démocratiques d'équité et de transparence.

Elle a pour objectifs :
- l'évaluation continue et globale de l'élève tout au long de sa scolarité ;
- la recherche des solutions aux problèmes d'inadaptation ;
- l'éclairage des choix, grâce à une large information adaptée à tous les niveaux, sur les études et les professions accessibles ;
- la participation à l'évaluation objective du système éducatif.

CHAPITRE VII : L'ÉDUCATION SPECIALE

Article 19

L'éducation spéciale, partie intégrante du système éducatif, assure la prise en charge médicale, psychologique et pédagogique des enfants présentant un handicap de nature à entraver le déroulement normal de leur scolarité ou de leur formation. Son objet est de dispenser aux jeunes handicapés une éducation adaptée à leurs besoins et à leurs possibilités, en vue de leur assurer l'évolution la meilleure, soit par l'intégration dans les structures scolaires ou de formations communes, soit par une préparation spéciale, adaptée aux activités professionnelles qui leur sont accessibles.

TITRE IV : ADMINISTRATION ET GESTION DE L'ÉDUCATION

Article 20

Les structures centrales chargées d'impulser, d'élaborer, d'organiser et de suivre les actions d'éducation, de formation, d'enseignement et de recherche sont coordonnées au niveau national. Aux différents niveaux décentralisés, des structures de direction et d'administration sont chargées de coordonner, de contrôler et d'assurer la cohérence et l'efficacité des structures et actions d'éducation, en liaison avec les autorités administratives et les collectivités locales intéressées. Cette coordination, accompagnée d'une évaluation régulière dans tous les secteurs et à tous les niveaux du système éducatif, vise à garder à ce dernier la souplesse pour s'adapter constamment aux exigences du développement.

Article 21

La gestion des infrastructures, des moyens et des personnels de l'éducation nationale, est fondée sur les principes de démocratie, d'objectivité et de compétence. A cet effet, des organes consultatifs sont institués pour que soient associés, dans les domaines dont ils sont à connaître, les partenaires de l'éducation nationale : parents d'élèves, enseignants, étudiants et élèves.

Article 22
Les modalités d'application de la présente loi sont fixées par décret.

TITRE V : DISPOSITIONS FINALES
Article 23
Sont abrogées toutes les dispositions contraires à la présente loi et notamment la loi d'orientation de l'éducation nationale n° 71-36 du 03 juin 1971.

La présente loi sera exécutée comme loi de l'Etat.

Dakar, le 16 février 1991 Abdou DIOUF

LISTE DES TABLEAUX

Tableau 1 : Glossaire des valeurs traditionnelles au Sénégal 57

Tableau 2 : Compétences de la vie courante.. 59

Tableau 3 : Trois types de développement de curriculums...................................... 69

Tableau 4 : Conceptions diverses liées aux trois types de développement de curriculums 72

Tableau 5 : Évolution des priorités curriculaires et de leur corollaire en termes de pratiques d'enseignement et d'évaluation 73

Tableau 6 : Facteurs influençant le degré d'implantation d'une réforme curriculaire... 75

Tableau 7 : Niveaux de préoccupation et d'utilisation du curriculum selon le modèle de HALL (SAVOIE-ZAJC, 1993 : 118)... 80

Tableau 8 : Composition statutaire du personnel enseignant de l'élémentaire au Sénégal.. 89

Tableau 9 : Progrès réalisés dans l'élémentaire de 2000 à 2013 au Sénégal. 90

Tableau 10 : Performances scolaires comparées en français, en mathématiques et en compétences de vie du CI à la classe de 4ème du collège d'enseignement moyen au Sénégal. 93

Tableau 11 : Classement des pays en 2e année du primaire (CP) en français et en Mathématiques 94

Tableau 12 : Classement des pays suivants en 5e année du primaire CM1 en Français et en Mathématiques... 94

Tableau 13 : Coût unitaire (par élève) par niveau d'enseignement (Francs CFA)... 111

Tableau 14 : Coût unitaire en % du PIB par pays... 112

Tableau 15 : Contribution des partenaires techniques et financiers extérieurs (en millions F CFA) au financement de l'éducation au Sénégal. 113

Tableau 16 : Nombre d'écoles élémentaires et situation des effectifs 117

Tableau 17 : Les spécificités d'un curriculum 128

Tableau 18 : Compétences de base en mathématiques à la première étape. 132

Tableau 19 : Paliers pour le CI (découlant de la CB/Activités géométriques). 132

Tableau 20 : Planification du palier 1. 133

Tableau 21 : Données relatives à la question de la pertinence du CEB 155

Tableau 22 : Données relatives à la question de l'efficacité du CEB 157

Tableau 23 : Données relatives à la question de la gouvernance (relation Ecole-Milieu) 162

Tableau 24 : Données relatives à la question de l'efficacité de la méthode de lecture dite « globale » 173

Tableau 25 : Données relatives à la question de l'applicabilité – conformité du CEB 173

Tableau 26 : Données relatives à la question de l'efficacité interne de l'APC 176

Tableau 27 : Exemple d'activité de remédiation suivant le schéma de TORSHEN 177

Tableau 28 : Evolution du taux de redoublement à l'élémentaire dans la commune de Richard-Toll 178

Tableau 29 : Evolution du taux de réussite au CFEE et à l'entrée en 6ème à Richard-Toll 180

Tableau 30 : Taux de réussite du CM2 lors des essais nationaux et communaux à partir du curriculum. 180

Tableau 31 : Taux de maîtrise du français et des mathématiques aux évaluations standardisées à Richard-Toll 185

Tableau 32 : Distribution des scores du CE2 en français sur une échelle de 0 à 100 (évaluation standardisées à Richard-Toll) 186

Tableau 33 : Distribution des scores du CE2 en mathématiques sur une échelle de 0 à 100 (évaluations standardisées à Richard-Toll) 188

Tableau 34 : Analyse des scores par disciplines ou activités (évaluations standardisées au CE2 à Richard-Toll... 190

Tableau 35 : Scores en activités numériques 193

Tableau 36 : Scores en Activités de mesures.. 194

Tableau 37 : Scores en activités géométriques 195

Tableau 38 : Scores en activités de résolution de problèmes................................. 196

TABLE DES MATIÈRES

DEDICACE 7
REMERCIEMENTS 9
LISTE DES ABREVIATIONS, SIGLES ETACRONYMES 11

INTRODUCTION 13

PREMIÈRE PARTIE
CONTEXTE SOCIOHISTORIQUE ET CADRE THÉORIQUE 19

CHAPITRE I
Contexte socio-historique 21

I.1. Contexte d'émergence du Curriculum de l'Education de Base (CEB) 21
    I.1.1. Au plan international 21
    I.1.2. Au plan continental 24
    I.1.3. Au niveau national 25
    I.1.4. Au niveau communal (Richard-Toll et autres communes) 49

CHAPITRE II
Revue de littérature 51

DEUXIÈME PARTIE
PROBLÉMATIQUE ET CADRE MÉTHODOLOGIQUE 85

CHAPITRE III
Problématique 87

III.1. Données de la Situation dans le Cycle fondamental (2000-2013) 87
    III.1.1. Dans l'enseignement élémentaire 87
        II.1.1.1. Les enseignants de l'élémentaire 88
        III.1.1.2. La situation dans l'enseignement élémentaire 90
    III.1.2. Dans l'enseignement moyen 91

III.2. Éléments du problème de recherche 92
    III.2.1. Le problème de la mesure des acquis des élèves avec l'APC 95
        III.2.1.1. Des résultats disponibles inquiétants 97

  III.2.1.2. Les acquis des élèves dans la réforme par APC
et leur mesure : une question laissée de côté ? 99
  III.2.1.3. Les enjeux d'une réforme de la mesure des acquis 101
  III.2.1.4. Les changements institutionnels et sociaux
dans l'optique de l'APC 102

III.3. Champ d'investigation 108
 III.3.1. Le contexte national 108
  III.3.1.1. Au niveau démographique 108
  III.3.1.2. Au niveau socioculturel 109
  III.3.1.3. Au niveau politique 109
 III.3.2. Evolution des ressources publiques allouées à l'éducation de base .. 110
  III.3.2.1. Allocation des ressources publiques en faveur
de l'éducation de base 110
  III.3.2.2. Évolution des coûts unitaires publics dans l'éducation de base 110
  III.3.2.3. Analyse de la contribution des autres bailleurs
dans le financement de l'éducation 112
  III.3.2.3.1. Les partenaires techniques et financiers 113
  III.3.2.3.2. Les ménages 114
  III.3.2.3.3. Le secteur privé 114

III.4. Au niveau communal (Richard-Toll) 115
 III.4.1. Présentation de la commune de Richard-Toll 115
 III.4.2. Aperçu sur l'enseignement élémentaire dans la commune
de Richard-Toll 116

CHAPITRE IV
Cadre méthodologique 121

IV.1. La phase de construction 122
 IV.1.1. Clarification conceptuelle 122
  IV.1.1.1. L'incidence 122
  IV.1.1.2. Le curriculum : un concept polysémique 122
  IV.1.1.3. L'éducation de base 129
  IV.1.1.4. La compétence traduite en approche éducative 129
  IV.1.1.5. La performance 136
  IV.1.1.6. L'enseignement-apprentissage 137
  IV.1.1.7. L'enseignement 142
  IV.1.1.8. L'apprentissage 143
 IV.1.2. Cadre opératoire 144
 IV.1.3. Modèle d'analyse 144

IV.2. Échantillonnage 146

IV.3. Présentation des instruments et techniques de collecte
et de traitement des informations 147

IV.4. Difficultés rencontrées 148

TROISIÈME PARTIE
ANALYSE ET INTERPRÉTATION DES RÉSULTATS 151

CHAPITRE V
Présentation – Analyse et interprétation des données 153

V.1. Rappel du cadre opératoire 153

V.2. Données du questionnaire standardisé, couplées aux résultats
des entretiens 154

V.3. Données statistiques d'origine administrative et témoignages
issus des entretiens 178

V.4. Conclusions partielles 200
    V.4.1. Discussion des résultats de notre recherche à la lumière
    d'indicateurs de qualité d'un curriculum 208
        V.4.1.1. La pertinence de l'APC 208
        V.4.1.2. La cohérence de l'APC 209
        V.4.1.3. L'efficacité de la réforme curriculaire par l'APC 209
        V.4.1.4. La viabilité de l'APC 210

CONCLUSION GÉNÉRALE 213

BIBLIOGRAPHIE 217

ANNEXES 229

Annexe 1 : Questionnaire 229
Annexe 2 : Guide d'entretien 231
Annexe 3 : Loi d'Orientation de l'Éducation nationale n° 91-22
du 16 février 1991 233

LISTE DES TABLEAUX 243

SÉNÉGAL
AUX ÉDITIONS L'HARMATTAN

Dernières parutions

AU FIL DU VERBE CRÉATEUR
Pensées
Mamadou Moustapha Ndao
L'ensemble des textes s'articule sur trois choses fondamentales : Faire le bien, Procurer du bonheur aux autres, Vivre pour l'essentiel. Il faut s'évertuer à être et rester un modèle qui, s'il est reproduit, harmonise la société. Il faut éviter de vivre et mourir comme des moutons de Panurge : sans objectifs à atteindre et ne jamais promettre ce qu'on ne fera pas.
(Coll. Harmattan Sénégal, 84 p., 12 euros)
ISBN : 978-2-343-15121-2, EAN EBOOK : 9782140099892

LES ÉLECTIONS PRÉSIDENTIELLES AU SÉNÉGAL DE 1963 À 2012
Ismaïla Madior Fall
Depuis l'origine (1963), le Sénégal a organisé dix élections présidentielles, celle en vue de 2019 sera la 11ème. Leur étude permet de connaître la structure républicaine de l'Etat, de comprendre la culture politique du pays, de tâter le pouls de la société, de connaître le peuple sénégalais, de prendre la mesure de la respiration démocratique et d'évaluer la qualité de la pratique démocratique.
(Coll. Harmattan Sénégal, 470 p., 42 euros)
ISBN : 978-2-343-15329-2, EAN EBOOK : 9782140099458

LA PENSION DE LAMINE
Roman
Emmanuel Gabolde
Le périple de Lamine commença il y a plus de 70 ans sur la côte occidentale de l'Afrique, au Sénégal. Dans les rues de la médina, les enfants tapaient dans ce qu'ils appelaient un ballon et, parmi eux, un certain Lamine. Repéré par un dirigeant de club, Lamine va tenter sa chance en France. Après une période agréable, commencèrent les désillusions et l'ancien international de football glissa lentement dans l'anonymat le plus complet. Plus d'identité, plus aucune trace de son existence. il décide un jour de refaire surface et de quitter le monde des sans-papiers pour reprendre pied dans celui des vivants...
(Coll. Harmattan Sénégal, 292 p., 24 euros)
ISBN : 978-2-343-15687-3, EAN EBOOK : 9782140099212

LE MUEZZIN
Poèmes
Alphousseyni Cissé
Le Muezzin est l'oeuvre d'un poète mystique en contact permanent avec l'Ineffable et l'Invisible.Ainsi, par la recherche d'intensité, Cissé, dont on sait à quel point la pensée est marquée par celle d'Al-Gazali, fabrique littéralement un délire où les signes vont voyager au-delà de leur situs d'origine. Le poète prononce une parole totale, une parole cosmique qui exprime l'univers. Cette parole-là est un appel, elle restaure l'espoir, le plus beau mot du langage humain après l'amour. Car il faut que l'espérance l'emporte sur le reste. (Alioune-B. Diané)
(Coll. Harmattan Sénégal, 96 p., 12,5 euros)
ISBN : 978-2-343-15565-4, EAN EBOOK : 9782140099304

LE JOUR DU DÉBARQUEMENT DE LA FLOTTE AMÉRICAINE
Roman
Philippe Cantraine
Un attentat à Dakar alors que ce livre comment à peine à s'écrire ? Et peu d'heures avant, sur la mer, au-delà de Gorée un déploiement de forces de la flotte américaine ? Vous et moi nous en serions aperçus, la presse s'en serait emparée, et dès lors qu'il n'en fut rien, nous voilà dans l'actualité fiction. En ce jour qui n'a pas été, Dakar s'éveille sous le chaos d'une violence inédite, les faits et gestes des uns, les espoirs, les rêves et les ambitions des autres, se trouvent brutalement interrompus. Une fiction allégorique, tragique et ludique à la fois.
(Coll. Harmattan Sénégal, 160 p., 17,5 euros)
ISBN : 978-2-343-15306-3, EAN EBOOK : 9782140099274

L'HORIZON VOILÉ
Roman
Babou Diatta
Mbemba, un enseignant qui sert dans une banlieue de Dakar, rencontre, pour la première fois, Marème, une jeune fille qu'il finit par épouser. N'ayant pas pu avoir d'enfant avec elle, il voit ses parents, restés au village, lui imposer une deuxième femme... Cédera-t-il aux exigences de ses parents ? Acceptera-t-il de devenir polygame ? Qu'adviendrait-il de son ménage avec Marème ? Aura-t-il l'héritier tant désiré ?...
(Coll. Harmattan Sénégal, 124 p., 14 euros)
ISBN : 978-2-343-14945-5, EAN EBOOK : 9782140099182

LE LEADERSHIP AU XXIE SIÈCLE
Enjeux éducatifs, communautaires et politiques dans le contexte sénégalais
Alioune Badara Kandji
Cet ouvrage collectif sur le leadership, perçu sous l'angle de la gouvernance territoriale, des politiques de développement local, des enjeux et défis de l'éducation, est un ensemble de réflexions critiques qui répondent aux exigences d'un XXIe siècle caractérisé par des mutations et innovations dans tous les domaines.
(292 p., 29 euros)
ISBN : 978-2-343-14651-5, EAN EBOOK : 9782140099021

LES TIRAILLEURS SÉNÉGALAIS ENTRE LE RHIN ET LA MÉDITERRANÉE (1908-1939)
Parcours d'une aristocratie de la baïonette
Ousseynou Faye
Ce texte reconstitue et donne sens au passé du tirailleur sénégalais qui s'est déroulé en Rhénanie et dans le bassin méditerranéen. Mais l'auteur l'étudie en tant que membre d'un groupe se présentant comme l'élite militaire africaine, avec comme dénominateur commun le fait d'avoir accompli tout ou une partie de son service extérieur en Europe, au Maghreb et au Levant. Au-delà de la référence à la construction de l'éthos, véhicule du complexe de supériorité du marsouin "noir", se trouve posée, in fine, la problématique de l'infériorité culturelle et sociale qui participe de la reproduction élargie de l'ordre dominant.
(Coll. Études africaines, 296 p., 31 euros)
ISBN : 978-2-343-14081-0, EAN EBOOK : 9782140098598

PETITS RIS HEIN
poèmes
Mouhamadou Fallou Diop
Engagés, sincères et surtout d'actualité, les poèmes de ce recueil sont un courageux appel à l'antiterrorisme, à la philogynie, à la protection de l'enfance. L'auteur place ici son ouvrage dans l'évocation et la célébration de certaines des belles choses honorables de la vie comme les sentiments d'amour, d'amitié ou de solidarité.
(Coll. Harmattan Sénégal, 58 p., 10 euros)
ISBN : 978-2-343-15398-8, EAN EBOOK : 9782140098505

MISE EN VALEUR DES AMÉNAGEMENTS HYDRO-AGRICOLES DU BASSIN DE L'ANAMBÉ
Aliou Baldé
La péjoration climatique qui sévit dans la région soudano-sahélienne a remis en cause l'efficacité des méthodes culturales traditionnelles entraînant un important exode rural. Dès lors, l'irrigation s'avère indispensable pour limiter les effets de la sécheresse. C'est dans contexte qu'elle a été introduite dans le bassin de l'Anambé. Après 40 ans d'expérience et malgré les énormes potentialités agro-économiques du bassin et les gros investissements réalisés par l'Etat, les résultats sont décevants. Cet ouvrage cherche à expliquer ce paradoxe et à proposer des solutions efficaces et durables.
(Coll. Harmattan Sénégal, 436 p., 40 euros)
ISBN : 978-2-343-14400-9, EAN EBOOK : 9782140097836

LA PAROLE PUBLIQUE DANS LES MÉDIAS AU SÉNÉGAL
Les discours médiés du politique et du religieux
Birahim Thioune
Ce livre a pour vocation de montrer les ressorts de la médiation par presse interposée et les mécanismes des discours mobilisés, à l'occasion des rapports publics entre acteurs politiques ou médiateurs religieux. Il aborde sous un angle nouveau et différent du traitement journalistique la complexité des échanges langagiers entre acteurs de la scène publique sénégalaise.
(Coll. Harmattan Sénégal, 90 p., 11,5 euros)
ISBN : 978-2-343-15548-7, EAN EBOOK : 9782140097881

NECTAR
Poèmes
Mansour Ngom
"Accourez, monde de plume et de pinceau, / Profitez de mes eaux qui migrent vers vous, /, Qui composent des lettres et des figures. / une invite dans un univers poétique symbolisé par le nectar, / un liquide indispensable dans la production végétale mais / aussi une boisson mythique. / Le sentiment d'une nécessité de communiquer est ici / assimilable aux vagues de la mer / qui se hâtent pour achever des notes.
(Coll. Harmattan Sénégal, 52 p., 11,5 euros)
ISBN : 978-2-343-15546-3, EAN EBOOK : 9782140097829

LES ROSES BLANCHES
Roman
Ousseynou Diagne
Les roses blanches nous place au coeur du Sénégal postcolonial. Ce roman relate l'histoire de Sekou, jeune homme ayant hérité de ses ancêtres des connaissances ésotériques qui lui permettent de prédire l'avenir et de changer le cours des choses. Sekou devient un marabout reconnu et respecté en France. il épouse une femme française et de cette union naîtra une fille qui, au fil du temps, va elle aussi faire face à l'héritage familial après la mort de son père. Que fera-t-elle de cet héritage ?
(Coll. Harmattan Sénégal, 90 p., 12 euros)
ISBN : 978-2-343-15493-0, EAN EBOOK : 9782140097874

IKBANA LA FILLE DE L'EAU
Conte
Tombon Soly
Préface de Mamadou Lamine Diouf
A Hinadou, chaque décade, les sages entrent en conclave dans le sanctuaire de la forêt interdite pour choisir la fille de l'eau de l'année, celle qui sera sacrifiée au génie protecteur du village pour qu'il continue de protéger ses habitants et leur accorde abondance et sécurité.
(Coll. Harmattan Sénégal, 118 p., 13 euros)
ISBN : 978-2-343-15433-6, EAN EBOOK : 9782140097867

COMMENT RÉUSSIR UN CHANTIER DE TRAVAUX PUBLICS ?
Conception, réalisation, gestion et management
Moïse Dembélé
Préface de Gérard Senac
Les projets, grands ou petits, dans tous les domaines mais surtout dans les travaux publics, passeront des étapes inhérentes à leur réussite: leur conception, l'appel à la concurrence pour leur réalisation, leur réalisation suivie de leur livraison au maître d'ouvrage par le biais de réceptions provisoires et définitives. Voici un éclairage pour des responsables d'entreprises afin de leur permettre de maîtriser les procédures des appels à la concurrence et d'exécuter les projets qui leur sont confiés avec efficacité et efficience.
(Coll. Harmattan Sénégal, 318 p., 32 euros)
ISBN : 978-2-343-15343-8, EAN EBOOK : 9782140096686

ETUDE DE PRIX DANS LES ENTREPRISES DE TRAVAUX PUBLICS
Moïse Dembélé
Préface de Alioune Badiane
La réalisation de toute infrastructure comporte plusieurs étapes toutes importantes, obéissant à des règles de procédure bien définies par les maîtres d'ouvrage publics ou privés et les bailleurs de fonds. L'auteur décortique minutieusement les différents textes légaux et règlementaires régissant les marchés publics ou privés ainsi que les réalisations des travaux.
(Coll. Harmattan Sénégal, 148 p., 16,5 euros)
ISBN : 978-2-343-15160-1, EAN EBOOK : 9782140096631

LA VALLÉE DU FLEUVE SÉNÉGAL DANS LE JEU DES ÉCHELLES POLITIQUES
Le Dimar aux XVIIIe et XIXe siècle
Mamoudou Sy
Préface d'Ousseynou Faye
Ce livre aborde l'histoire sociale, économique et politique de la vallée du fleuve Sénégal (appelé Tulde Dimat ou Dimar) à travers un croisement des sources orales et écrites. Il revient sur les relations politiques de cette région dans la première moitié du XIXe et traite des aspects peu connu de l'histoire de cette région. En effet, le Dimar fut à la fois une terre de résistance multiforme à la colonisation française et un laboratoire d'expérimentation du fait des phénomènes coloniaux. Il fut aussi un champ de bataille entre les djihadistes d'El Hadji Omal Tall et les français.
(Coll. Études africaines, 286 p., 28,5 euros)
ISBN : 978-2-343-12988-4, EAN EBOOK : 9782140096105

LE CHOIX QUI S'IMPOSE POUR LE SÉNÉGAL
El Hadji Thierno Gueye
Le Choix qui s'impose pour le Sénégal est un essai philosophique sur l'avenir du Sénégal et des sénégalais. Il part d'une démarche méthodologique fondée sur le Coran qui commande aux peuples de changer ce qu'il y a en eux mêmes avant d'aspirer à un quelconque changement autour d'eux. L'auteur, passe par un diagnostic sans complaisance des individus, de leurs valeurs et comportements mais aussi du système dans son ensemble.
(Coll. Harmattan Sénégal, 116 p., 14 euros)
ISBN : 978-2-343-15102-1, EAN EBOOK : 9782140095313

FLORILÈGE DE SOUVENIRS
Poèmes
Serigne Amadou Mbengue
Préface de Alioune Badara Bèye
Florilège de souvenirs est un recueil qui valse entre les hommages, les souvenirs, les valeurs, l'évasion, la spiritualité, la contemplation. des thèmes éclectiques, reflets de les états d'âme du poète.
(Coll. Harmattan Sénégal, 56 p., 10 euros)
ISBN : 978-2-343-15399-5, EAN EBOOK : 9782140097393

Structures éditoriales du groupe L'Harmattan

L'Harmattan Italie
Via degli Artisti, 15
10124 Torino
harmattan.italia@gmail.com

L'Harmattan Hongrie
Kossuth l. u. 14-16.
1053 Budapest
harmattan@harmattan.hu

L'Harmattan Sénégal
10 VDN en face Mermoz
BP 45034 Dakar-Fann
senharmattan@gmail.com

L'Harmattan Mali
Sirakoro-Meguetana V31
Bamako
syllaka@yahoo.fr

L'Harmattan Cameroun
TSINGA/FECAFOOT
BP 11486 Yaoundé
inkoukam@gmail.com

L'Harmattan Togo
Djidjole – Lomé
Maison Amela
face EPP BATOME
ddamela@aol.com

L'Harmattan Burkina Faso
Achille Somé – tengnule@hotmail.fr

L'Harmattan Côte d'Ivoire
Résidence Karl – Cité des Arts
Abidjan-Cocody
03 BP 1588 Abidjan
espace_harmattan.ci@hotmail.fr

L'Harmattan Guinée
Almamya, rue KA 028 OKB Agency
BP 3470 Conakry
harmattanguinee@yahoo.fr

L'Harmattan Algérie
22, rue Moulay-Mohamed
31000 Oran
info2@harmattan-algerie.com

L'Harmattan RDC
185, avenue Nyangwe
Commune de Lingwala – Kinshasa
matangilamusadila@yahoo.fr

L'Harmattan Maroc
5, rue Ferrane-Kouicha, Talaâ-Elkbira
Chrableyine, Fès-Médine
30000 Fès
harmattan.maroc@gmail.com

L'Harmattan Congo
67, boulevard Denis-Sassou-N'Guesso
BP 2874 Brazzaville
harmattan.congo@yahoo.fr

Nos librairies en France

Librairie internationale
16, rue des Écoles – 75005 Paris
librairie.internationale@harmattan.fr
01 40 46 79 11
www.librairieharmattan.com

Lib. sciences humaines & histoire
21, rue des Écoles – 75005 Paris
librairie.sh@harmattan.fr
01 46 34 13 71
www.librairieharmattansh.com

Librairie L'Espace Harmattan
21 bis, rue des Écoles – 75005 Paris
librairie.espace@harmattan.fr
01 43 29 49 42

Lib. Méditerranée & Moyen-Orient
7, rue des Carmes – 75005 Paris
librairie.mediterranee@harmattan.fr
01 43 29 71 15

Librairie Le Lucernaire
53, rue Notre-Dame-des-Champs – 75006 Paris
librairie@lucernaire.fr
01 42 22 67 13